ONE《ワン》 TEAM《チーム》のスクラム

日本代表はどう強くなったのか?

増補改訂版『スクラム』

松瀬学

光文社新書

本書は、２００６年11月刊行の『スクラム　駆け引きと勝負の謎を解く』（光文社新書）をベースに大幅に加筆したものです。第１部はすべて新原稿で、２０１９年のラグビーワールドカップ日本代表のスクラムを振り返ります。第２部は『スクラム　駆け引きと勝負の謎を解く』に一部修正を加え、全文収録しています。エピローグは新原稿です。

目次

図版作成　齋藤龍太郎

ラグビーのポジションと主な役割

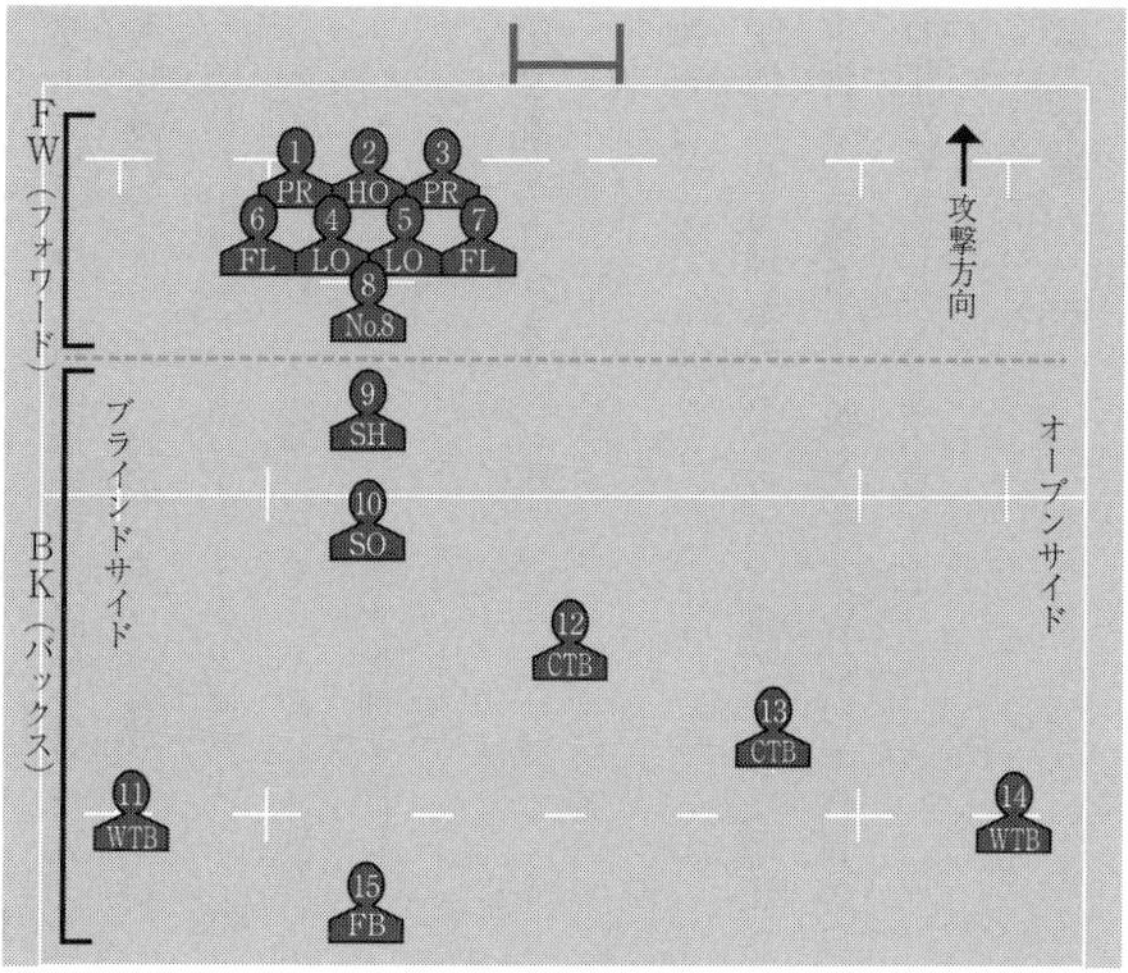

<table>
<tr><th colspan="6">FW（フォワード）</th></tr>
<tr><th>番号</th><th colspan="4">ポジション名</th><th>主な役割</th></tr>
<tr><td>1</td><td>左PR（プロップ）</td><td rowspan="3">FW第1列（フロントロー）</td><td rowspan="5">タイトファイブ</td><td rowspan="3"></td><td>スクラムを右肩で支える</td></tr>
<tr><td>2</td><td>HO（フッカー）</td><td>スクラムの操縦とフッキング</td></tr>
<tr><td>3</td><td>右PR（プロップ）</td><td>スクラムを両肩で支える</td></tr>
<tr><td>4</td><td>左LO（ロック）</td><td rowspan="2">FW第2列（セカンドロー）</td><td rowspan="5">バックファイブ</td><td rowspan="2">スクラムを2列目から押す
ラインアウトではジャンパー</td></tr>
<tr><td>5</td><td>右LO（ロック）</td></tr>
<tr><td>6</td><td>オープンサイドFL（フランカー）</td><td rowspan="3"></td><td rowspan="3">FW第3列（バックロー）</td><td rowspan="2">スクラムを2列目から押す
タックルで相手ボールに絡む</td></tr>
<tr><td>7</td><td>ブラインドサイドFL（フランカー）</td></tr>
<tr><td>8</td><td>No.8（ナンバーエイト）</td><td>スクラムを押す。突破役も</td></tr>
</table>

<table>
<tr><th colspan="5">BK（バックス）</th></tr>
<tr><th>番号</th><th colspan="3">ポジション名</th><th>主な役割</th></tr>
<tr><td>9</td><td>SH（スクラムハーフ）</td><td colspan="2" rowspan="2">ハーフバックス</td><td>攻撃のリズムを作る球出し役</td></tr>
<tr><td>10</td><td>SO（スタンドオフ）</td><td>攻撃を組み立てる司令塔</td></tr>
<tr><td>11</td><td>左WTB（ウイング）</td><td rowspan="4">スリークォーターバックス</td><td rowspan="5">バックスリー</td><td>前進してトライを決める</td></tr>
<tr><td>12</td><td>インサイドCTB（センター）</td><td rowspan="2">相手ディフェンスを突破して
パスなどでチャンスを拡げる</td></tr>
<tr><td>13</td><td>アウトサイドCTB（センター）</td></tr>
<tr><td>14</td><td>右WTB（ウイング）</td><td>前進してトライを決める</td></tr>
<tr><td>15</td><td>FB（フルバック）</td><td></td><td>最後方で戦況に応じて対応</td></tr>
</table>

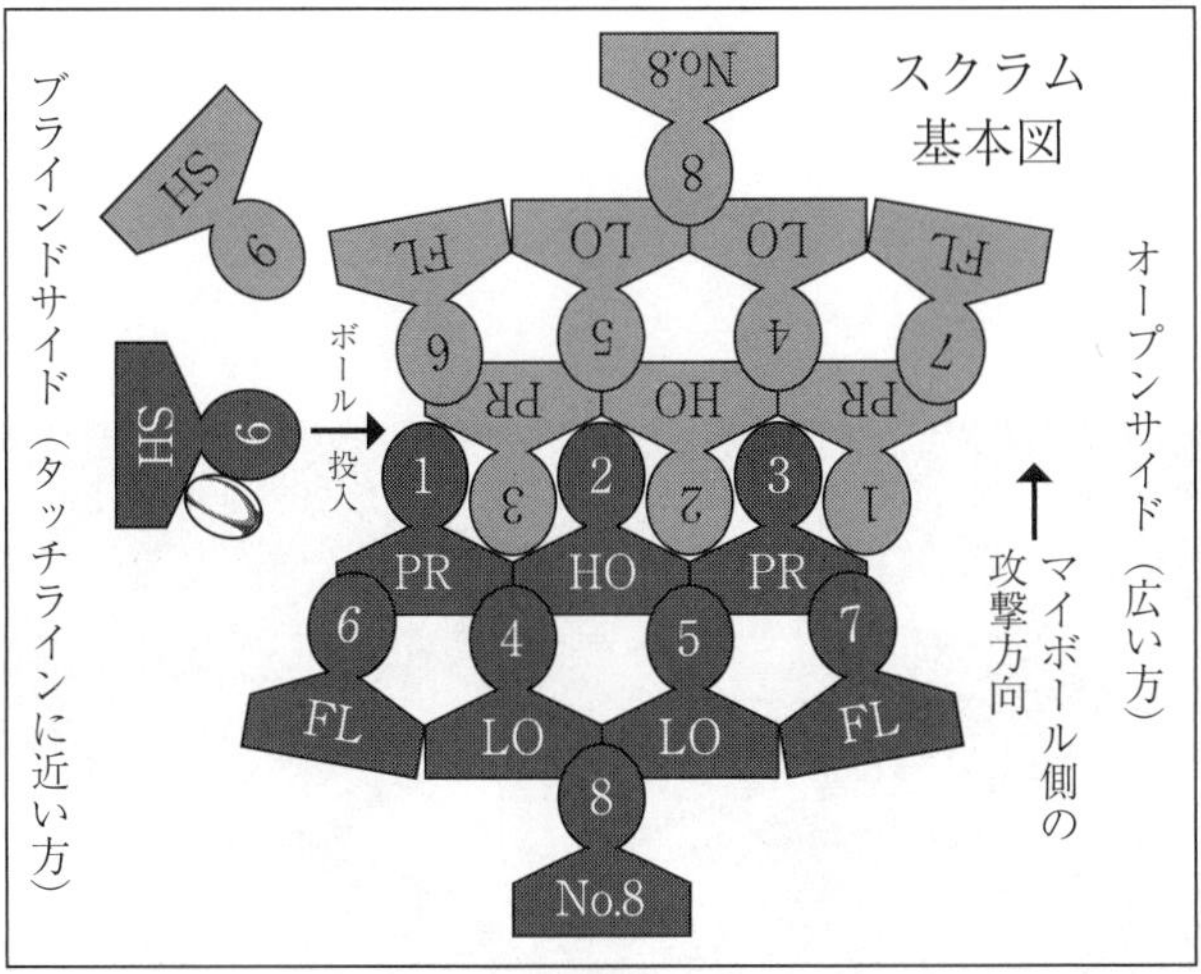

ラグビーグラウンド図

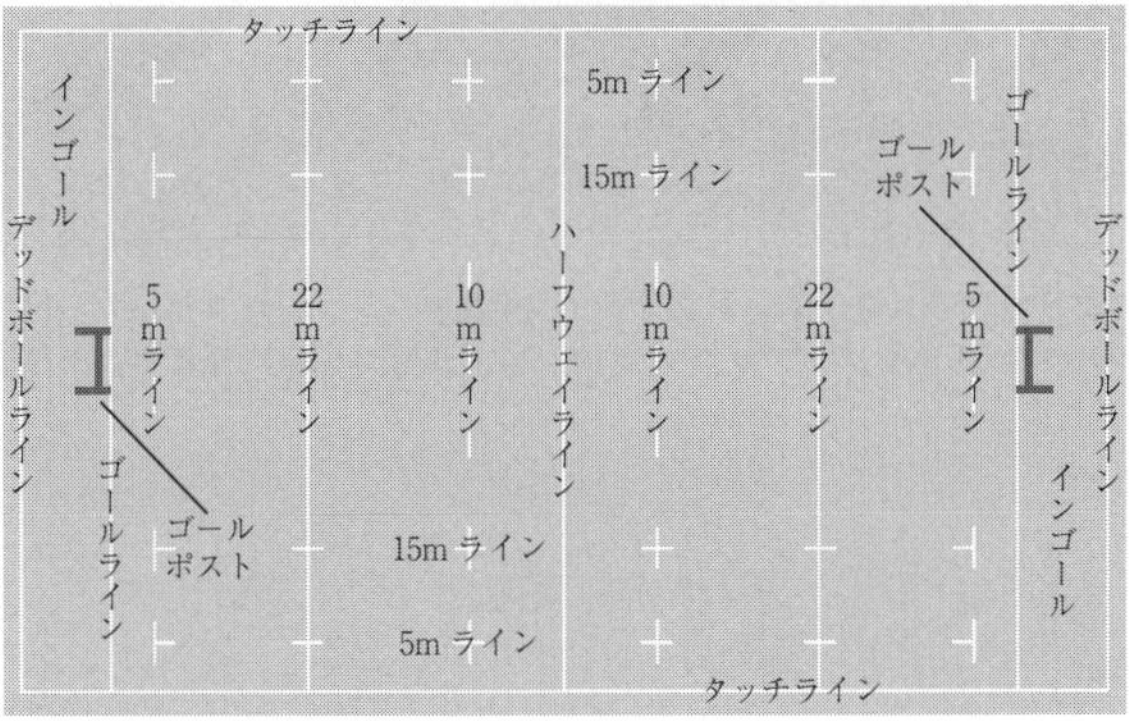

※インゴール（ゴールライン含む）にボールをグラウンディングできればトライ
※ゴールポストのクロスバーより上の内側にキックが決まれば得点

×南アフリカ戦のスクラム。左プロップは中島イシレリ、左フランカーはリーチマイ（リポビタンＤチャレンジカップ 2019。2019 年 9 月 6 日）写真：森田直樹／アフロ ーツ

プロローグ

快挙である。

日本初開催の２０１９年ラグビーワールドカップ（Ｗ杯）で日本代表がベスト8に初めて進出したことではない。これまで「縁の下の力持ち」と形容されていた地味なフロントロー陣が、スポットライトを浴びていることである。まさか、こんな時代がやってくるとは。

ラグビーのフロントロー陣とは、スクラムの最前線に立つ。３人で構成され、両サイドに柱となるプロップ（支柱を意味する）が並び、真ん中に周囲をコントロールする役割のフッカー（フック＝カギを意味する）がでんと座る。スクラムはゲームの流れを左右する。ラグビーの心臓ともいっていい。フロントローは全身（チーム）に血液を送り出す、そのポンプ機能をつかさどるようなものである。

早稲田時代、プロップをしていた筆者としては、「労多くして幸薄し」のポジションだと考えていた。試合に勝っても、称賛されるのは、同期のスタンドオフ本城和彦くんらバックスの選手たちだった。フロントロー陣はいわば、日陰もん。勝っても、口元にかすかな笑みをつくり、高田馬場の居酒屋で安いホッピーをしずかに飲んでいた。

だが、時代は変わった。W杯後、日本代表の左プロップの稲垣啓太、右プロップの具智元《グジウオン》、フッカーの堀江翔太。さらにはスクラム担当の長谷川慎コーチがそろって、日本の公共放送を担う日本放送協会、「NHK」の全国ネットの特集番組に生出演したのである。おそらく、フロントロー陣とスクラムコーチだけの番組出演は有史以来の痛快な出来事だっただろう。

5万人ファンのワンチーム・パレード

ラグビー日本代表の人気ぶりは信じられないものがある。師走某日。よく晴れた冬空の下、黒色のスーツ姿の日本代表は「感謝のワンチーム・パレード」と称し、東京駅そばの丸の内仲通りの800メートルを練り歩き、約5万人の観衆に手を振った。ビルの窓にも多くの人が集まった。携帯電話で写真を撮られ、「ありがとう」と声をかけられた。感激で泣き出す

取材に笑顔で答える堀江翔太　写真：谷本結利

ファンも。

その翌日、群馬県太田市のパナソニック・ワイルドナイツのグラウンドを訪ねた。チームジャージのような青い空が広がっていた。フッカー堀江、プロップ稲垣とスクラム談義をするためだった。

パレードの話題を振れば、１９８６年１月生まれの堀江は「幸せな時間でした」と言った。

初めてラグビーW杯日本代表となった２０１１年ニュージーランド大会のあと、帰国した際の成田空港の風景はまったく覚えていない。テレビカメラが1台あったかどうか。メディアの囲みはなかった、という。

初戦で優勝候補の南アフリカを破るなど3勝1敗の成績を残した前回の２０１５年イングランド大会では、羽田空港に約５００人のファンが待ち構えていた。こんどは日本開催といえども、その１００倍の人々が沿道から日本代表の健闘を祝福してくれたのだった。

ドレッドヘアの堀江はひげ面の顔をほころばせた。「ま、異様な光景でした」と漏らした。

「笑わない男」稲垣啓太　写真：谷本結利

「僕がトップリーグ（社会人の日本最高峰のラグビーリーグ）に入った時なんて、地方の試合では観客が数百人とかありましたから。それがもう、東京の丸の内、大都会のど真ん中で、５万人の人がいてくれるというのが、なんかもう、ふしぎで仕方ないんですよ」

１９９０年６月生まれの稲垣は、こう述懐した。

「沿道だけじゃなく、少し見上げれば、オフィス街の窓から手を振ってくれている人もいました。サクラのジャージもたくさん、見ました。僕自身、ここまでは想像していませんでした。ラグビーというスポーツがメジャーになりつつあるのかな、そのきっかけに貢献することができたのかな、という印象を受けました」

ついでにいえば、「笑わない男」とニックネームがついた稲垣は女性ファンから「笑ってくださ～い」との声を幾度となくかけられた。やはり、笑わなかった。

「別に僕が笑う、笑わないで迷惑がかかる人もいないだろうって。はい」

テレビ出まくりのフロントロー3人衆

フロントロー3人もW杯後、テレビや雑誌、イベント出演にひっぱりだことなった。木枯らしが吹いた11月下旬。鈴鹿サーキットそばのＨｏｎｄａアクティブランド（三重県鈴鹿市）のＨｏｎｄａラグビー部のクラブハウスだった。

1994年7月生まれ、韓国・ソウル生まれの具智元は、「第2のふるさと」という大分県佐伯市への凱旋のあと、前日は大阪でのテレビ生出演、この日は雑誌の取材が立て続けに入っていた。（具智元は2019年12月13日、日本国籍を取得）

にこにこ顔の具智元　写真：齋藤龍太郎

天然芝のグラウンドでの雑誌の写真撮影ではさすがに疲労の色が濃かった。心配するこちらの声には、愛称「グーくん」はいつものにこにこ笑顔で言った。大きなエクボ。

「全然、大丈夫です。ラグビー選手としたら、ほんと、うれしいことですから」

確かにフロントロー陣はキャラが立っていた。ニヒルで語りがロジカルな稲垣啓太、素直で朴とつ、誠実な好青年の具智元、いつも泰然自若、自然体で気配り抜群の陽気な堀江翔太。コワモテだけど目がやさしい人情派の長谷川慎スクラムコーチ。

だが、人気の一番の理由はやはり、日本代表の躍進を支えたスクラムの健闘があったことだろう。日本代表のスクラムはほんと、強かった。世界一になった南アフリカのスクラムも押したから、三段論法でいけば、日本代表のスクラムは世界最強となる。（押されもしたが……）

日本スタイルの〝慎さんのスクラム〟

ラグビー、とくにスクラムは奥深い。フランスの探偵小説のごとく、話がオモシロい。はた目にはふしぎに満ちているが、実はスクラムの押しにはふしぎの押しはない。しっかりと準備をし、フォワード8人がハードワーク（猛練習）を重ねてきたからこそ、あるいは試合で8人がそれぞれの役割を全うし機能したからこそ、相手フォワードを押すことができるのだ。相手チームのフォワード、バックスのモチベーションを削ぐコラプシング（故意に崩す行為）のペナルティーを得ることもできるのだった。

例えば、日本代表のハイライトともいわれたW杯1次リーグの第2戦、アイルランド戦（静岡・日本○19－12）の前半34分のスクラムである。相手ボールで、位置が日本陣の22メートルラインのちょい外側、アイルランドから見たら右中間だった。日本としては、「絶対、ペナルティーはとられたくない」ところだった。

攻め手にとったら、仕掛けやすい位置だ。スクラムを押してコラプシングをとれば、確実にペナルティー・ゴールを蹴り込むことができるし、タッチキックからのラインアウトのモールでトライをとる可能性も大きくなる。あるいは、スクラムのボールをバックスのサインプレーからつないでもトライを狙いやすい。だから、アイルランドはまず、スクラムを押し込もうとした。仕掛けた。

だが、日本がその押しを耐え、逆にアイルランドの塊を押し崩した。スクラムを押し切った。日本スタイルのスクラムで。約5万人の満員の観衆で埋まった静岡・エコパスタジアムが「おおおー」と大きくどよめいた。コラプシングの反則をもぎとり、窮地を脱したのだった。このスクラムでは何が起きていたのか。

「慎さんのスクラム」についてロジカルに語る稲垣　写真：谷本結利

稲垣「個性を捨てました」

日本スタイルのスクラムとは、長谷川慎コーチが情熱と経験と分析力を持って徹底指導した「慎さんのスクラム」である。左プロップ稲垣の言葉を借りると、「日本に革命をもたらした慎さんのスクラム」ということになる。「基本的には」と稲垣は続ける。

「日本代表のスクラムというのは、ひとつの方向性があって、まず一番大切にしている方向性はみんなで3番を助けることです。フッカーの向きを右に向けてあげるのが僕の役割なんです。そして、全体の方向性をフォワードが矢印の形になるようにするのです」

矢印をつくる時のキーになるのは、6番、7番の両フランカーである、という。どうしても、組んだ際、両プロップの臀部が開いていく。それを開かせないよう、両フランカーは少し、内側に補強してあげる。ここが日本スタイルのスクラムの特徴のひとつか。

4年の前のスクラムとの違いは？　と聞けば、稲垣の目が瞬時、鋭くなった。

「ひとりひとりの役割が細分化されて、明確になったのが一番の違いですね。まあ、それはシステム上の違いで、スクラムの結果としての違いは相手ボールのスクラムにプレッシャーをかけることができるようになったことです」

２０１５年大会のスクラムでは、マイボールのスクラムで相手のコラプシングの反則を得ることができたが、相手ボールのスクラムにプレッシャーをかけてターンオーバー（ボール奪取）することはなかった。だが今大会では相手ボールのスクラムでプレッシャーをかけ、反則を誘い、ボールを奪ったスクラムが４本もあった。

では、稲垣個人はどう変わったのか。「個性を捨てました」とボソッと漏らした。

１番の左プロップは、３番の右プロップと違い、頭の左側が空いている。だから、ルースヘッド（解放された頭）と呼ばれることもある。片側が空いているから、構造上、前に出やすいポジションである。両チームの左プロップが単純にそうすると、スクラムは右回りに回ってしまう。

「それをしたら、スクラムにならないのです。自分たちのスクラムを有効に進めるために、じゃ、僕が何をすればいいのかというと、まず個性を捨てる。自分が押したい、前に出たいという欲を捨てることなのです」

では、堀江はどうだろう。「相手を崩すという部分は４年前とは全然違います」とほのぼの口調で漏らした。

「エディーさん（ジョーンズ前日本代表ヘッドコーチ〈ＨＣ〉、現イングランドＨＣ）の時はそんなことはしていなかった。〝崩す〟って、首とか胸とか使って、相手の嫌がるところに力をいれて入っていくんですけど、僕らは相手を崩す、相手を悪い姿勢にするという感じですね。相手を崩せば、（自分たちの）うしろの押しが前にいきやすくなるんです」

〝慎さんは力なり〟、「スクラムファースト」

ラグビーＷ杯を通して、フォワード陣の話を聞いて感心したのは、誰もが「慎さんのスクラム」を信じ切っていたことである。これは強い。誰も迷いが微塵も感じられなかった。慎さんのスクラムのメソッドを信じ、遂行する。少々うまくいかなくても、「信は力なり」なのだ。信が結束となり、崩れながらも、相手を押し切るのだった。あぁ〝慎は力なり〟。

長谷川慎さんのスクラムのキーワードは「スクラムファースト」である。スクラムを一番に考えよう、というフォワードの意思統一だ。スクラムはワンチームが８人で組む。フォワードはまず、スクラムを意識し、スクラムの押しに徹するのだ。

Ｗ杯の日本代表のスクラムを見れば、よくわかる。とくにスクラムの位置での構えに注目

低い姿勢で構え、下から相手をにらむ右プロップ具とフッカー堀江（リポビタンDチャレンジカップ2018　日本×ジョージア。2018年6月23日）写真：齋藤龍太郎

してほしい。相手より先にスクラムの位置に集まり、それぞれがバインドし、スパイクのポイントを芝にかませ、背筋を伸ばしている。フロントローは下から相手をにらんでいる。構えから、８人の足の位置、角度、肩と肩を組み合わせるバインディングの強度、相手との間合いなどディテール（細部）が決め事として積み上げられ、意思が徹底されているのだ。

クラウチ（しゃがんで）。バインド（相手と自分の手を合わせて）。セット（組んで）。そのレフリーの３つのコールに合わせ、どんとスクラムを組む。相手ボールのスクラムなら、うしろの３人（ナンバー８と左右のフランカー）も、スクラムハーフから「ブレイク!」との声が出るまで、必死で押し続けている。ディフェンスに早く回ろうと、ブレイクしやすいように肩を浮かしている選手はまず、いなかった。

ポイントは、それぞれの接触面の意識である。プロップとフッカー、フロントローとロック、プロップとフランカー、ロックとナンバー8。効率的に相手にプレッシャーをかけるため、肉体の接触面のカベをガチッとつくり、重心を前に移す。とくに両フランカーは低い姿勢で肩をプロップの臀部の下部にしっかりあて、プロップを押し込んでやる。この強弱は大きい。

慎さんのスクラムとは? と聞けば、具智元は短く、言った。

「8人で組んで、〝待ったら負け〟のスクラムです。ヒットもそうですけど、押されるのを待つのではなく、自分たちから攻めていく。相手より、いいポジションでセットしてから、こっちが100%、相手は70%の窮屈な姿勢をつくらせるスクラムです」

フッカーの堀江は〝慎さんのスクラム〟をこう、説明した。これまでのスクラムコーチは「8人で結束して押せ」とは言うけど、その方法論、どう押せばいいのかという詳細までは説明してくれなかった。長谷川コーチは違った。

「自分たちひとりひとりに明確な仕事があって、それを僕らに提示してくれて、どうやれば押せるかという方法を教えてくれた。そうやってつくられたスクラムが、ま、いわば慎さんのスクラムです」

スクラムの間合い

要は自分たちの優位な姿勢でスクラムを組むことが重要となる。大相撲でいうところの「立ち合い」と似ている。そのためには、日本代表フロントロー陣と、相手フロントロー陣との組む前の距離もポイントとなる。

「間合い」――慎さんはその日本語を日本代表の共通言語とした。「ギャップ（間隔）」とは違う。日本代表フォワードは、韓国出身の具智元ほか、トンガ出身、ニュージーランド出身、オーストラリア出身、南アフリカ出身と6カ国の多国籍から成っている。

練習から、あえて「間合い」という言葉を使っていた。「間合いはほんと、大事ですね」と、日本代表の勝利に陰で貢献したフッカーの北出卓也はＷ杯終了後、説明してくれた。Ｗ杯メンバーながら、出場機会は一度もなかった。練習相手に徹した。１９９２年９月生まれのほんものの〝チームプレーヤー〟。

「（組む前の）相手との距離です。そこで、いいポジションをとれるかどうかで、いいスク

スクラムを組む前の「間合い」が重要。左プロップ稲垣とフッカー堀江（リポビタンDチャレンジカップ 2018　日本×イタリア。2018 年 6 月 16 日）写真：齋藤龍太郎

ラムを組めるかどうかが、ほぼ決まってきます。日本は相手（フロントロー）の頭の少し下を狙って組みますが、その時の間合いは微妙で、組む直前、ちょっと間合いを詰めて……。頭と頭の距離がすごく大事なのです」

具智元は「間合いとは、日本に有利なギャップだと理解しています」と言った。

「慎さんの間合いとは、自分たちに有利なスペースなのです。構えた時、先に（相手との距離を）詰めて、いい姿勢をとる。これをいつも、意識していました」

稲垣はこうだ。間合いとは？

「相手に70％の力で組ませる。からだの重いチームはプレッシャーを〝バインド〟

（のレフリーのコール）の時点でかけてくる。それをさせないため、僕らが早めにセットして、相手が少し下がらざるをえない状況をつくりだす。この時に生まれるスペースを〝間合い〟って言うのです」

堀江はまた、微妙に表現が違う。間合いとは？

「相手が嫌がる感じですかね。相手の間合いになるとやられるので、相手が嫌がる、自分たちの間合いをとるということです」

すなわち、間合いとは、剣道でいうところの、剣先《けんさき》がわずかに交差した距離の「一足一刀の間合い」とも似ている。一歩踏み込めば相手を打突《だとつ》できるのだった。

組む前の相手との距離に関していえば、W杯直前の２０１９年７月、ラグビーの国際統括団体のワールドラグビー（WR）はスクラムのルール変更をしていた。厳密には、ルール解釈か。スクラムでは、レフリーの「クラウチ」「バインド」「セット」の3コールで組まれているが、レフリーの最後の「セット」のコールの前に、フォワード第1列の選手（フロントロー）は自分の頭を相手選手の首や肩に触れてはいけない決まりになった。

わかりやすくいえば、「バインド」で自分の手を相手のからだに触れたあと、優位に組むための頭の位置取り争いはやめようということだ。けが防止のためだろう。結果、セット前の両チームのフォワード第1列同士の間隔は少し、開くことになった。優位に組むためには、最大限のヒットスピードを生む間合いが、より大事となったのである。

強いスクラムは見た目も美しい

もうひとつ、優位に組むために大事なのは、フロントローの姿勢だろう。稲垣も、具智元も、組む前から背筋がぴんと伸びていた。組んだあと、うしろのウエイトを効果的に相手に伝えるためには背筋の伸びはマストといってもよい。強いスクラムは見た目も美しい。

スクラムの際、具智元の大きなおなかがジャージからはみ出る時があるが、これは背筋を伸ばしている証拠だ。具智元は「胸を張ることを意識している」と漏らした。

具智元の父・具東春《グドンチュン》さんはアジア最強といわれた韓国代表の名プロップだった。その父からの教えのひとつが、「胸を張ること」だったそうだ。インタビューの際、具智元は黒色のソファーから身を乗り出し、両肩をうしろに引いて、胸を突き出した。黒色のポロシャツのボタンがちぎれそうになった。

「胸を張ることは、おとうさんも、慎さんも、よく言っていた。堀江さんにも胸の張り方を教えてもらった。構えの時から、〝みぞおち〟を出すんです。みぞおちを出して、背中の肩甲骨をこう、ぎゅっと寄せると、胸が出ます。バインドする時も、肩甲骨をうしろで寄せたままで動かさないのです」

あんばい

さらにいえば、日本代表のスクラムでの共通言語には、「あんばい」という言葉もあった。日本古来の「塩梅」である。料理で使う塩加減のごとく、微妙な力のかけ具合を意味する。無理な姿勢でスクラムを組んでいると、腰やひざは緩やかな〝あそび〟をなくしてがくがくになる。どんと崩れる。つまり限界の合図だ。

フロントローは限界に行きつく前にそれを回避する。ちょっぴり余裕を持ち、「ほどほど」でスクラムを組むのだ。ここぞという時、呼吸を合わせて筋肉を緊張させる。パワーを爆発させる。限界を知らない「ほどほど」はただの委縮に過ぎない。限界を知らねば、たくましさも生まれない。

すなわち、絶妙なあんばいとは少し余力を残しておくことか。車の運転の「あそび」と似ている。お互い１００％のバインドで相手につっかけてしまうと、相手にちょっと引かれると前につんのめってしまう。もちろん、バインドが弱すぎると、崩されてしまう。そこで大事なのがあんばい。相手が引いても、その場で我慢できるパワー、または相手が押してきたら、ちょっと押し返せるパワー、その微妙な力加減をあんばいと表現する。

「あんばいとは？」と聞けば、具智元は「駆け引きです」と説明した。首と肩をきゅっとしめる格好をする。

「スクラムでは、こう、自分の頭と相手の肩があたるじゃないですか。相手がめちゃ力をかけてきても、めちゃ引いてきても、僕はまず、その場にいないといけないのです。いい具合の駆け引きが、あんばいです。相手がめちゃ力をかけてきても、僕はいい姿勢を崩さないのです」

具智元の好物の豚骨ラーメンでいえば、あんばいとは、豚骨スープの塩加減、ごま油、すりおろしニンニクの微妙な量といったところか。そう言えば、「はっはっは」と豪快に笑った。

「そんな感じです。僕ら８人はいつでも前に出られる。強い姿勢を維持して、そのタイミングを計っています。相手１人が突然、思い切り出てきても、こちらは８人でいい姿勢をキープする。相手がめっちゃ強く押してきても、余裕を持って対応できる。時には耐える。相手の押しがばらけた時、８人でイッキに出るのです。それが、よか〝あんばい〟です」

堀江にとって、あんばいとは？

「体重を乗せるか乗せないかということです。（相手フロントローとの）すき間をあけなあかんので、そのすき間を常につくるために体重をかけるかかけないかというところがあんばいですね」

稲垣は。

「あんばいは、まあ、バランスですよね。かけひきとかの部分もありますけど。バランスだとちょっと、お互いイーブンみたいな感じがありますけど、そうじゃなくて、自分たちに有利のバランスですか。例えば、相手が引いたら、そのままの力だと僕らは前にいっちゃいます。そうならないよう、相手がちょっと力を緩めたら、自分たちがアジャストしていく。だから、相手がどう、どこに動いても、自分たちがアジャストできる力加減、バランス。それが〝あんばい〟です」

具智元「相手を閉じ込める」

さて、アイルランド戦の前半34分のスクラムだ。日本のフォワードのひとりひとりの役割は決まっていた。それを8人が完璧に遂行した。

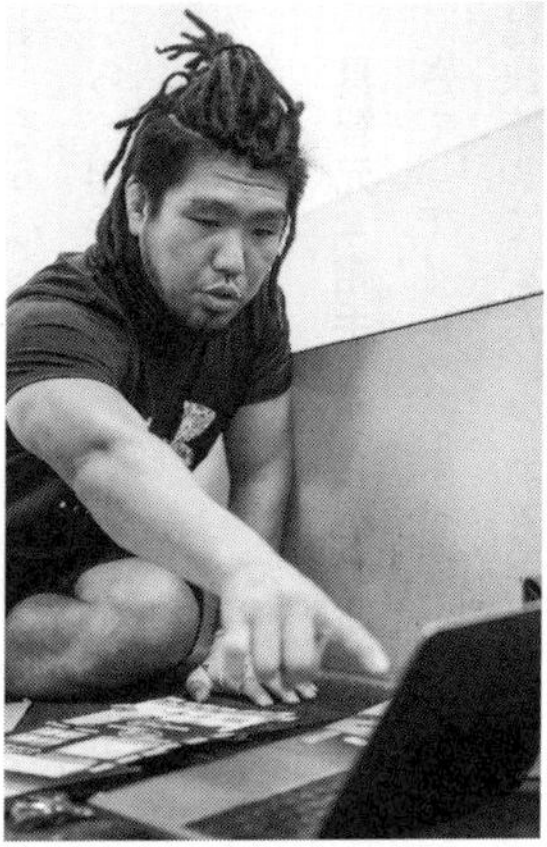

映像を見ながらアイルランド戦のスクラムを解説する堀江　写真：谷本結利

日本にとってのポイントは基本的に3番（右プロップ）だった。相手3番のタイグ・ファーロング（185センチ・120キロ）は強くてうまい選手だった。だが仕掛けは相手1番（左プロップ）のキアン・ヒーリー（185センチ・112キロ）から。相手の3番は味方の1番が前に出やすいようなスクラムの形をつくる。必要があれば、少し引いてもくる。そこで、ヒーリーが外から前に出るのだった。

稲垣の述懐。

「アイルランドは1番ありきのスクラムから、3番の前にわずかなスペースが空いた時、そこからスペースをうまく自分で変えながら1番を助けることができる。（3番のファーロングはそういう）特殊な選手でした。だから、僕はうまく3番に対応しないといけない。堀江さんとうまくコミュニケーションをとって、自分らの3番（具智元）を助けたのです。とくに肩の使い方だけは意識していました」

堀江とも一緒にパソコンでその時の映像を見ながら、話を聞く。素朴な疑問。このスクラム、何が起きていたのか。

「これ、相手が先に仕掛けてきたんです、たぶん。僕らも押す準備はしていました。だから、相手が仕掛けてきた時に、僕らも仕掛け返した。相手のすき間に入っていった感じですね。（アイルランドの）１番がほとんど頭を抜いて、からだも体重も全部、左側にのせている感じなんですよ」

繰り返すが、ポイントは右プロップの具智元がトイメンの左プロップのヒーリーの押しを止めることだった。押し込まれ、外を向いたら負けだった。相手を「閉じ込めることだった」と振り返る。

「閉じ込めて、相手に力を出させないんです。そのためには、相手より早くセットして、相手よりいい姿勢で組まないといけないんです。アイルランド戦はそれができたのです」

閉じ込めるとは、バインドをきっちりして、相手の頭を自分のあごと肩と胸で固め、プレスすることである。アイルランドのスクラムは分析済みで、左プロップのヒーリーは外（ヒーリーから見たら左側）に押していく癖があった。だから、具智元は相手を閉じ込める、外（具から見たら右側）にはいかせない。他の７人が意識して、具智元を助け、全員でヒーリーの押しを止めた。

堀江「いるから、いるから」

フロントローでいえば、左プロップの稲垣が前に出ると、相手の右プロップのタイグ・ファーロングが下がり、スクラムのウエイトは回る形で流れ、相手の左プロップのヒーリーは外に出やすくなる。だから、稲垣はそれほど前には仕掛けずに、相手のファーロングを止めつつ、フッカーの堀江に寄っていく。堀江は、稲垣とうしろのバックファイブ（ロックとフランカー、ナンバー８）のウエイトをもらって、トイメンのフッカーのロリー・ベスト（１８０センチ・１１０キロ）の力を殺しつつ、右の具智元をサポートした。

日本のフォワードの押しはまっすぐな〝矢じり〟のようなイメージだった。アイルランドのボールが投入される。じわりと押しにかかる。でも、日本の矢じりはさらに結束を強くする。動かない。８人同士の力が拮抗する。大相撲でいえば、がっぷり四つの状態である。

ここが頑張りどころだ。堀江が右の具智元に声を出した。

「いるから、いるから」

つまり、堀江は具智元の左についているから大丈夫だ、という意味だった。堀江はスクラムを組む前、「俺が横におるから、変に自分で前にいくな」と具に注意していた。

「スクラムを押さなあかん、何かやらないとあかんとか、1人で勝手にやり始めるとスクラムが崩れる。だから、〃僕がそばについているから、いい姿勢でおれ〃って」

いるから、いるから。その声に後押しされるように、具智元はじわりじわりと前に出た。相手のフロントロー陣がばらけた。トイメンのヒーリーが外にずれた。

堀江が短い声を発した。

「今!」

具智元は、ばらけた相手の左プロップとフッカーの間に割って入った。具智元の述懐。

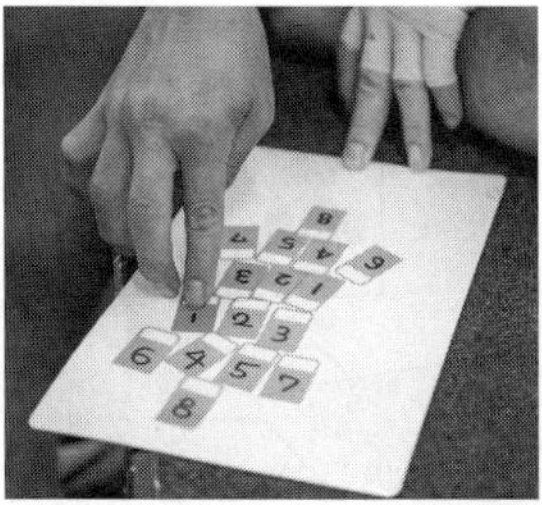

この手製のボードで、スクラムの中で何が起きていたかを選手たちに解説してもらった　写真：谷本結利

「相手の押しが流れた時、前が空いたのです。割れた。ふわっと軽くなって、相手がいなくなった感じでした。その瞬間でした。〃今!〃って、声がかかった。その時、ちょっと内（日本から見て左）にいってから右にいって相手を崩したら、前が切れて、自分たちがスッと前にいけたのです」

左から右。まっすぐ。相手フロントローの押しの方向

アイルランド戦 前半34分のスクラム

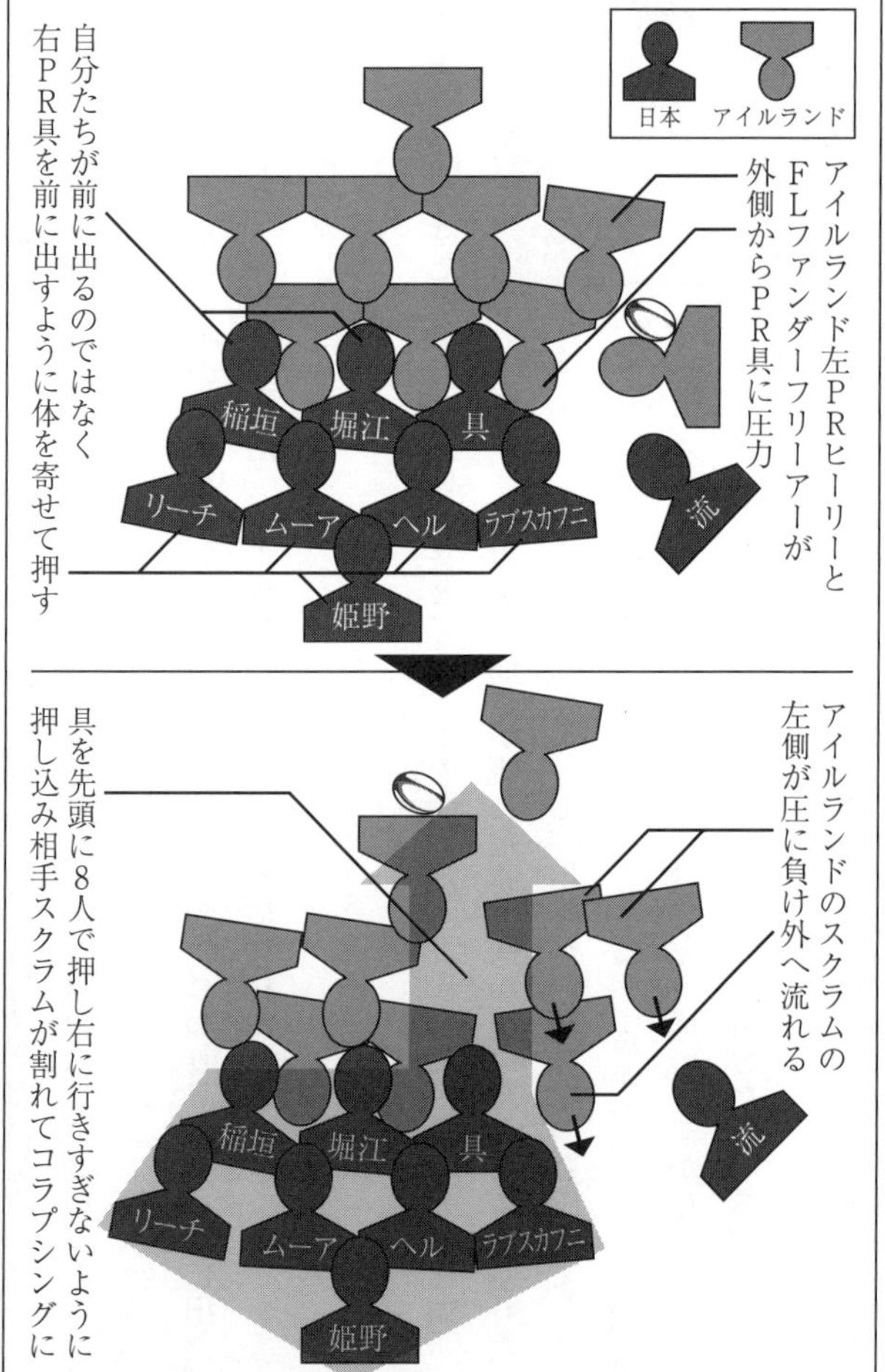

を崩すだけで、うしろのウエイトが減少する。だから、具智元は相手のウエイトが消えた、と感じた。そのチャンスを逃さず、どどっと前に出た。

堀江は「相手が仕掛けてきた瞬間に、すき間があいたから、そこにグーくん（具智元）が入っていったんです」と振り返った。

大相撲でいえば、がっぷり四つからの左右の差し手、上手の崩し、柔道でいえば、引き手、上手の崩しだろう。そのあと、日本のフォワードは前に出て、アイルランドを押し崩した。コラプシングをもらった。

「今！」の発声のタイミングは？　と聞けば、堀江は苦笑いをつくった。

「いやいや、たぶん、僕は〝今〟とは言ってないですよ。ははは。ただ、今だ、今いけとは思っていましたよ」

さらに映像をよく見れば、このスクラムは、相手のコラプシングの笛が鳴ったあと、日本が前に出ながら、顔を上げるタイミングが一番前に出た3番の具智元から、それに続く2番の堀江、そして1番の稲垣の順になっていた。フロントローは横1列ながら、稲垣がわずかに下がって見える。そう指摘すると、稲垣は「はい」と満足そうな顔をつくった。

「だから、僕がここで、真っ先にまっすぐ上がって（前に出て）いたら、僕らのペナルティーだったんですよ。僕は出られる状況が常につくられているんです。でも、そこで出てしまっていいのかどうか。出ることが最善なのか。結果的に出ることが最悪になることもあるんです」

　これは、研究、練習の成果だった。日本代表は、２０１７年の日本代表×アイルランド戦（静岡・日本●22－50、東京・日本●13－35）の映像、最近の欧州６カ国対抗の映像、このラグビーW杯のアイルランド×スコットランド戦（アイルランド○27－3）のスクラムを徹底分析していた。具智元が説明する。

「2年前のアイルランド戦に自分は出場していなかったけれど、向こうがスクラムでは左右どちらかに崩してから押してくるのはわかっていました。スコットランド戦を見たら、（左プロップの）ヒーリーが回しながら、押してくるのがわかったので、もう、回させないため、とくに早く、相手よりいい姿勢をとって組みこんで回させないぞって。一番大事なのは８人で組むことでした」

仮想アイルランド「フォア・ザ・チーム」

さらにいえば、日本代表は初戦のロシア戦後の1週間、アイルランドのスクラムに照準を絞っていた。控えメンバーは仮想アイルランド選手となって、練習ではスクラムを組んだ。メンバーから外れた悔しさを押し殺し、「フォア・ザ・チーム」に徹した。

日本代表のヒーリー役は、中島イシレリだった。フッカー役が北出卓也、右プロップのファーロング役が木津悠輔だった。練習で、アイルランド役のフォワードは、日本代表では絶対やらないような回しにいったり、崩しにいったりしてくれた。時には相手側は10人で組んだ。試合前日のキャプテンズ・ラン（キャプテンのリードによる公式練習）、スクラム練習は2、3本だった。

具智元が思い出す。

「もうアイルランドのイメージはできていました。完璧でした。不安ありません。自信を持って、試合に臨めました」

伏線となったファースト・スクラム

伏線は、日本×アイルランド戦の前半19分、相手ボールのスクラムだった。位置が、日本陣の10メートルラインあたりの右中間だった。ここで、日本はアイルランドに押し込まれた。いや、そう見えた。だが、実は右に回されているだけだった。日本はまっすぐに組んでいる。なのに、日本はコラプシングのペナルティーをとられた。

映像で見ると、具智元は「なぜなのだ?」と口をとがらせている。右プロップの述懐。

「あのスクラムは、感覚的には全然、悪くなかった。相手が回しているだけじゃないかって。堀江さんに言ったら、〃今ので大丈夫だ〃って。〃自分がついていくから、相手を押さえてくれ〃って言われたのです」

堀江の証言。

「あれは、やっていることは合っていたのです。1発目でペナルティーを日本がとられて、それで自分たちが間違っているとか、変にどうしようとか思わんといてくれと周りには言いました。このままでいい。どっかで絶対、(相手の)穴が開きはじめるから、そこを狙っていこうって」

具智元、咆哮のワケ

日本代表はその後の前半34分、アイルランドのスクラムを押し崩した。コラプシングの反則をもぎとった。具智元はうれしくて、うれしくて、右手を頭の上から振り下ろす、派手なガッツポーズを見せた。

パソコンで試合の動画のその場面を見てもらうと、具智元は「最初は恥ずかしくて、録画を見る時、（この場面は）スキップしていました」と苦笑いをつくった。

「今だから、見られるんですけど……。（ガッツポーズは）気づいたら、やっていました。僕の人生で最高のガッツポーズです」

堀江も右こぶしを振り下ろしている。個性的なドレッドヘアが波を打った。パソコン画面の自分の歓喜の姿を見つめながら、フッカーは鷹揚《おうよう》に笑った。

「そりゃ、うれしいですよ。なんというか、向こう（アイルランド）が、スクラムで押されるかもしれないというメンタルになるので。こいつら強いと。バックスにも影響を与える。きょうはスクラムが押されるんやって。ディフェンスが意識的に縮まるんです。すべてに関して、日本にいいように回り出す。たしか、

会心のスクラムの攻防を説明する具　写真：齋藤龍太郎

〝よっしゃ〟という感じがしました」

このスクラムを押し切った時、稲垣は髪を振り乱し、奥歯を噛みしめている。まるで鬼の形相。「試合は戦場」と考える左プロップはパソコン画面を見ながら、つぶやいた。コラプシングの笛の瞬間は？

「うれしかったんじゃないでしょうか。ただ、切り取ってみれば、ひとつのプレーですし、一喜一憂している場合じゃないでしょ。あまり、試合中、感情を見せるのは好きじゃないんです、正直いうと」

稲垣、スパイクのポイントの長さを前後半で替える

日本代表のフォワード陣がスクラムの細部にこだわるエピソードをひとつ。

フォワード選手の多くは、スタジアムの芝のグラウンドに合わせ、試合ごと、スパイクの金属製ポイント（スタッド）の長さを変えている。ラグビーW杯の会場の芝の長さはほとんど25～27ミリで、サッカー場の10～20ミリ程度と比べると長い。スクラムの際は、スパイクのポイントが芝をしっかり噛む（絡む）かどうかが重要となる。

そのため、長谷川スクラムコーチは事前に試合会場となるスタジアムの芝を入念にチェッ

クし、選手たちに状態を説明していた。完璧主義の稲垣の場合、ポイントは17ミリ、18ミリ、21ミリの3足のスパイクをいつも、準備している。うち、2足を選んで試合会場に持っていく。

初戦のロシア戦（東京スタジアム）は18ミリ、アイルランド戦（静岡・エコパスタジアム）も18ミリ、サモア戦（豊田スタジアム）が17ミリ、準々決勝の南アフリカ戦（東京スタジアム）は18ミリのポイントのスパイクを履いて、スクラムを組んだ。

台風の影響でグラウンドが水浸しになっていたスコットランド戦（横浜国際総合競技場）では、稲垣は21ミリのポイントのスパイクで試合にのぞんだ。だが、予想した以上にグラウンド状況がよかったので、ハーフタイムで18ミリのポイントのスパイクに履き替えた。

総じて、スパイクのポイントは長ければ芝を噛みやすいがランニングでは疲れが蓄積されやすい、短ければその逆で芝を噛みにくくなるが、走りやすくなる傾向にある。

稲垣は試合ごと、必ず、ロックにもスパイクのポイントを見せてもらっていた。ポイントが短いとウエイトが定まらない時があるからだ。稲垣のうしろにつく、4番のロック、ヴィンピー・ファンデルヴァルトとは、こういった会話をしたこともあるそうだ。

「そんなちっちゃいポイントつけて、（スクラムを）押せるのか」

「ダイジョウブだ」

「絶対、ムリ、ムリ。変えて、変えて」

「これ以上、長いポイントだと走れない」

「いや、走れるよ。走る、走れないじゃないよ、走ればいいんだ」

日本スタイルのスクラムではロックの足の位置の1センチ、2センチにもこだわった。レフリーのバインドのコールの際、ロックがひざを上げる時、スパイクのポイントを芝にガチっと噛ませているかどうか。

噛ませていないと、と稲垣はおごそかな口調で言った。

「それだけで、僕のおしりとロックの肩のコネクションがずれるんですよ」

スクラムは心臓、別の競技

プロローグなのに、スクラムの話だからつい長くなった。オモシロいので、調子に乗ってしまうのだ。好物のバーボンをストレートで飲んでいるかのごとく、心地よい気分になるのだった。あぁ止まらない。やめられない。

　このスクラム本は、「幻のベストセラー」とフロントロー陣からひそかに呼ばれた『スクラム　駆け引きと勝負の謎を解く』（２００６年発刊）を大幅に加筆修正したものだ。当然ながら、ラグビーＷ杯日本大会のスクラム噺《ばなし》をふんだんに盛り込んだ。結果、巨漢プロップ、いや大相撲の幕内最重量の逸ノ城（２２６キロ）のごとく、４４０ページのぶあつい本となった。

　スクラムにはラガーマンの喜怒哀楽が満ちている。いわば人生哲学でもある。奥が深い。

　スクラムとは、と聞けば、堀江は考え込んだ。「なんやろう。うまいたとえがないですね」。２０１５年Ｗ杯の時のフランス人のダルマゾ・スクラムコーチの「心臓」という言葉を出せば、「そんなもんやと思います」と賛同した。

「ゲームの主導権を握れるかどうかは、スクラムの優劣が大きいから」

　同じ質問。稲垣は「スクラムってラグビーであって、別の競技みたいなものです」と答えた。「そう、スクラムというひとつの競技みたいな。スクラムだけは、ラグビーとは別個に考える必要があるんじゃないですか」

　笑わらない男の顔が少し、ほころんだように見えた。

「スクラムの楽しさを伝えるのが、一番、難しいと思います。やっている方は楽しみとはとらえてないですけど」

それはそうだろう。

「スクラムで相手にプレッシャーをかけた時、相手チームに与える影響というのははかりしれないですね」


はっきりいいたい。日本代表のラグビーＷ杯でのベスト８進出の原動力はスクラムだった。２０１９年の流行語大賞にも輝いた「ＯＮＥ　ＴＥＡＭ」の象徴はスクラムだろう。フォワード一丸のセットピースだった。

日本代表は国内初開催のラグビーＷ杯の５試合で結局、マイボール30本、相手ボール40本、合わせて70本のスクラムを組んだ。時間帯、エリア、スコアによって、それぞれのスクラムにはゲームの流れにあっての位置づけがある。戦略、ストーリーがある。

１本１本のスクラムにおいて、フィジカル勝負、心理戦、頭脳戦が展開されていた。フォワード合わせて約１トンの肉体の塊のぶつかりあいのウラで何が起きていたのか。とくに伝統工芸のごとき技がつまった日本スタイルのスクラムにスポットライトを当て、その深遠なる戦いをつまびらかにする。

第1部　シン・スクラム論

第1章　長谷川慎コーチが語る日本代表のスクラム

あの熱狂から１カ月半が経った。２０１９年の師走某日。静岡県磐田市のヤマハ発動機大久保グラウンド。陽が落ちると、風が冷たくなってきた。からだをぶつけるヤマハの選手たちの表情は活き活きとして、独特の熱気がグラウンドには充満していた。

フルコンタクトのラインアウトの練習中だった。日本代表のスクラムコーチを務めていた長谷川慎さんの甲高い声がとぶ。

「ゲームライク！　ゲームライク！」

試合のようにやれ、ということである。ゲームのごとく、チーム間の確認は素早く済ませ、ラインアウトの陣形をとろうぜ。本気で相手をつぶしにいけと。

照明がつく。簡素な観客席にはパラパラとヤマハを応援するファンが陣取っていて、呑気な雰囲気が漂っていた。周りの木立から鳥の鳴き声が聞こえてくる。スクラムの練習に移る。８人同士がどんとぶつかる。レギュラー組のフォワード（ＦＷ）が押される。緑の芝がめくれた。すかさず、慎さんの声が響く。

「はい。待ったら負け、待ったら負け」

なぜ、押されたのか。どこが悪いのか。「どうして？」。フォワードが円陣をつくって短いトークを始める。ひとつひとつのディテール（細部）の確認をする。もう、いっちょ。いいスクラムだった。

「オッケー。よくなったよ。よくなった」

躍進した日本代表のスクラムを指導した長谷川慎コーチ。日本ならではのスクラム理論をつくり上げ、信念と愛情を持って選手たちに落とし込んだ。モットーが「選手の成長のスピードを上げること」。

慎さんは１９７２年３月、京都で生まれた。４歳からラグビーをはじめる。京都七条中学から東山高、中央大と進み、サントリーに入社した。プロップとして活躍した。スクラム理論と指導術は日本ナンバーワンだ。

ラグビーワールドカップ（Ｗ杯）は１９９９年大会、２００３年大会に出場した。キャッ

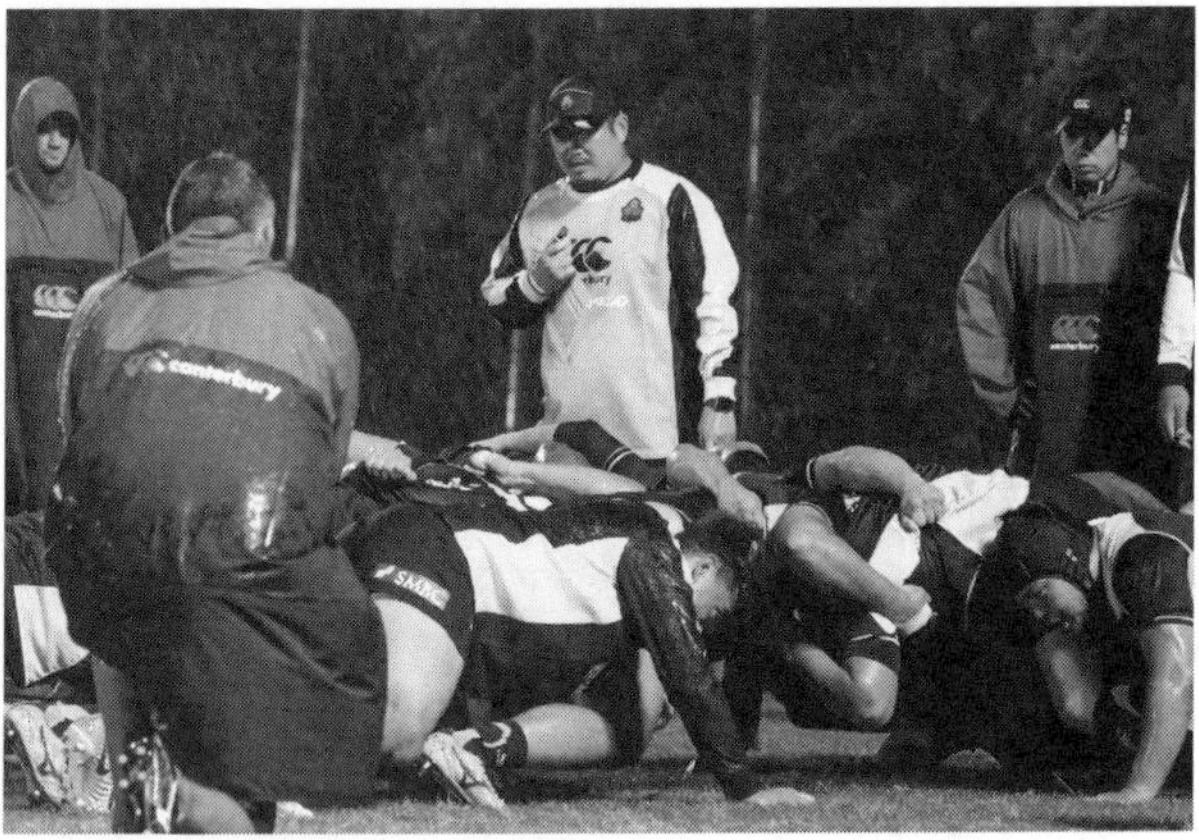

日本代表のスクラムを指導する長谷川慎コーチ（中央）写真：齋藤龍太郎

プは40を数える。サントリー、ヤマハ発動機でコーチを務める。スーパーラグビーの日本チーム、サンウルブズでも指導した。

慎さんは3年の時間をかけて世界に通用する強力ＦＷをつくり上げた。とくにスクラムで力を発揮させ、２０１９年のラグビーＷ杯での快挙を実現させた。選手たちは誰もが、「シンさんのスクラム」と口にした。日本代表のスクラムは、シンさん抜きには語れない。

シンさんは多忙を極め、インタビューのアポ取りは難航した。だが、そこは人のいい慎さん。ヤマハの練習後、やっとのことで実現した。練習が終わる。厳しい表情が消え、細い目をさらに細くして笑いながら、慎さんの愛嬌ある声が遠くから飛んできた。

「センパ〜イ」

練習グラウンド脇のクラブハウスの２階のミーティング室でインタビューは決行された。もう、オモシロいのなんのって。スクラムの深奥に触れる話がぽんぽん出てくる。ああ磐田に来てよかった。

スクラム談義は熱を帯び、40分間の予定の至福のインタビューは１時間半余、続いたのだった。

シンさんが目指したスクラムとは

——まずは、おっきな質問です。スクラムのことで質問されたくないことってありますか。

「はっはっは。それはその時、言いますから。一番、質問でイヤなのは、スクラムはどうでしたか、という漠然とした聞かれ方です。そんな質問は勘弁してほしい」

——では、日本のスクラムってどうなんですか。

「ははは。デカすぎますよ。ひと言では答えられません」

——では、質問を変えて、シンさんが目指したスクラムのポイントは。

「そういう質問は大丈夫です。そうだ、もう１個。〝一般の人がスクラムのどういうところを見たら楽しくなりますか〟って聞かれるのもちょっと……。たぶん、一般の人の楽しみ方と僕の楽しみ方は違うので。ははは。スクラムを人生にたとえると？　と聞くメディアの方もいるじゃないですか」

——えっ。それ、最後に聞こうと思っていたのに。ダメ？

「そんなの、簡単に答えられないですよ。ははは。うまいこと言うのが僕の仕事じゃないので。ダメとかじゃなくて、イヤですね。基本的に何を聞かれてもいいけれど、答えられないものは答えられません」

——最大の聞きたいことは、ラグビーW杯での日本のスクラムのことです。記者席から見ていて、すごくよかったと思うんです。時間帯やエリアを見ると、よりオモシロかったですね。日本代表は大会で4つの相手ボールのコラプシングをもらっています。ノーサイド直前のゴール前のスクラム以外、残る3つは22メートルラインのスクラムでした。それも戦略だったのですか。

「とくにはないですよ。ただ、どこのエリアのスクラムなら、攻めていいよ、というのはありました。何でも聞いてください。センパイ」

——ではシンさんのスクラムとは、言い換えれば、シンさんが目指したスクラムとはどういったものだったのでしょうか。

「僕が常に言ってきたことは、力を漏らさないスクラムです。８人全員の力を使って、しっかり組めば、〝もういけるよ〟と選手たちを洗脳していましたね」

――シンは力なりですね。信じてやり切ったという印象です。信じさせるため、どうすればいいんですか。

「どうすりゃいいのって……。僕はたぶん、選手からこういった質問がくるな、そうきたら、こうなるというのを全部、想定して答えをつくっていました。〝こうなったら、スクラムのひずみが出るけど、どう対応すればいいのですか〟とか。こう、全部、なんでしょ、準備していました。どの練習をどういう順番ですればいいのか、疑問にどう答えればいいのか」

フロントローは押すな！

――例えば？

「例えば、僕がフロントローに〝フロントローは押すな〟と言う。いやいや、フロントローは押すものでしょ、とくるわけです。そこで、なんでフロントローに押すなと言ったか、その理由をフォワード全員に説明していくわけです。うしろ５人が押せばいい。それを理解してくれれば、もっと違うスクラムになっていくんです。例えば、フランカーがこう押している。アングル（角度）をつけて押すのはなぜか、と教える。フランカーのアングルに関していえば、それをワールドカップ前にタテ気味に戻したんです。もちろん、戻す理由も説明しました」

――それは、フランカーの臀部が開きすぎたら、レフリーにペナルティーをとられるからじゃないですか。

「もちろん、それはあります。ただ、理由はひとつだけじゃない。（※29ページでも触れたように、2019年7月、スクラムを組む際のルール解釈が変更され、レフリーの「セット」のコール前に、FW第1列の選手は自分の頭を相手側選手の首や肩に触れてはいけない決まりになった。結果、セット前の両チームのFW第1列同士の間隔は少し、開いた）（ルール解釈の変更後）相手とヒットする距離がもっとあったんです。相手とぶつかったら、どうしても（プロップの）足が開いてしまいます。でも、慣れてくると、ヒットしても、（プロップは）ケツをそんなに開かないんです。ということは、（プロップの臀部や足の開きを）抑えることよ

長谷川コーチ「フロントローは押すな」　写真：齋藤龍太郎

り、（自分の）体重を前に持っていこうと、微調整したわけです。最終的に、ヒットしても、フロントローはどんどん（臀部や足を）開かなくなってきた。同じ方向を向けるようになってきた。ということは、フランカーはもう、（臀部の開きを）止めなくていい。レフリーもちょうど、〝開くな〟と言っているから、まっすぐいこうかと」

――8人の16本の足の位置とかも決まっていたんですよね。

「最後、いろいろなものがそろってきました。宮崎でいろいろと組んだのがよかった。〝スクラムは組めば組むほど強くなる〟って、昔は言っていたじゃないですか。確かに、その通りだと思う。なんで組めば組むほど強くなるかというと、お互いの癖などがわかってくるからです。どうやったらラクに組めるかがわかってくる。１００本組んだらきついから、ラクに１００本組む方法を考えるようになる。みんな、ラクな、ラクなスクラムを組もうとしたんでしょう。だから、昔はたくさんスクラムを組んだと思う。でも今は、１００本組むのはもう、ムリ。だから、もっと工夫して、早くできる練習をしているのです」

――では、本数を少なく、例えば、10本組んで、１００本組んだスクラムと同じような効果を得る方法とは。

「昔は１本１本、ボール入れてアタックサイド（攻撃側のＦＷ）が〝勝った（押した）、負けた（押された）〃とかでやっていた。（現在はすぐにブレイクするのではなく）スクラムを組んだままの状態で、前後に動かしたり、ヨコに動かしたり、上下に動かしたりするんです」

――その結果、日本のスクラムは強くなりました。

「みんな、足の運びがうまくなりましたよね。全員のクセがわかって、隣のこいつがこう動いたら、自分のからだをこう寄せるとか。で、ここにすき間ができたら、こいつが下がってくるから、自分の足は半歩、前に出すとか。感覚だと思うんです。昔はそれを１００本組んでマスターしていたのを、今はそれを８本でやろうと」

神は細部に宿る。２０７２枚のスライド

――スクラムの指導は難しいでしょ。

「やっぱり、僕の理想とする位置に足を置いてもらわないとダメですね。８人が理想の姿勢をずっとキープするとか。スクラムを組みながら、右にいったり、左にいったり、前にいったり、うしろにいったり、上下したりしながら、足をどこに置いていないといけないとか。

僕は映像を見せながら、話をするんです。選手は実際そういう風にやるとラクになっていくわけです。足の位置、最初はいろんなところに置いていたのを、あと3センチ、前に出して

などと言います。ひざが伸びているからきついんやって。もっとラクに組むためには、あと1センチ足を前に出したら、ひざの角度がこうなって、うしろのナンバー8が押してくれるよ、助けてくれるよ、と言います。みんながやってくれたらラクになるから、って。そうしたら、選手はやるんです」

――3センチって細かい指示ですよね。

「例えば、〝3センチ〟って言ったら、みんな5センチ動きます。1センチって言ったら、3センチなんです。ほんとうはね、1センチ単位ってそんな細かくは無理ですよ。ま、姫野（和樹＝ナンバー8）とか、マジメだから、1センチではなく、2センチ動いてもいいですか、と聞いてくる。どうでもいいと（爆笑）。どうでもいい。〝3センチ〟と言ったら、あいつら5センチ、10センチ動くから、3センチ動いてほしい時には、〝1センチちょっと前に出して〟と言っていました」

――指導は精密機器の時計のごとく、繊細でした。過去の指導内容をデータ化したスライドは現在、2072枚にまで達しました。すごいものです。

「そうですね。とにかく言葉にして、映像見せて、やっていきました。パソコンで整理しました。スライドを抜粋して、自分でまとめてみると、２０７２枚になったのです。だから、つくった資料はもっと多いんです」

――じゃ、1万枚ぐらいはありますか。

「わからへんけど」

間合いは「相手を窮屈にする距離」

――シンさん、練習の時、「間合い」という言葉を使っていました。稲垣啓太選手、堀江翔太選手、具智元選手にも聞いたんです。間合いってナンですか？　と。

「なんか、聞かれ方が、僕と、フロントローの理解との整合性がとれているかどうか試されているような。はっはっは。なんか、すごく難しいですね」

――大丈夫です。3人も微妙に理解が違いましたから。具智元選手は「自分たちが100%、相手は70%の力になるような距離」と表現しました。あるいは、堀江選手は「相手が嫌がる距離」と言いました。

「僕の言う間合いは、相手を窮屈にする（組み合う前のフロントロー同士の）距離だったんですね。僕らは窮屈な姿勢になっても組めるんです。窮屈になっても大丈夫な、ディテールがあるからです」

――どんなディテールですか。

「もう1個1個ですね。例えば、スパイクの4ポイント（スタッド）とか。ポイントは（1足8個のうち）4つをちゃんと芝にかけるといったことです。あるいは、組む前、相手フロントローをどの位置で見るかとか。背中はどうなっているのか。パック（バインド）はどうなっているのか。1個1個がちゃんとしているので崩れないんです。でも、相手チームは窮屈な姿勢になったら、例えば、前に出てくるやつもいれば、重心を下げて窮屈（な状態）から逃げるやつもいる。横に逃げるやつもいるかもしれない。フロントローがそうなると、バックファイブ（ロックとフランカー、ナンバー8）も全部、崩れていくんです。そういう状態をつくりたかったのです。でも、俺らは、そういう窮屈な時でも、崩れへん状態がちゃんとできているのです」

――それは練習の成果ですか。

「練習というより、まずは頭で理解しているかどうかじゃないですか。どういうスクラムを組みたいか。相手をどういうカタチにして、自分らがどういう状況になりたいのかということを、ちゃんと言葉で話して、頭で理解できているか、できていないかで、いろいろと変わってくると思います」

基本は自分たちのことを90%

――大会中のチームミーティングは。

「大体が土曜日に試合で、日曜日にアタック、ディフェンスのレビュー（評価）をしました。月曜日の朝に、フロントローに対して、僕がプレゼンします。次の試合、どういうスクラムを組むのかを提示します」

――時間は。

「15分、20分ぐらいですね。その時には、次の試合はどういうスクラムを組むのかということと、前の試合のちょっとしたレビューをやります。今、こうだけど、次の試合ではこういうことをしたい、だから、こういう練習をする、こういうことをリードしてほしいと話をするわけです」

――映像も使いますか。

「次の試合の相手の映像をいれたりはしていました。相手の特徴、例えば、相手はこういうところでひずみがあるとかを言うわけです。新しいメンバーが入ると、相手のことより、自分らのことをまず、やりましたね。だいたい、週に90%は自分らのことをやります。あとの

10％で相手チームとレフリーの対策をやりました」

――練習のボリュームは。

「火曜日が一番きつい日でした。自分らのカタチを落とさないよう、きついスクラム練習をします。本数ではなく、組みながら動いたり、そういう練習ですよね。新しいメンバーが入っても、感覚的なところは、そこで合わせていました」

――何秒ぐらいスクラムを組み続けるものですか。10秒ぐらい？

「いやいや、合宿になれば、20秒とか、30秒とかですね。相手を10人に増やしても、やります。上下左右の動きなど、いろんなことをやりましたね。試合前になってくると、あんまり時間をとれなくなるので、10分ぐらいで終わらせます」

網走合宿でスクラム劇的進化

――強化のプロセスにおいて、日本代表のスクラムのターニングポイントっていつですか。

「一番は北海道の網走合宿（２０１９年8月18日～28日）ですね。網走のスクラム練習で変わりました。ヤマハのフォワードに来てもらって、スクラムを組んで、修正ポイントに取り組みました。うまくはまった。そのあと、南アフリカ（●7－41、２０１９年9月6日・熊谷ラグビー場）と試合をして、スクラムは全然、大丈夫でした。それで自信をつけて、ワールドカップに入っていったんです。いい流れでした」

――網走合宿で何が変わったのですか。

「いつも、言っているんですけど、スクラムは、組む前、組んだ瞬間、組んだあとと3つに分けて考えていたんですね。で、組む前というのは、ずっと長いこと、時間をかけてきたから、できていたんです。組んだあとも、宮崎合宿（2019年6月9日～7月17日）でしっかりできていました。ただ、組んだ瞬間のパーツがなかなか埋まらなかったんです。なんで埋まらなかったかというと、ルールがぎりぎりまで、決まらなかったから。距離を開けるとか開けないとか、頭を当てていいとかいけないとか。そのスタンダードがわからなかった。レフリーのトレンドもわからなかった。人によって、全然違ったんです。でも、最後の方で大体わかってきて、よしっ、これでいこうと決まったのが網走だったのです。（ヤマハとのスクラム練習で）いろいろ、気づかされたことがあって、そろったのが網走でした」

――一番の気づきは。

「やっぱり、ヒットするのか、強い姿勢をとるのか」

――それって、比例するのではないでしょうか。いいヒットの時には強い姿勢がとれるって。

「じゃ、ないんです。ヒットして、ヒット逃げ（当たってすぐにブレイクすること）するチームもあるわけです。やっぱり、ヒットより、いい姿勢をとることが大事でしょとなったんです。もちろん、ヒットも大事ですよ。だけど、ヒットするだけして、足が伸び切ってしまったらそのまま頭から落ちることもあるわけです。ヒットして、元の（足の）位置まで戻っていくとかね。必ずしも、ヒットがすべてじゃない。全部がそろった上でヒットする。そういう考え方に変わってきました。それまでは、ヒットして足をかけと言っていたのが、どんどんディテールが加わっていったのです」

——つまり、組んだ瞬間の姿勢重視と。

「いや、そうでもない。ディテールをやった上でヒットする」

——結果、うしろ5人のウエイトが、フロントローにより伝わるようになったと聞きました。で、フロントローはその重みを相手に伝える。ポイントはうしろ5人の意識ですか。

「そうです。もっと言えば、（最初の頃は）僕の伝え方が悪かったのかもしれないです。バックファイブ（うしろ5人）に対して。一番大事なものをうまく伝えられてなかったのかもしれない」

カギは64本のポイント

――一番大事なものとは。

「やっぱり、16本の足が全部、力出さないと相手に勝てないよということです。1人（の片足）4つずつのポイント、合計64本のポイントが、芝をしっかりつかんで、ヒットすることが大事なのです。足ががちゃがちゃしていたら、いいパワーは発揮できないよって。そういう細かいことが大事で、そこから確認していったのです」

――網走でヤマハと組んで変わったわけですね。

「ええ、変わりました。その時、いいスクラムもいっぱいあったんですが、うまく組めないスクラムが何本かあったんです。雰囲気的にみんなが落ち込んでいると感じたので、しっかり映像を見ながら、何があかんのやろうと何度も確認したんです。わかった。答えが出た。その答えを選手たちにプレゼンして、いい時のスクラムはこうなっている。悪い時はこうだ。何が違うか見てみると、大事なところはここやって。いいスクラムには絶対理由がある、悪いスクラムにも絶対理由があって、僕は全部、それを言葉にしたんです」

――なるほど。で、その答えは。

「はっはっは」

――そのうち、答えを言ってくれるのかなって待っていたのですが。言いたくない？

「いやいや、言いたくないじゃなくて、どうだろう、これ、難しいんです。書き方も難しいと思うけど、言い方も難しいですよ。映像を見ながらやったら、いいんですけど……」

――答えって、レフリーのクラウチ（しゃがんで）、バインド（組み合って）のコールの時、うしろ5人の足の持ち上げ方とか、重心の移し方ではないのですか。

「うん。そこはもう、できていたんです。組む前と、組んだあとはできていたんです。組んだ瞬間、どうするか。簡単に言うと、ヒットした時に（8人の）16本の足に力が入っているかどうかということです。ヒットするためにそればかりに気をとられて、足が伸びたりとか、片足や両足が浮いたりすると、意味がないんです」

――ボクシングでいうところの重いパンチでしょうか。腰が入っているかどうか。日本スタイルのスクラムとは、腰が入ったスクラムであるってどうです。

「日本スタイルなんですかね。フランスのスクラムとか、ニュージーランドのスクラムとか言いますけど、どこの国のスクラムってないと思います。その時のスクラムコーチと、選手のスクラムですよね。フランスには何度も行きましたけど、フランスのスクラムってなかったですよ」

——確かに。先ほど出たW杯前のルール変更、正確にいえば、ルール解釈の変更だと思いますが。影響はありましたか。

「（両チームのフロントローの間の）距離は少し開きました。全然違ってきます。（ルール変更の連絡が）来た時は、頭を当てたらいけない。ちょっとでも相手に触れたらペナルティーだと言われた。そうしたら僕らがやろうとした、相手の窮屈な姿勢はつくりにくいんですね。近い方がやりやすい。ヒットされると、どうしても、体重の衝撃で（臀部が）開いてしまう。固まりたいけど、開いてしまう」

——解決策は。

「それでやって、慣れるしかありません。あとは自立しないといけないから、足の位置を変えなくちゃいけない。全部変わりました」

ラグビーW杯のハイライト・スクラム

さてラグビーW杯の5試合を詳しく見てみたい。それぞれ日本代表のスクラムのフォーカスポイントは何だったのか。そう聞けば、長谷川慎さんは「映像もないのにうまく言えませんよ」と漏らした。

そうくるだろうと思っていた。実は、スクラムの映像を準備していた。テーブルの下に置いていた黒いカバンからシルバーのパソコンを取り出す。

ラグビーＷ杯で日本が相手ボールのスクラムでターンオーバーしたのが４つ。そのハイライト映像が収められている。慎さんにそれを見せると、表情から笑いが消えた。勝負師の目となった。

日本×サモア戦のノーサイド寸前のスクラム

——まず、これを見てください。サモア戦のラストの４つのスクラムのうち、試合終了を告げる合図が鳴らされたあと、相手のスクラムハーフのノットストレートの反則を誘ったスクラムです。場所が相手のゴールライン前５メートルのほぼ中央で、相手ボールのそれでした。日本のフロントローが１番（左プロップ）から中島イシレリ、堀江、ヴァルアサエリ愛と並んでいました。

「このスクラムでいうと、松瀬さんにプレゼントをあげます。この（サモアの）ノットストレート、たしかスコットランドのヘッドコーチがこのサモア戦を見て、あんなノットストレートなんか今まで一度も見たことがない、って言ったんです。ヨーロッパではありえないと言い放ちました。でも、この試合の前の週かな、南アフリカとナミビアが試合をやって、南アがむちゃくちゃプレッシャーをかけるものだから、ナミビアが2、3本、スクラムでノットストレートをとられていたんです。ということは、スコットランドは（1次リーグ最終戦の）日本ばかりを見て、そのあと（当たる可能性があった）南アフリカの試合を見てなかったんです。スコットランドはもう、日本にすべてをかけてきているのだなって思いました」

――そうだったんですね。このスクラム、なぜ、日本は相手のノットストレートの反則をとれたのでしょうか。

「これ、（日本の圧力に負けて）相手のフッカーはフッキングをしていないのです（ボール投入の前提は、スクラムの真ん中にいるフッカーがボールを蹴ってうしろに送り出すこと）。だから、レフリーはノットストレートをとらざるをえないですよね。フッカーがフッキングしてないんだから」

――そうさせた日本のスクラムは。

「僕らが言っていたのは、一番強い姿勢に近いセットアップをしようって。なぜかというと、レフリーのセットのコールをしっかり聞きたいからです。クラウチ、バインドで、一番いい姿勢で飛び出したかったんです。だから、バックファイブがひざをついて、クラウチの段階でフランカーがまず、上がります。で、〝バインド〟のコールの際にロックが上がるのを、フランカーが助けているんですよね。で、ロックが上がってから、ナンバー8が上がるって全部、決まっているんです。もう、この時のクラウチ、バインドのコールでは、僕らは一番いい姿勢になっていますよね。でも相手はぶつかって、窮屈になってからいい姿勢をつくろうとするから、余計、窮屈になります」

――相手のナンバー8はからだを浮かせ、何もしてないですね。

「(サモアは) 窮屈な段階で、ちゃんと日本に準備してヒットされたら、負けますよね。おまけにナンバー8はボールにだけいっているし、8人で組んでないし……。このスクラム、セットアップで勝負は決まってましたよね」

――確かにサモアのフォワードはばらばらですね。

「これは、実は全部、日本の計算ずくなんです。大事なのはスクラムを横から見た姿です。じゃ、僕もパソコン持ってきますよ」

W杯前の南ア戦、いいスクラムを組んでいた

長谷川慎さんも自分のパソコンを別室から持ってきた。これで2台。慎さんはパソコンを起動させ、画面を凝視した。カメラマンが画面を撮影しようとしたら、「ダメ。これは撮ら

ないでください」とぴしゃりと叱られた。

――これ、スクラムを分析しているデータですか。

「そりゃ、それが仕事ですから」

――これは。

「ワールドカップ前の９月６日の南ア戦のスクラムです。この時点では、僕らの方がいいスクラムを組んでいたんです。この試合のあと、ワールドカップでは南アの組み方が変わったんです」

――そういえば、Ｗ杯期間中の南アのスクラムはヒットスピードが速くなった印象がありました。

「この映像では日本の方がヒットスピードは速いのです。相手がまだ準備してない時にこれですよ。背中が一番強い姿勢でセットアップしています。アイ・ザ・アップしている。アイ・ザ・アップというのは、フロントローがセットアップで、頭半分上目遣い、相手より頭半分下から上目遣いで相手を見ましょうよ、というものです」

――これがいいんですね。

「そう。相手は日本の下にこないといけないので、どうしても姿勢が窮屈になるんです。みんな片足で４つのポイントを芝にかけて、一番強い姿勢から、組んでいくんです。フロントローがコールの時に一番強い姿勢になるため、バックファイブもいい姿勢で上がってきてくれって」

――この南ア戦、フロントローは横一線のフラットパックですね。

「そうです。その姿勢から、レフリーのバインドコールがかかるんです。そこからもう一度、そのコールの時に一番いい姿勢になるため、トランジションというか、この段階から次のいい姿勢になるスピードを速くしましょうって。クイックにシャープにやるんです」

スコットランド戦、成長した稲垣の意地のスクラム

選手がよく口にする「あんばい」ってなんですか、と聞けば、慎さんはおもむろに左こぶしを目の前に突き出した。「こぶしで抵抗してください」と言われ、こちらも右こぶしを慎さんの左こぶしに合わせた。

「押したら強いけど、引いてください」。こちらが手をふっと引っこめると、慎さんのこぶしは出てこなかった。「相手が押してきても、押し返すなって。押し返せば、アーリーヒットになるでしょ。引いたコブシについていったら、ダメなんです。適度な力加減、これが日本のあんばいなんです。それが試合に出たのが、スコットランド戦でした」

「あんばい」について説明する　写真：齋藤龍太郎

——この映像は、スコットランド戦の前半22分、ちょうど右プロップの具智元が負傷で交代し、ヴァルアサエリ愛が入った直後のスクラムでした。日本FWは1番の左プロップから稲垣、堀江、ヴァルアサエリ愛となっていました。スコアが7－7。自陣22メートルラインあたりでの、相手ボールのスクラムでした。このスクラムを押し込んで、日本は相手のコラプシングをもらいます。これも、勝因は日本のあんばいですか。

「全然違います。稲垣が相手のペナルティーをとったのは、別にあんばいではなくて、彼の意地でしょ。向こう（スコットランド）はこけているから、もうスクラムじゃない」

——確かに稲垣サイドが崩れ落ちています。

「これは、相手の（3番＝右プロップ）ウィレム・ネルがスクラムを落としているんですね。実は2015年大会の時、稲垣は彼に落とされて、自分のペナルティーをとられているんです。ペナルティー・ゴールをとられた。次に日本に来た時も、2016年でしょうか、この

3番が引きながら落としたりしていたんです。レフリーはわからない。3番が引いているのに、（1番の）稲垣が落としていると見られた。だから、PNC（パシフィックネーションズ杯）の前に稲垣に言ったのは、〝ウィレム・ネルと組む時に今と一緒の組み方だったら、絶対にペナルティーをとられるよ〟と。だから、PNCのあと、稲垣の手の位置とか、組み方をちょっと変えたんです」

――どう変えたのですか。

「それまで、（組んだあと、相手のジャージをつかむ際）ロングバインド（左腕のひじを伸ばして、遠い、相手の腰あたりをつかむこと）していたので、どうしても、我慢しきれずに落ちることが多かったので、その手を（自分のからだの）近くに変えさせて、右肩で組むように変えました。それまで、左肩で組んで、相手に乗りにいくようなスクラムだったのを、セットアップから右肩で（2番＝フッカー）堀江を持ち上げていくような」

――そういえば、稲垣選手は堀江選手のあばら骨が折れそうなぐらい強くバインドしていたと言っていました。

「右肩で堀江に寄りながら組めと言ったからでしょう。相手のパックで組んだらダメなんです。ウィレム・ネルは世界で一番、うまいと言っていた。でも、稲垣は相手に落とさせないで、そこからもう１回、押しにいったんです。だから、ペナルティーをもらえたんです」

――ほんとうですね。バックファイブも押していますね。

「で、相手の１番（左プロップ）も落ちています。パックしてないですよね」

――日本の３番（右プロップ）のヴァルアサエリ愛選手、めちゃいいスクラムを組んでいますね。

「もう向こうは落としにきているんです。ここで、稲垣も落ちたら、ただの組み直しになっていたでしょう。でも、稲垣はもう落ちないスクラムに変わっていたのです。これまで、散々、ウィレム・ネルの話をしてきたので、落とされるのはイヤだから、意地で持っていきましたよね」

――ということは、このスクラムのポイントは稲垣選手ですか。

「そう、稲垣、稲垣、稲垣。これが彼の４年間の成長の証《あかし》ではないでしょうか」

――稲垣選手、インタビューでオモシロいことを言っていました。〝個性を消した〟と。

「ある意味、本当に個性を消したかもしれません。稲垣が前に１人でいったことによって喜ぶのは稲垣だけなんです。ほかの７人はめちゃきつくなるんです」

8人そろっての「クラップ・ヒット」

スクラムの「重心」は大事である。重心をしっかりさせるため、日本のＦＷにはどんな決まり事があるのだろうか。

「クラウチ、バインド。そのレフリーの声に合わせ、セットのスピードが大事になってきます。相手がまず、窮屈になっています。こちらは誰がいくか、順番がちゃんと決まっているんです。どの（スパイクの）ポイントにも力を加え、全部、上がっていくのです。でも、こっち（スコットランド）はナンバー8が違う方向に押して、みんなバラバラなんです。僕らは意図的に、相手をコントロールしながらやっていました。ヒットする時は、クラップ・ヒットです」

――クラップ・ヒット？　クラッピング（Clapping）、手拍子ですね。みんなで手をたたくようにヒットしましょ、ということですか。

「そうです。みんなでタイミングを合わせましょということです。これが一番大事なことで、ヒットした時にみんなの足に力が入っているかどうかも大事です。16レッグズパワー。16本の足の（前部4つの）ポイントを合わせて、全部で64ポイントなんて言っていました。全員のポイントに力が入っているかどうかの話をよくしていました」

――選手はよく、1センチ単位の足の運びを意識していました。わかりやすく言うと、どういうことなのでしょうか。

「ずっと、押すのではなく、足元を1センチずつ、（からだを）伸びて、詰める、伸びて、詰めるみたいな。小刻みに前へ、というイメージです。それに対して、相手はどうなっているかというと、重心がうしろに下がるし、8人で組めてないんです。みんな、変な姿勢になっています。フロントローは背中が丸くなっています。プレスの姿勢はとれていません。ナンバー8はロッキング（スパイクのポイントで芝をかませて固定させるような姿勢）していると。もう相手チームはストロングポジションじゃないんです。このスクラム、僕らの方が練習でやってきたことを全部出せていますよね」

――3年間の練習ですね。

「そう、積み重ねやと思います」

南アフリカ戦、バックファイブからの押し

――次は準々決勝の南アフリカ戦です。前半18分、敵陣の22メートル付近の左中間、相手ボールのスクラムです。相手フォワードはシンビン（10分間の一時的退場）で1人少ない状況です。ここで、

日本は押しました。コラプシングをとりました。なぜ。

「ズバリ、（相手が）7人だからです」

——押し切ったスクラムのポイントは。

「もちろん（相手）7人もありますけど、組んだ瞬間、イケると思っても、プロップが押してないことでしょう。無理やり、押してないんです」

——フロントロー、みんないい姿勢ですね。

「本当だったら、これだけ前に出たら、（プロップは）目の前にボールが見えるから、取りにいきたくなるんです。でも、自分では前に出ていない。プロップから押さないというイメージを守り、バックファイブ（うしろ5人＝ロックとフランカー、ナンバー8）が押していますよね。プロップはずっと、いい姿勢をつくっているだけです」

——なるほど。確かにナンバー8のアマナキ・レレイ・マフィから押していますよね。

「そう。うしろのメンバーが押してくれたから、（相手ボールを）取れたんです」

アイルランド戦、いろんなディテールが詰まったスクラム

——もういっちょ。最後は大会のハイライト、アイルランド戦のスクラムです。前半34分の相手ボ

ール、自陣の22メートルライン付近の（相手から見たら）右中間、フロントローは1番の稲垣選手から堀江選手、具智元選手と並んでいました。日本は8人が塊となって押しました。押し切りました。コラプシングをとりました。これが、慎さんが理想としてきたスクラムですか。

「これにはいろんなディテールが詰まっています。3年間、やってきた練習のいろんなことが詰まっているな、と思います」

——具体的には。

「まず、このスクラムには、1番（左プロップ）と2番（フッカー）が、3番（右プロップ）を助けてやろうという気持ちがめちゃめちゃ表れていますよね。それは、それぞれの肩の寄り方でわかります。稲垣は堀江を右に持っていっているんです。その力を使って、稲垣は具智元を支えている。なぜかというと、相手（の1番）は、外からくるんです。映像を見たら、わかるんです。（日本は）完全に1番が2番を助けにいって、2番が3番を助けにいっていますよ。わかりますか？　日本がバインドした瞬間、1番、2番が右肩を出して、ジウォン（具智元）を助けにいこうとしています。こいつ（アイルランドの1番）はずれる気満々ですよね、ずれる気満々です」

——全体的に3番の右の方へずれていますよね。

「そう。相手は3番の方へ、少しシフトしています。1番を出しすぎています。1番が出すぎると、スクラムは回るんです。（相手3番の）ファーロングはあまり怖くないので。（アイルランドは）みんなで日本の1番を切る（置いていく）準備をしていますよね。（押す方向として）日本の1番を無視して、まっすぐ（アイルランドから見たら左方向へ）伸びていく準備をしています。そこで（日本は3番の具智元が相手の1番の押しに負けて）外を向かされたら負けなんで。（日本は）みんなでジウォンを助けにいく。もちろん、しっかりセットアップした上ですよ。（フロントローは）自分から押しにいくんではなく、うしろの押しを受けて足をしっかり運んでいくんです。狙い通りでしたね」

――日本のスクラムは完璧ですか。

「ただ、一瞬、ハラが立つのは、このですね、セルフジャッジですね」

――誰の？

「（ナンバー8）姫野です。姫野のセルフジャッジです。（顔を上げて）やばいと思って、もう1回、（スクラムに）ついています。まずいと思ったんでしょ」

――でも、全体のウエイトが前にいっているから、大勢に影響はなかったですね。

「（相手ボールのスクラムは）スクラムハーフの（「ブレイク！」という）コールがないと、

顔を上げちゃいけない決まりなんです。決め事なんです」

――この日本のスクラム、キレイですよね。

「１番、２番、３番、４番、５番、ずっと同じ動きをしていますよね。そういう動きの練習もずっと宮崎合宿でやっていたんです。一緒に足を動かす練習です。いろいろとディテールはあるんです」

シンさんの想定を超えた選手の成長

――そういえば、テレビの録画を見た時、このスクラムを押してコラプシングをもらったあと、スタンドの慎さんの顔がアップで映し出されていました。喜ぶでもなく、シブい顔のままでした。その時、何を考えていたのですか。

「次、同じようなスクラムを組むためにはどういうことに気を付けたらいいだろう、と考えていました。もう次のことです。最初から〝こうなる〟と選手たちには言っていたのです。こういう風にしたら、こう崩そうと」

――その通りになりました。

「いや。ちょっと想定とは違う崩し方だったんで。（相手の）１番を完全に切りきる（置いていく）と思っていたら、（日本は）１回ずれながら、まっすぐに持っていったから。〃あれ、そんなことできるんや〃と」

――うれしい驚きですか。

「そうですね。僕がやろうと思っていたことより、もっと高度なことをしよった」

――選手の成長ですね。

「そうそう。僕らの方が相手より、持っている手が多かった。今まで海外のチームとやってね、いろいろやられてきたわけです。対策したことより、もっと上をいかれたりしたこともありましたけど、彼らは、僕が考えたことより上のことをやってくれたわけです」

――ほんと、うれしそうですね。コーチ冥利に尽きるといったところでしょうか。日本のスクラムの引き出しが増えたわけです。４年前の大会を10とすると、この大会ではいくつぐらいになった感じですか。

「そんな数字出したら、書くでしょ。言わない」

――１００くらい。

「言うてへん、言うてへん。だから、数字は言わないことにしています」

ほとんどベストスクラム、でもミスも何本かあった

――さて、日本のスクラムでの成長です。４年前のスクラムと違ったのはどこでしょうか。はた目には、６番、７番の押しが強くなったように見えますが。

「それは、言えますね」

――日本スタイルのスクラムとは。

「日本スタイルじゃないですよ。はっはっは。必死で自分のストーリーに持っていこうとするから、困ります。２０１９年日本スタイルならいいですよ。２０１９年の日本代表のスタイルって言えますけど、決して日本のスタイルじゃないですから」

――加えて、８人の一体感です。バックファイブ（うしろ５人）に押させる指導ってどうすればいいのですか。

「１番、２番、３番が押さないということは、うしろ５人が必死に押さないといけないんです。〝１２３（１番、２番、３番）押すな！〟と言ったら、うしろの５人は〝エッ〟となるんです。全部、言い方だと思います。そりゃ、１２３も押しますよ。でも、〝１２３押すな。固まれ。うしろ５人が押すから〟と言えば、うしろ５人は押すしかないんです。ま、ポーズで言うこともあります」

――シンさん的には、ラグビーW杯でのスクラムの総括は、評価は。

「もちろん、選手たちがすごく頑張ってくれました。選手たちと僕らが予想した通りのスクラムになりました。でも、正直、みんな、満足はしてないんじゃないかと思います。僕は〝もっといけた〟と思います」

――確かに、稲垣選手、堀江選手、具智元選手は満足はしてないようでした。

「あいつらの一番いいスクラムというのは、からだの中に残っていると思います。全部、その一番いいスクラムが組めるようになればいいんです」

――大会のベストスクラムは。

「どれですかね。いいスクラムはいっぱいありますよ。ほとんどがベストスクラムです。ただ、何本かミスしているので。それが頭に残っています」

――あえて、ベストスクラムは。

「またまた。自分のストーリーに一生懸命、持っていこうとする。あっはっは」

――もう、慎さんと話をするとオモロイけれど、疲れます。心理戦になるからです。慎さん的にやり残したことってありますか。

「ミスをもっと減らせました」

――どんなミスですか。

「〝相手に合わせるのではなく、自分たちに合わさせろ〟とずっと言っていたんですね。だから、相手に合わしてしまうと、ミスなんです。例えば、レフリーに合わせてしまったり、相手のフッカーに合わせてしまったり……。自分らが必ずやらなあかんことができない。ちょっとずれたりしたら、それはいいスクラムじゃないんです」

時代もスクラムも変わっていく

――4年後にはまた、ラグビーW杯がやってきます。スクラムはさらに進化しますね。

「進化する前に、2023年はどういうルールになるかもわからへんし、どの相手とやるかもわからない。グラウンドも変わるでしょう。あくまで、今回、僕らがやったことは、日本の芝生のグラウンドで、対戦相手がわかっていて、そのメンバーが決まっている。その中でのスクラムでした」

――レフリーの影響もありましたか。

「もちろん、レフリーはおっきいですけど、2015年ほどではなかったと思います。あの時は〝レフリーが、レフリーが〟と記者さんは言っていたけど、今回はそこまで重要ではなかったですね。ごまかすレベルのスクラムだったらめちゃ重要だと思いますが、この大会の日本はごまかすことはせず、直球勝負でいきましたから」

――スクラムのレベルがひとつ、上にいったということでしょうか。

「レフリー、レフリーっていろんな人に言われましたけど、毎回、ワールドカップの笛って変わるものですから。今回のレフリー対策が次のワールドカップにつながるとは思わないですね。前回大会のレフリー対策は、その時には効きました。メンタルトレーニングも、きつい練習も効果がありました。ただ、その時は効いていたかもしれないけれど、次のワールドカップではわかりません。その時、その時で、スクラムも変わっていくのに、みんな時が止まっているように引きずるんですね」

――日々、変化ですね。

「そうです。今回もワールドカップまでは、ジェイミー（ジョセフＨＣ）がやることに対して、エディー（ジョーンズ前ＨＣ）が、エディーがって、周りは引きずっていました。結果を残すと、誰もエディーのことを言わなくなりました。あの時は、あの時はって、おかしいでしょ。僕らは常に進化しているのに、周りが全然、ついていっていない。そこに足を引っ張られるんです」

――耳が痛い話ですね。パソコンと一緒ですね。常にバージョンアップしているわけですね。ラグビーも、日本代表も。

「そう、思います」

――メディアによっては、いまだにウインドウズ95を使っているわけですね。

「そうそう。ウインドウズ15を持っている人が、ウインドウズ19についてこられなくて。たぶん、ウインドウズ23の時、みんなウインドウズ19を持ってきはるんですよ」

ワンチームのスタート、和歌山合宿

――うまいたとえですね。なんか、絶好調ですね。

「でも、そう思いませんか。今回も、まさにそうだったでしょ。ワールドカップの前までは、日本代表、これで大丈夫なのかって。結果を出せば、(メディアの対応は)コロッと変わりました。次のワールドカップもこうなりますよ」

――スクラムも変わっていくでしょう。どうバージョンアップしていくのでしょう。たぶん、ベースは変わりませんよね。

「一番、このチームでよかったと思うのは、スキルやフィジカルとか、練習時間の長さとか、選手とか、コーチとかいうよりも、メンタルでチームがひとつになったことでしょう。誰一人、違う方向を向いていなかった。そういう中でいろんなことができたから、いいチームになったんだと思います」

――やっぱり「ワンチーム」になるのは難しいのでしょうか。

「例えば、誰か1人が違う方向に行けば、何人かが流れていく。今まで、そんなケースは多かったと思います。ジェイミーが最初、ワンチームになるぞって言ったんです。それは、大きな意味があったんです。次のジャパンで一番大事なのは、この練習する、あの練習するといったことよりも、まずはそういったワンチームを目指すチームになることだと思います」

――意思が大事ですね。なぜ、本物のワンチームになれたのでしょうか。

「やっぱり、きつい練習をすることでしょう。きつい練習をすると、苦楽を共にしたみたいになるんです。あとは、強いリーダーシップですね。リーチ（マイケル）であったり、流《ながれ》(大)であったり、そういうリーダーが、誰かが違う方向に流されていきそうになったら、同じ方向に戻してやるのです。だから、リーダーの選出はものすごく大事です。そのリーダーを教育したジェイミーはすごかった。で、プランが全部、素晴らしかった。どうやったら、日本人に対して、うまくいくのかと。日本人の長所、短所、外国人の長所、短所、そこから説明した和歌山合宿はすごくよかったと思うんです」

ラグビー日本代表の和歌山合宿は２０１８年9月24日から27日まで、和歌山・上富田スポーツセンターで開かれた。ニュージーランド代表オールブラックスやイングランド代表とのテストマッチを控え、座学としての「ワークショップ」が中心だった。「マインドセット（心構え）」などをテーマとし、チームミーティング、7〜8組に別れてのディスカッションが繰り返された。

――和歌山合宿はチームにどんな影響を与えたでしょうか。

「ジェイミー自身、うまくいっていることと、いっていないことがわかったと思うんです。僕らもわかった。どんどん、いいことだけをやっていけばいいわけじゃないですか。スクラムも、悪い時は悪いならではの要素があります。その悪い要素を減らして、いい要素を増やしていく。スクラムと同じことがラインアウトにもあって、モールにもあって、アタック、ディフェンスにも全部あって、チームづくりにもあると思うんです。何も単なるワンチームじゃないんです。みんなが同じ方向を向いて、同じきつい練習をして」

――それがリアル・ワンチームにつながるわけですね。

「はっはっは。誘導がすごいですね」

――いえいえ。プロセスがあっての、ワンチームだというわけです。

「そう。プロセスをジェイミーは完璧にプラニングしていました。すごかったです」

スクラム指導は準備がすべて

――芯がぶれなかったと。

「そうです。選手の自主性はもちろん、大事にしていましたが、管理されている中での自主性だったんです。全部。決してトップダウンじゃなくて。ほんとすごかったですね。それが今の日本の世の中にあっているんじゃないでしょうか」

――選手は管理されてないと思っていたのですね、たぶん。

「いや。管理されていると多少は思っていたでしょう。でも押し付けじゃない。ちゃんとした関係性があっての管理です」

――へえ〜。

「まあまあ、深いですよ」

――その奥の深いスクラムにおいて、コーチはどう選手を指導すればいいのでしょうか。

「まずは準備が必要です。スクラムを教えるなら、教える準備が必要だし、思い付きで教えるのじゃなくて、何を言うのかも準備しないといけません。メニューはもちろん準備しているし、教え方も、教える内容も全部、コーチは準備しないとダメなんじゃないかと思います。それが、２０１９年大会のチームではできたんです」

――コーチもハードワークしていました。W杯期間中、慎さんは何時間くらい寝ていましたか。

「もう、毎日、ぐっすりと。ははは。月火水はまあまあ働きましたけど」

――では、準備は。

「ワールドカップ期間中にはもう、準備はしません。もう、終わっていましたよ。ははは」

――そういえば、慎さんは「センスより努力や」と口にしていましたよね。

「そうですね」

――練習の時のキーワードってありましたか。

「いえいえ、キーワードなんかじゃなくて、やらないといけないことを、淡々とやったイメージです」

相手フォワードを徹底分析

長谷川慎さんは唐突にパソコンのキーボードを触り始めた。「重すぎて開かないですけど」。いわば努力の結晶、準備の産物というべき、選手たちへのプレゼン用スライドが保存されたフォルダーを開こうとしていた。

全部で２０７２枚。「ここ（フォルダー）に入れなかったものもあるので、もっとあるでしょう。例えば」と口にした。少し、のぞかせてもらった。

――すごいものです。これ、クリスマス・プレゼントでくださいよ。

「ははは。ムリです、ムリ」

――わかっています。冗談です。

「例えば、ロシア戦の前にはこれを見て、話したんです。ロシアのスクラムのイメージはこう、レフリーはこう、だから、日本のスクラムはこういうのを組むよって。イメージを共有してもらって、マインドセットはこうよって」

――ポイントのひとつに「落ちたら負け」というのもありました。これは。

「ロシア、あいつら落ちるから。逃げるからって。ロシアのレビューがあって、対策があって。これはロシアのプロップのメンバー。前の試合は誰が出ていて、このルースヘッド（１

番）の（ワレリー・）モロゾフはどんなタイプだと。モロゾフはこういったスクラムを組みますとか」

――モロゾフは体重をかけてセットアップする傾向がある。

「（２０１８年11月の）日本代表戦はこんなイメージで組んでいたよとか、２０１９年に入ってはこんな組み方をしているとか。リザーブの選手はどうだとか、ひとりひとり。これを選手にも渡していたんです」

――ロシア戦だけで何枚ぐらいあるんですか。

「どうですかね。何枚でしょう。これをつくるにあたって、まず過去の試合をたくさん見て、１番（左プロップ）のスクラムを出してきて、分析して、いいやつと悪いやつを振り分けていくんです。まあ、１試合で４００枚、５００枚は見るでしょう。いや、もっと見ているかもしれません」

――いやはや、すごい作業です。それにしても、パソコンスキルもかなりのものですね。

「（日本代表コーチになった）最初1年目は全然、ダメでしたね。でも、アナリストにいろいろ、教えてもらいながら、（パソコンスキルを）覚えていきました。２年目からやっと使えるようになって、どんどんうまくなっていったんです。サンウルブズのコーチの時も、随分、勉強になりました」

――パソコンスキルもチーム強化の必須要素ですか。

「まあ、実はこんなこともやっていて、週の頭に情報を選手に渡していたんです。全員のパソコン、あるいはチームのパソコンに入れて、みんな、見られるようにしていたんです。1番（左プロップ）は相手の3番（右プロップ）の組み方を見たりしていたわけです」

――みんな試合のイメージをつくっていたのですね。

「そうです。で、試合メンバー外の木津（悠輔）などは、対戦チームの3番の組み方をあえてやってくれていたりしていたわけです」

――ほんと、みんなで勝つためにワンチームになっていたのですね。

スクラムはシステム強化ありき

――最後に夢は。

「夢？　なんすかね」

――じゃ、モットーは。

「まあまあ、昔、書いてくれた通りです」

——なんでしたっけ。

「自分で書いたのに忘れている。何かの記事で書いてくれたじゃないですか。〃選手の成長のスピードを上げる〃って」

——思い出しました。そうでした。年食って、記憶が消えちゃうんですよ。強いチームづくりって、やはり指導者の情熱と選手の努力があればこそですね。

「そうですよね。ラグビーはどんどん変わっていきますよ。1年前、2年前、3年前と。今、どんどん変わっていきますよね」

——慎さんの指導の情熱の根っこは。

「僕はどうでもいいことはほんと、どうでもいいんです。まあ、ラグビーに関しては、自分の仕事だから、どうでもよくないので。でも、どうでもいいことはどうでもよくて。言いにくいこと、いっぱいありますよ」

——例えば、取材とか。

「いやいや、それはどうでもよくないです。取材にしても、ちゃんと聞いてはる人とか、ちゃんと興味を持って、考えた上で質問してくれはる人にはちゃんと答えます。でも、〃スクラムをわかりたいので近くで見せてください〃って言われて、それはいい、どうぞと前で見てもらったのです。その時、イシレリがめちゃめちゃスクラム良かったんです。なのに、聞いてくる。〝イシレリさんの調子はどうですか〟って。そういうことを聞いてくる人、ほんと同じタイプなんです」

――そういえば、中島イシレリ選手、よくぞ、大会の1年前にプロップに転向させましたよね。スクラムもボールキャリー（ボールを持っていくプレー）もすごかったですよね。

「今回、これだけはわかっておいてほしいんです。これまで、スクラムでは1番、2番、3番がすごく重要だと言っていました。（コーチ就任）1年目はそう感じなかったんですけど、2年目、3年目と、同時にサンウルブズのコーチをしていると、1、2、3、4、5などはメンバーがころころ代わったんです。その中で、1、2、3を鍛えるんですけど、1、2、3の感覚を互いに伝える練習をしたらアカンなと思ったんです。つまり、選手個人の成長を追いかけて全体のスクラム強化をしたらアカンなと思ったんです」

――よく言っている意味がわかりませんが。

「昔ってそうじゃないですか。1、2、3、同じメンバーばっかりでやって、それがチーム力として上がっていくようなスタイルでした。でも、従来のやり方をしていたらアカンなって。メンバーが代わるんだから。まず、チームとしてどういう組み方をするのか、システムをつくって、そのシステムをみんなが理解していく。例えば、2番（フッカー）が代わっても、代わった2番が同じシステムで組むようなスクラムにならないとアカンなって。だから、稲垣がたぶん、個性を消したっていったんでしょう。みんなが同じ組み方をして、最後の最後に個性を出していいけど、チームのシステムからは外れない。そんなシステムづくりが大事なんです」

――パソコンでいうと、OS（オペレーティング・システム）みたいなものですね。

「ははは。パソコンでたとえると難しいから。個人を強化するスクラムよりも、システムを強化するスクラムというわけです。1、2、3、4、5、6、7、8の8人でどう組むのかが大事なんです。個人でどう組むのかよりも」

全部、積み重ね

――ということは、4年後のW杯に向けてスクラム強化はやりやすいでしょうね。

「そう。やりやすいと思います。システムが確立しているし、それを微調整すればいいわけだから。選手の一部は変わるでしょう。これまでやってきた選手がどれだけ残って、どういった話を周りにするのかです」

――では、インタビュー、長くなったので、慎さんの夢を。

「もう、何か、できているんでしょ。それを、僕に〝うん〟と言わせたいんでしょ」

――できていません。僕をちょっと誤解していますよ。

「まあ、そうは言いますよね」

――相変わらず、慎さんのインタビュー、めちゃくちゃオモロイですね。スクラムの駆け引きみたいで。兎にも角にも、巷ではスクラムファンが増えていますよ。

「それはほんと、ありがたいですね。選手たちがやってくれたことはね」

――で、夢は何ですか。

「夢って、何かな。例えば、昔勝てなかった日本代表の選手とか、その時のコーチの人とか。負けていた時はボロクソ言われていたんです。やっと世界で勝てるようになったのは、エディーの時からと言われてね。でも、昔から、僕らもコーチの人もほんと、一生懸命にやっていたし、自信を持ってやっていたんですよ。ただ、あの時はやり方がちょっとわからなかっただけだと思います。ボロクソ言われていた時代があるから、今があるんです。全部、積み重ねなんです」

――同感です。

「今は日本に外国人のコーチやスタッフがいっぱいきていますけど……。やり方がわからないのと、実力がないのとは、僕は違うと思うんですね。日本にもいっぱい実力があるコーチとか、すごい考え方を持っているコーチがいますけど、ワールドカップや世界を経験して、もっといろんな人がコーチとして、出てきていいと思います」

――慎さんのようにですよね。慎さんのチャレンジ精神はすごいものです。

「日本では、選手の戦い方はわかってきて。次はコーチの世界での戦い方です。それがわかるようになってきたら、日本のラグビーのレベルはもっと上がっていくと思います」

――もっと海外に出でよと。

「いや、海外に出ようと言っているんじゃないんです。もちろん、そういうところに目を向けるのは大事やけど、日本ラグビー協会、並びに日本代表が、そういうところに目を向けていくことが大事やとなっていって欲しいのです」

――大きな舞台での経験は貴重ですよね。

「今回、サンウルブズで大久保（直弥）や沢木（敬介）、田村（義和）がコーチになりますよね。めちゃ、いいことだと思います。そこで、コーチをして、いるものと、いらないものがわかってきます。僕は、サンウルブズで1年目が終わった時、こんな素晴らしい経験をなぜ、他の日本のコーチにも、させないんやと思ったから。例えば、１週間単位でいいから、サンウルブズに来たいコーチは受け入れる。所属チームが費用を出して、世界では何が起こっているのか、知るわけです」

——それはいいですね。

「１週間では短いから、２週間でやってみたらいいんです。これは、日本協会がそういったシステムをつくってくれればいいと思うのです。世界と戦うやり方さえわかれば、プラニングがわかれば、コーチもさらに成長することができます。日本人選手は世界での戦い方がわかってきたから、次は日本人コーチが世界で戦う方法をわかっていく時やと思います」

——なるほど。

「ああ、熱くなっちゃった」

部屋に飾られた堀江のジャージ

——どう、まとめましょう。コーチのやり方も大事だよと。慎さんはスクラムの改革者なのですね。

「そりゃ、システムは新しい時代に向かって改革していかないといけないでしょ。今日はスクラムのことでしたが、ブレイクダウンもあれば、アタックもあります」

――ありがとうございました。で、夢は。

「ははは。語っていませんね」

――ラグビーＷ杯のレガシーとして、日本のスクラムは強くなりました。もうスクラム強国ですよね。南アフリカのスクラムも押したんですから。

「自信ですか。それは大きいですね。だから、日本のスタンダードが上がったんじゃないかと思います」

――夢は。

「何ですかね。案外、僕は現実的なので。次の（２０２０年の）イングランド相手にスクラムをどう組むかは考えますけど。正直、４年後、10年後を考えない生活をずっとしてきたので」

――例えば、人生の目標を富士山のてっぺんにたとえると、今、何号目とか。いや、富士山のてっぺんの風景は何だとか。

「ははは。じゃ、もう、その話は止めて、最後にプレゼントをひとつ、渡します。それで、原稿は締められますから」

――さすが、慎さん。ありがたいことです。

「ワールドカップの最後の南アフリカの試合ね、クオーターファイナル（準々決勝）の試合での、負けたあとのロッカールームです。堀江が僕のところにきた。日本代表の試合ジャージを持っているわけです。そう、２番のジャージ。で、〝慎さん、これあげる〟と。ありがとう。でも、こんな大事なジャージ、いいんか。〝いいんです。これ、慎さんが持っていた方がいいんです〟って。何で？　と聞いたら、〝僕らがワールドカップでスクラムを崩されたのはこの試合だけでした。このジャージを見て、次のワールドカップで、どこにも押されないスクラムを頑張ってつくってください〟って言いよったんです」

しばしの沈黙。もう「ライフタイム・プロップ」とのインタビューは１時間半を過ぎていた。慎さんの声が湿り気を帯びていた。

「僕は言ったんです。〝おマエはいったい、どの目線で言っているんや〟と。でも、結局、そのジャージを洗濯して、堀江にサインしてもらったんです。今、僕の部屋に飾ってあります。僕はそれを、毎日見て、ああ、次は何をしようかと考えているんです。南アフリカ戦の気持ちをずっと忘れないように」

第2章　ラグビーW杯、日本代表のスクラムを徹底分析1

元日本代表フッカー坂田正彰さん登場

日本代表は２０１９年ラグビーワールドカップ（W杯）でトータル５試合を戦った。１次リーグ４試合、決勝トーナメントの準々決勝１試合である。フォワード（ＦＷ）の力と技の結晶、スクラムは計70本が組まれた。そのスクラムを中心として、５試合をつぶさに見てみたい。

ナビゲーターというか、解説を、スクラムのオーソリティにお願いした。かつて日本代表で鳴らしたフッカーの坂田正彰さんだ。ラグビーW杯には１９９９年大会、２００３年大会に出場し、キャップ数は「33」を数える。現役時代はサントリーで１年先輩となる長谷川慎さん（日本代表スクラムコーチ）と同じフロントロー（プロップ、フッカー）として一緒にスクラムを組んでいた。だから、慎さんのスクラムの真髄を熟知している。

1972年11月生まれの坂田さんは引退後、サントリーサンゴリアスの広報兼渉外担当スタッフ、チームのゼネラルマネージャーを務めた。NHKのラグビー中継の解説も務め、落ち着いた語り口と、わかりやすく偏らない解説で好評を博している。このラグビーW杯でも解説をした。

師走某日。多忙の中、「サザエさんの町」といわれる桜新町の喫茶店で、試合の映像を見ながら、坂田さんの話を聞いた。言葉には、スクラムへの愛情と、慎さんと日本代表の選手に対するリスペクトがあふれていた。

まず、聞いた。「日本代表のスクラムはどこがよくなったと思いますか」と。坂田さんは手元の単行本を目の前で上下左右に動かしながら、こう説明してくれた。

「スクラムって前後左右と上下など、いろんな動きがあるんです。ドローンとかの映像も使いながら、その動きを確認しながら、ハードトレーニングを積んだのでしょう。だから、(日本代表のスクラムは) 崩れない。押す、押されるじゃなくて、どういう状況になっても、ぐっと残れるような感じでした。どっちに動いても残れるような微調整をできるスクラムの練習をずっとしてきた結果なのではないでしょうか」

　つまりは、柔軟性、対応力が備わったということか。

「難しい体勢になった時に元のカタチに戻れるような、こう、修正というか、感覚をずっと（日本代表の）彼らに持たせていたのでしょう」

　そういえば、日本代表のスクラム練習は、かつてのように「組んで、押して、終わり」ではなく、「今のジャパンは押して、押されて、止まって、ちょっと崩して、ちょっとキープして、また押して、崩れて、また戻して、そんなトレーニングをしている」という。

「要は、予想できないような動きが、試合中とか、ゲームの流れの中で起きた時、どう対応するのか。前半の１００％元気な時とか、後半のからだが疲れた時とか、いろんなシチュエーションを日々の練習でつくりながら、ずっとトレーニングしているのでしょう。だから、後半になっても（日本は）崩れない。いいスクラムが組めている。それが一番の成長でしょう」

第1戦　○日本30（前半12－7／後半18－3）×●ロシア10

2019年9月20日　東京スタジアム

余裕のファースト・スクラム、まさかの失点

もう感無量だった。ラグビーのW杯が始まって32年、ついにその世界大会が日本にやってきた。歴史に刻まれることになる開幕戦。多国籍のメンバーで編成された日本代表が「ワンチーム」となり、世界ランキングでは下位のロシアと対峙する。

満員の４万６０００人で埋まった東京スタジアムが興奮のるつぼと化した。試合前の国歌斉唱。「君が代」を歌いながら、ナンバー８の姫野和樹やプロップ具智元は泣いていた。キックオフ。緊張からか、とくにＳＯ田村優の動きは硬かった。そう見えた。後日聞けば、試合前まで夜はよく、緊張で眠れなかったそうだ。

そりゃそうだろう。初めての母国開催のW杯である。その初戦、緊張しないことなどあるはずもない。日本代表のメンタル・コーチ、デイビッド・ガルブレイス氏はよく、「プレッ

■スターティングメンバー

日本代表		ロシア代表	
1	稲垣啓太	1	ワレリー・モロゾフ
2	堀江翔太	2	スタニスラフ・セリスキー
3	ヴァルアサエリ愛	3	キリル・ゴトフツェフ
4	ヴィンピー・ファンデルヴァルト	4	アンドレイ・オストリコフ
5	ジェームス・ムーア	5	ボグダン・フェドトコ
C 6	リーチマイケル	6	ビタリー・ジワトフ
7	ピーター・ラブスカフニ	7	タギル・ガジエフ
8	姫野和樹	8	ニキータ・ワビリン
9	流大	9	ワシリー・ドロフェエフ
10	田村優	10	ユーリー・クシナリョフ
11	レメキロマノラヴァ	11	キリル・ゴロスニツキー
12	中村亮土	12	ドミトリー・ゲラシモフ
13	ラファエレティモシー	13	ウラジーミル・オストロウシコ
14	松島幸太朗	14	ゲルマン・ダビドフ
15	ウィリアム・トゥポウ	C 15	ワシリー・アルテミエフ
■リザーブメンバー			
16	坂手淳史	16	エフゲニー・マトベエフ
17	中島イシレリ	17	アンドレイ・ポリワロフ
18	具智元	18	アザマト・ビチエフ
19	トンプソンルーク	19	アンドレイ・ガルブゾフ
20	ツイヘンドリック	20	アントン・シチョフ
21	田中史朗	21	ドミトリー・ペロフ
22	松田力也	22	ラミリ・ガイシン
23	山中亮平	23	ウラジスラフ・ソゾノフ

シャーを楽しもう」と口にしていた。

大会前の会見で、プロップ稲垣啓太がいいことを言っていた。

「まずプレッシャーがあると素直に受け止めることから始めます」

と対処法を説明してくれた。

「プレッシャーをどう克服するのか、どうやって楽しむのか。準備ですよね。準備があって、そのプレッシャーを跳ね返すことができます。それを跳ね返せた時に初めて、試合が楽しさに変わるんです」

日本の先発フロントローは、１番（左プロップ）から稲垣啓太（１８６センチ、１１６キロ）、２番（フッカー）堀江翔太（１８０センチ、１０４キロ）、３番（右プロップ）ヴァルアサエリ愛（１８７センチ、１１５キロ）だった。けがから復帰したばかりの具智元は控えに回っていた。ロシアが、１番からワレリー・モロゾフ（１９０センチ、１１５キロ）、２番スタニスラフ・セリスキー（１８０センチ、１０５キロ）、３番キリル・ゴトフツェフ（１８７センチ、１１８キロ）。先発ＦＷの平均体重は日本が１０８・３キロ、ロシアは１０７・６キロとさほど変わらなかった。

が、坂田さんは「ワールドカップの（公式プログラムの）体重なんて当てにならないですよ」と笑った。

「ほんとうはもっと、重いでしょ。だから、僕は昔から、資料の体重なんて全然、見てないですから」

この試合のスクラムのテーマは「ばらけないこと」だった。つまり、日本が大事にしている８人結束である。ロシアのＦＷはフィジカルが強くて、メチャ重い。ばらけないためには、スクラムを組む前のセットアップが一番大事なのだろう。フロントローの面、バックファイブの面があって、その面を崩さないのが一番大事だった。何よりフロントローの面が一番大事で、その面が崩れると、うしろのバックファイブがいくら押しても、ウエイトが前につたわらないのだった。

そのため、試合前の練習では、日本8人に対し、相手は10人のスクラムを組んでいた。ロシア役をやっていた、ノン・メンバーの北出卓也はこう言った。

「（ロシアが）重いから、受けてしまうとやられる。だから、相手の重さに慣れること。こっち（練習相手）は10人で組んだりして、（試合メンバーが）重さに慣れるよう、ずっと練習していました」

ファースト・スクラムは、前半3分、日本陣の左中間、ゴール前ピンチでの日本ボールのスクラムだった。嫌な位置だ。まずはセットのタイミングが合わず、組み直しとなった。

「フィジカルで押したい」と言っていた青色ジャージのロシアＦＷだが、日本はしっかりと組んだ。耐えた。全然、余裕。レフリーはナイジェル・オーウェンズ（ウェールズ）。

坂田さんが解説する。

「組み直しはレフリーとの相性だけです。レフリーがどのタイミングで組ませているのか、レフリーがどういうコールでＯＫするのか、ですから。このファースト・スクラム、（日本は）きっちり我慢しています。スクラムが終わったあと、ブレイクしたあとの選手を見るとオモシロいですよ。日本は押そうとしているじゃないですか。一緒に前に出て、ふわっと余裕を持ってブレイクしています。逆に下がりながらのブレイクは結構、いっぱい、いっぱいできつい状況なんです」

このファースト・スクラムからＳＨ流大が余裕を持って右のＣＴＢ中村亮土にパスし、中村がラックをつくった。さらに流がラックからのボールをうしろのＳＯ田村につないだ。定石通りのピンチからの脱出パターンだった。

このボールをＳＯ田村がライン際へロングキックした。キャッチした〝ロシアエクスプレス〟ことＦＢアルテミエフが少し走り、大きくパントキック。だが、日本のＦＢトゥポウが照明のためか、目測を誤って処理にもたついた。バウンドしたボールをロシアＷＴＢのゴロスニツキーがかっさらってインゴールに飛び込んだ。カウンター攻撃から、よもやの先制トライを許した。

直後、インゴールで日本代表の円陣が組まれた。緊張によるビハインドは想定済みだった。まずはプレッシャーを受け入れよう、自分たちのラグビーに徹しようと言葉を交わした。勝負はこれからだ、と。

「全然、いいスクラム」

この試合、２本目のスクラムは前半９分、敵陣の22メートルライン近くの右隅の位置だった。ロシアボール。

坂田さんは「ファースト（スクラム）とエリアが違うじゃないですか」と説明した。

「相手ボール。日本ボールじゃないから、仕掛けやすいのは仕掛けやすい。日本の今回のスクラムは、〝イチ、ニイ、のサン〟で押すのではなくて、ずっとウエイトをかけ続けています。で、相手のほころびが見えた時にプッシュをかけるのです。そこが前回（２０１５年大会）とは違いますね」

日本はこのスクラムで圧力をかける。直後の前半11分、ロシアのゴール前の左ラインアウトから連続攻撃を仕掛け、ＳＯ田村優がボールを右に回す。タックルを受けたラファエレの右手の絶妙なノールックパス（受け手を見ずに投げるパスのこと）からＦＢトゥポウにつなぎ、右端でもらった松島がインゴールに飛び込んだ。

松島幸太朗はジンバブエ出身の父と日本人の母の一人息子として、１９９３年に南アフリカで生まれた。桐蔭学園高校卒業後、高いレベルを求めて南アに渡り、スーパーラグビーのシャークスの育成クラブで「武者修行」した。チャレンジングな人生を歩んでいる。天性のバネとスピードで相手ディフェンスを切り裂き、試合の流れを変えてみせた。

前半34分にも、フォワード、バックスが一体となってつなぎ、ＷＴＢ松島が右手一本で右隅ぎりぎりにボールを押さえたかに見えた。ＴＭＯ（テレビジョンマッチオフィシャル）の結果、インゴールノックオン、トライは認められなかった。

この直後、ロシアゴールライン前５メートルの相手ボールのスクラムだった。この日７本目のスクラム。日本は、高い姿勢のロシアに対し、下から組み込んだ。ウエイトが前に乗る。８人がいいポジションをとっている。

１番の稲垣サイドが前に少し出て、右に回る格好となっている。相手ナンバー８のワビリンがブラインド（狭い）サイドの左サイドに持ち出すのがやっとだった。

坂田さんの解説。

「このスクラム、日本は仕掛けたんです。でも、押しきれなかった。まあ、相手に逃げられただけの話なんですが。なぜ、それがわかるかというと、ほんとうは（ロシアは）キッカーがスクラムの（ロシアの）右側にいるから、右に出したかったんでしょう。でも、日本が仕掛けて、スクラムが回ってしまった。日本はまっすぐに前にプレッシャーをかけていればよかったのですが、スクラムが回ってしまった。それでロシアはやばいと思って、慌ててボールを出したのです」

坂田さんが言葉を足す。

「日本は全然、いいスクラムでした。このエリアで、ロシアのゴール直前で仕掛けたスクラムですよね。時間帯も前半の35分過ぎ。何分のこのエリアならこういったスクラムを組もうという感じで、リーダーグループが考えていたのだと思います」

その後、日本は圧力をかけ続け、ロシアをゴール前に釘付けにした。満員スタンドから「ニッポン、ニッポン」の大合唱が続く。前半38分、右のラインアウトからのモールを押し込んでから展開し、13フェーズを重ね、最後は松島が右中間に今度はしっかりボールを押さえた。「どうだ」という松島の表情。SO田村がゴールキックを蹴り込み、日本は12－7と逆転し、前半を折り返した。

ペナルティーも手応えあり

後半3本目となる後半10分、ロシアボールのスクラムだった。位置がロシア陣の10メートルラインと22メートルラインの間、日本から見たら左中間となるところだった。日本FWは低い姿勢の塊となって組み込んだ。だが、日本の３番のヴァルアサエリ愛が、相手の１番に食い込まれ、右回り気味に前に出られた。イリーガル・ホイール（スクラムを故意に回す行為）の反則をとられた。

構えの時点では日本が早く、８人が結束していた。坂田さんの解説。

「日本は全然、余裕なんです。押す、押されるじゃないですね。組む前から、余裕があるんですよ。やっぱり、ロシア（の構え）が遅いし、日本は早くて、（足元が）どたばたしていないんです。日本としては、ここはチャンス。ここは押したい。仕掛けたい。構えて、仕掛けました。あとは押すだけ。でも、（１番稲垣の）足が左に動いているじゃないですか。これは、（相手の）３番に入り込まれたんですね。組んだあとからの押し込みが、（日本の）３番は甘かったですね。組む前は全然、問題ありませんでした」

それにしても、スクラムワークは興味深い。とくにスクラムをリードするフッカーは。坂田さんと同じポジションの堀江のことを聞けば、「いい選手ですよ、ほんと」と言った。

「スクラムワークというか、10回のスクラムがあったら、それを全部、コーディネートしないといけないのがフッカーなんです。そういった意味で、（堀江は）まだ自分では満足していないんじゃないですか」

急成長のトンガ・コンビのプロップ

その後の後半15分、１番の稲垣が中島イシレリに、３番のヴァルアサエリ愛は具智元に同時に交代した。中島も愛もトンガ生まれ。中島は流通経済大学の留学生として来日し、２０１８年11月に初キャップを獲得した。２０１９年１月にナンバー８からプロップにポジションを変更し、急成長した。

愛は、埼玉・正智深谷高校、埼玉工業大学を経て、２０１３年、パナソニック・ワイルドナイツに加入した。２０１４年、日本国籍を取得。名前に「愛」の字を入れたのは、妻の名前が愛里《あいり》さん（元プロテニス選手）だからだった。パナソニックでの出場機会を求めて、こちらは２０１５年11月にナンバー８からプロップに転向した。

技術取得の年数が必要とされてきたプロップにあって、中島も愛も短期間で強くなった。もちろん、プロップとて、スクラムだけでなく、フィールドプレーでも仕事をしないといけない。２人ともワークレート（仕事量）が高く、とくにアイランダー（トンガ、フィジー、サモアなど太平洋諸国出身者）はスクラムでもはまった時の爆発力は凄まじい。

２０１９年師走某日。宮崎でのパナソニック合宿でロシア戦のスクラムについて聞けば、ヴァルアサエリ愛は「フツーでした」と小声で答えた。

「最初、ロシアは重かった。僕には緊張もあった。相手の1番はすごいパワーを持っていた。やっぱり、相手（1番）が外に振った時、そこをついていかないといけなかった。うしろのバックファイブ（ロック、ナンバー8、フランカー）の足の移動とかがまだ、できてなかった。僕も（姿勢が）ちょっと高くなった。それで、1個か2個、ペナルティーをもらった」

日本は後半、アーリーエンゲージのフリーキックも与えた。スクラムは全部で前半7本、後半10本の計17本あった。日本ボールはうち、4本だけだった。相手ボールが13本。いかに日本にハンドリングミスが多かったかがわかる（スクラムは主に、ボールを前に落とすノックオンや、ボールを前に投げるスローフォワードなどの反則に対して、相手チームに与えられるため）。

全体としては、日本はスクラムで互角以上に組んでいた。坂田さんは映像を見て、「日本は全然、悪くないです」と総括した。

「開幕戦でもっと優位にやりたかったのはわかりますけど、こんなもんじゃないですか。ロシアとは（２０１８年11月に）英国グロスターで一度肌合わせをしているので、フィジカルが強いという印象はあったでしょう。相手がまとまったら相当、イヤだというのはあったと思います。だから、日本はコンパクトにまとまって組まないといけないという気持ちが強かったのでは。どちらかというと、ロシア戦は動いて仕掛けるというよりも、まとまって相手が動いた時に仕掛けるという感じじゃなかったのでしょうか」

フェラーリ松島、ハットトリック

試合展開でいえば、ＷＴＢ松島幸太朗は後半28分にも約40メートルを走り切るトライを重ね、１人３トライのハットトリックを記録してみせた。ジェイミー・ジョセフＨＣは試合後、笑顔で振り返った。

「松島はいいパフォーマンスを見せてくれた。外からフェラーリが突進していくようだった」と。

松島は、するどいラン、トライをとる嗅覚はもちろんだが、ボールをもらうタイミング、スペースをつくる動きが光っていた。

実は、松島は試合の２日前、ＣＴＢの中村亮士にハットトリックを宣言していた。いや、約束させられていた。代表初の1試合3トライに「すごくうれしかった」と顔をくしゃくしゃにした。有言実行を照れながら説明する。

「中村亮士さんに言わなかったら、もしかして、（3トライは）できなかったかもしれません。試合中、ハットトリックを意識しながらプレーできました。その言葉が助けになったのかもしれません」

その意識とは。

「しっかり外のスペースを見て、どこにスペースが空いているのか、内側（の選手）に伝えることができました。途中、ノックオンだったり、ミスだったりがあったので、なければ、チームとして、もう少しトライがとれたのかなと思います」

松島は、2015年のラグビーW杯イングランド大会で南アフリカ相手に番狂わせを演じた試合から4年。すっかりたくましくなった。経験値が上がり、「周りを見ることがしっかりできるようになった」という。コミュニケーションがとれるようにもなった。リーダーグループの1人として、責任感が増した。

自国開催のW杯。確かに多くの選手は、家族や知人が応援に駆け付け、重圧もあっただろう。でも、松島は違った。

「前回大会の経験でしょうか、変な緊張もしないで、周りがちゃんと見えていました。僕は最初から、試合を楽しめていました」

ただラグビーにヒーローはいない。15人全員がヒーローと言ってもいい。松島はチームメイトに感謝した。

「トライはみんなでつないだものなので、ワンチームになることができたのかなと思います。目に見えない活躍をしている選手はいっぱいいますし、タックルでがんばった選手もいます。そういう選手がいるので、外にいる人間が生きるのです」

ジョセフHCが率いる日本代表のスローガンは「ワンチーム」である。海外遠征を繰り返し、何カ月も一緒に強化合宿でハードワーク（猛練習）に励んできた。チームは一緒に国歌斉唱の練習をするなど、グラウンド外での団体行動、コミュニケーション、意思統一も図ってきた。

そういえば、秋の彼岸の入りのこの日、チーム宿舎を出る前の「マッチミール」では、みんなであんこのおはぎも食べたそうだ。

松島さんはいくつ食べたの？　と聞けば、26歳（当時）ははにかんだ。

「ふたつ。パワーになりました」

ダイバシティー（多様性）

ダイバシティー（多様性）の時代なのだろう。この夜の日本は先発メンバー15人のうち、過半数の８人が外国出身選手だった。ラグビーに国籍条項はなく、「３年以上継続して居住」などの条件を満たせば、代表選手になれる。日本国籍を取得しているニュージーランド出身のリーチマイケル主将は、「外国出身選手は絶対、必要」と強調する。

「ダイバシティー、グローバル化が進む日本の社会の象徴になりたい」

この日、相手のボールを強引に奪い、約60メートルを走り切ってトライした愛称「ラピース」こと、フランカーのピーター・ラブスカフニは南ア出身である。敬虔なクリスチャン。好きな日本語が「ダイジョウブ」。プレーも性格も真面目な30歳（当時）は声を弾ませた。

「チャンスだった。ボールを奪ったら、遠くにゴールラインが見えた。走った。ラインを越えた時、とてもハッピーだった」

ラピースはむしろ、ディフェンスで奮闘してくれた。ゲームの主導権を握り続けたのは、結束したタックルがあったからだろう。再三のゴール前ピンチのディフェンスはチームの成長を印象付けた。一番の勝因はここか。日本は１５１本中、１３２本のタックルを決めた。

相手の72％に対し、日本は87％のタックル成功率を残した。

リーチもブレイクダウン（タックル後のボール争奪戦）で獅子奮迅の活躍を見せた。25歳（当時）の姫野も効果的な突進を繰り返し、両チーム１位のボールキャリー（１１３メートル）の数字を残した。地味ながらも、ドレッドヘアを振り回してボールをつなぎまくったフッカー堀江翔太、スクラムとタックルに徹したプロップ稲垣啓太のプレーには胸が熱くなった。

「グローカル」＆「ワンチーム」

ラピースもまた、「ワンチーム」とうれしそうに漏らした。

「僕らは日本を代表して、ひとつになって同じゴールに向かっていく。たくさんの時間を一緒に過ごし、たくさん練習してきた。僕らは〝グローカル〟なんだ」

グローカルもまた、チームの合言葉のひとつである。国際的という意味の「グローバル」と地方や地元を表す「ローカル」を合わせた造語なのだった。

日本は勝利による勝ち点４に加え、４トライ以上を挙げてボーナスポイントの１も獲得。勝ち点5を手にした。これは大きい。

ただ日本は地元開催の重圧もあってか、前半を中心にミスを続発させた。パントキックの処理、重量ある相手が落としてきた時のスクラムの対応、ブレイクダウンのサポート、球出しなどで課題が見えた。

次のアイルランド戦は9月28日（静岡・エコパスタジアム）。自国開催のアドバンテージか、相手チームより中日が2日長い。

リーチ主将は言った。

「今日は緊張でミスがあった。ただ僕らはいつも、ワンチームで前向きにいく。1週間、しっかり準備して、やるしかないです」

最後にもう一度、松島。次は何トライとってくれますか？　と聞かれると、ふっと顔を和らげた。目は笑っていない。

「できる限り、トライをとれればいいと思います。ま、外側にチャンスはたくさんできると思うので、そこで仕留めきれたらいいなと思います」

生きたボールがフォワードから出なければ、松島もトライを奪えない。大舞台になればなるほど、スクラムの安定は、より重要となる。

初戦の重圧を乗り越えたロッカールームでは、チームソングの「ビクトリーロード」が響き渡った。アメリカのカントリー歌手ジョン・デンバーが生んだ名曲で、映画『耳をすませば』の主題歌として知られる「カントリーロード（故郷へ帰りたい）」の替え歌だ。歌詞は代表候補メンバーだった山本幸輝選手と三上正貴選手が考案した。外国出身の選手が多いチームを「ワンチーム（一つのチーム）」にするために、この歌がつくられた。

歌をリードするのは、この試合の「チームＭＶＰ」のナンバー8の姫野和樹だった。両チーム最多の16回のボールキャリー（持って運ぶこと）を記録した。若武者の声、チーム全員の明るい声が部屋に響き渡る。手拍子が鳴る。歌声がこころに沁み渡る。

〈ビクトリーロード♪
　この道　ずっと　ゆけば♪
最後は　笑える日が　くるのさ♪
　ビクトリーロード♪〉

第2戦　○日本19（前半9－12 後半10－0）×●アイルランド12

2019年9月28日　静岡・エコパスタジアム

「僕らが勝つことをだれも信じていない」

決戦の地となる静岡・小《お》笠《がさ》山《やま》総合運動公園、通称エコパスタジアムへ向かう直前のことだった。宿舎のミーティングルームで、日本代表のジェイミー・ジョセフHCが力強い声で檄を飛ばした。指揮官となって約3年。選手たちには圧倒的なハードワークを課してきた。佐藤秀典さんが同じく強い口調で通訳する。選手たちの心を揺さぶった。

〈僕らが勝つことをだれも信じていない。
だれも、接戦になるとも思っていない。
だれも、みんながどれほどハードワークをしてきたかを知らない。
どれほどの犠牲を払ってきたのかも知らない。

でも、自分たちはやってきたことをわかっている。

信じられるのは自分たちだけだ。

お互いを信じよう〉

おぉぉぉ〜。選手たちの雄たけびがロッカールームに響き渡った。

２０１９年師走某日。プロップの稲垣啓太はこう、短く述懐した。

「あれで結構、ぴしゃっと気持ちの入った人が多かったんじゃないでしょうか」


スタジアムのロッカールームには、選手それぞれのボックスにジョセフＨＣからのメッセージが貼られていた。

この試合のスクラムのカギを握る右プロップの具智元には「スクラムで勝て」。左プロップの稲垣のところにはこう書かれていた。

「スクラムとモールディフェンス。ペナルティーをするな」

ファースト・スクラムの失敗から得たヒント

午後4時15分、運命のキックオフ。満員の4万8000人の大観衆の歓声の中、アイルランドのスタンドオフ（SO）、ジャック・カーティがボールを日本陣に蹴り込んだ。日本にとっては幸運にも、エースのSOジョナサン・セクストンはコンディション不良で欠場していた。

ラグビーW杯の開幕時、世界ランキングは日本10位に対し、アイルランドは1位だった。日本の先発フロントローは1番（左プロップ）から稲垣、2番（フッカー）堀江翔太、3番（右プロップ）具智元と並んだ。対するアイルランドが1番キアン・ヒーリー（185センチ、112キロ）、2番ロリー・ベスト主将（180センチ、110キロ）、3番タイグ・ファーロング（185センチ、120キロ）だった。レフリーが、アンガス・ガードナー（オーストラリア）。

プロローグで書いた通り、アイルランドのスクラムの特徴は、1番のヒーリーが割って前に出ることだった。日本にとってのポイントは、3番の具智元が割り込まれたり、外を向かされたりしないことだ。1番の稲垣が2番の堀江に寄り、1番、2番で具智元を助けるイメージである。

■スターティングメンバー

	日本代表		アイルランド代表
1	稲垣啓太	1	キアン・ヒーリー
2	堀江翔太	C 2	ロリー・ベスト
3	具智元	3	タイグ・ファーロング
4	トンプソンルーク	4	イアン・ヘンダーソン
5	ジェームス・ムーア	5	ジェームス・ライアン
6	姫野和樹	6	ピーター・オマホニー
C 7	ピーター・ラブスカフニ	7	ジョシュ・ファンダーフリーアー
8	アマナキ・レレイ・マフィ	8	CJ・スタンダー
9	流大	9	コナー・マーレー
10	田村優	10	ジャック・カーティ
11	レメキロマノラヴァ	11	ジェイコブ・ストックデール
12	中村亮土	12	クリス・ファレル
13	ラファエレティモシー	13	ギャリー・リングローズ
14	松島幸太朗	14	キース・アールズ
15	山中亮平	15	ロブ・カーニー

■リザーブメンバー

16	坂手淳史	16	ショーン・クローニン
17	中島イシレリ	17	デービッド・キルコイン
18	ヴァルアサエリ愛	18	アンドリュー・ポーター
19	ヴィンピー・ファンデルヴァルト	19	タイグ・バーン
20	リーチマイケル	20	リース・ラドック
21	田中史朗	21	ルーク・マッグラス
22	松田力也	22	ジョーイ・カーベリー
23	福岡堅樹	23	ジョーダン・ラーマー

スクラムリーダーの稲垣は、

「テーマは基本的には3番ですね」

と明かした。

「相手の3番（ファーロング）は駆け引きも上手です。彼はアイルランドのシステムをよく理解している選手ですね。1番を上げるために、自分が何をしないといけないか、常に状況を把握できている選手だと思います。彼は必要とあれば、うまく引いてもくる。自分にチャンスがあれば、スクラムのコースを変えることができます。最終的にコースをインサイドに切っても、1番が先に上がっていけるスクラムをつくれるんです」

つまり、アイルランドのスクラムの仕掛けは1番ながら、3番が日本の稲垣を揺さぶり、1番をさらに助けようとするということである。だから、稲垣にとっては、トイメンのペースに乗らない、うまく対応しないといけないことになる。落とされるとペナルティーのリスクもある。カギは結束。

「はい。駆け引きの部分ですね。相手がコースを変えてきた時、堀江さんとうまくコミュニケーションをとっていく。そこは意識していました」

　ゲームの流れ同様、スクラムにも試合中のストーリーがある。ハイライトとなった前半34分の相手ボールのスクラム。その伏線となったのは、日本がＳＯ田村優のペナルティー・ゴールで3－5と追い上げたあとの前半19分、相手ボールのスクラムだった。遅いファースト・スクラムだった。

　位置が、日本陣の10メートルラインのゴールライン側、左中間だった。プロローグに書いた通り、日本はコラプシングの反則をとられた。日本のスクラムのカタチは悪くなかったが、よく見れば、稲垣が少し、前に出すぎていた。だから、スクラムが時計の針と同様、右回りに回る格好となった。

　この試合、坂田正彰さんはＮＨＫの解説者としてスタジアムの中継ボックスに入っていた。坂田さんが説明する。パソコンの動画を何度も止めては戻し、再生した。

「最初としては、イヤなポジションですよね。お互い、1番が外から開いて組むようなスクラムなんですよ。ということは、3番にすごいプレッシャーがかかるんです」

なるほど。3番の具智元は相手に入られないように頑張っている。

「ほら、上から見れば、（日本の）6番（姫野）、1番（稲垣）と、（アイルランドの）1番（ヒーリー）、7番（ファンダーフリーアー）が同じ角度のラインじゃないですか。（日本の）フロントローは一緒、でも相手は2番と3番が一緒で、1番がちょっと違う。外から組んでいる。（日本の）3番にはすごいプレッシャーがかかっていますよ。こうなると、スクラムが回ってしまう。（相手の）3番がまっすぐに組んでいるのだから、稲垣はもう少し、まっすぐに堀江寄りにいった方がいい。ほら、この手」

稲垣の左手は伸びて、相手3番の腰、グリーンのジャージの端あたりをパックしている。

「（稲垣の）手が相手の腰に入っている。これだと、（稲垣は）きつくて、外からいくようなカタチにならざるをえません」

お互いに1番サイドから前に出ながら回る格好となり、日本にコラプシングのペナルティーが吹かれた。「なんでや」といった顔をして、具智元がほおを膨らませている。

「レフリーは（日本が）回したと判断したんでしょう。日本の具智元の方が引いたんじゃないかって。稲垣が外から回ったと見たのでしょう、きっと。でも、具智元はなぜだと思っている。逆に手ごたえを感じたはずです。さほど、日本は悪くない」

ハイライトにつながるスクラムの修正

このあと、アイルランドはＳＯカーティの小さいパントキックからトライを加えた。直後の23分、この日、２本目のスクラム。ファースト・スクラムとほぼ同じ位置の日本ボールのスクラムだった。

投入されたボールはわずか２秒で外に出された。が、日本のスクラムは改善されていた。１番の稲垣は、２番の堀江により寄って、稲垣の左手は相手の腰より手前、胴体の部分のグリーンのジャージをつかんでいた。

稲垣の述懐。

「このスクラムでは、僕が前に出るのを我慢して、具智元を前に出すことにフォーカスしたんです。そう、ファースト・スクラムから少し、修正していたんです」

その流れを受けて、ハイライトの前半34分のスクラムにつながるのだった。アイルランドを塊となって押して、コラプシングの反則をもぎ取ったのである。（詳細はプロローグで）

坂田さんの解説。
「この時も、アイルランドは自分たちのやりたいことができていないんです。日本に走らされて、その流れの中でのスクラムでした。この時点で、アイルランドのワークレート（運動量）は普通より多くなっていたのじゃないでしょうか。いつもと違うゲームをさせられていたのです。だから、アイルランドはこのスクラムを押そうという気はあまりなかったんではないでしょうか。マイボールを確保して、どう攻めるかを考えていたのでしょう。そこを、日本に押された」

今度は日本が相手コラプシングの反則をもらった。具智元の派手なガッツポーズ。
「相手の1番（ヒーリー）が外からくると、具智元はしんどいんですけど、そこさえ我慢すれば、まっすぐに抜けられるんです。要は、相手がどう動いてこようが、自分たちの方は崩れないようなカタチに徹したんですね」

このスクラムの5分前、初めてスタメンから外れたリーチマイケル主将が、アマナキ・レレイ・マフィの負傷退場で交代出場していた。背番号20のリーチ主将はスクラムでは左フランカーの位置に入った。ちょっとケツを割る（臀部をロックから離して押す方向に角度をつける）癖のあるリーチだが、このスクラムではまっすぐにウエイトを乗せて稲垣を押していた。まさに日本ならではの8人結束のスクラムだった。

このターンオーバーは大きかった。数々の猛タックル同様、ゲームの中でのモメンタム（勢い）を日本に与えることになった。選手の士気を高めたのである。

スクラムから理詰めの逆転トライ

後半は、アイルランドを無得点に封じた。スクラムはマイボール、相手ボール4本ずつの計8本組んだ。日本のＦＷ8人の結束は崩れなかった。

後半18分、敵陣ゴール前の右中間のスクラムだった。日本ボール。スタンドからは、「ニッポン・コール」が沸き起こる。構えの時、ナンバー8の位置にいる姫野和樹がぴょんとジャンプし、スパイク上部の4本のポイント（突起）を芝に打ち付けた。

スクラムを丁寧に組んでワンプッシュ、途中から入ったＳＨ田中史朗が素早くボールを出す、左、右、右、左、右、左へ。ＣＴＢ中村亮士からＷＴＢ松島幸太朗を飛ばし、ＣＴＢラファエレが左へクイックパス、途中出場した〝スピードスター〟の福岡堅樹が快足を生かして左隅に飛び込んだ。

田村優が難しいゴールキックを蹴り込み、16－12と逆転した。

さらに田村がペナルティー・ゴールを加え、日本は19－12でアイルランドを倒した。再び、ラグビーの歴史が動いたのだった。

だが、もはや奇跡ではない。正しい準備とハードワーク（猛練習）、緻密なゲームプランの賜物だろう。4年前のラグビーW杯の南アフリカ戦とは違う。日本代表は、優勝候補のアイルランドに勝つべくして勝ったのだった。

シンさんのスクラムはすごい！

満員のスタンドが歓喜で大きく揺れる。鳴りやまぬ「ニッポン・コール」。多くの観客が総立ちで「バンザイ」の連呼が続く。「どど～ん」。夜空をカラフルな打ち上げ花火が彩った。

もう番狂わせではないですね？　とメディアに声をかけられると、「プレーヤー・オブ・ザ・マッチ」のフッカーの堀江翔太は顔をくしゃくしゃにした。ユニークなドレッドヘア、もじゃもじゃのあごひげとほおひげ。左目上にはキズに貼られたバンソウコウ。

「いや～。番狂わせじゃないですか。海外メディアは（アイルランドが）負けるなんて思ってなかったでしょ」

確かに、ほとんどのラグビーファンは日本が勝つと予想していなかっただろう。でも、堀江ら選手とスタッフは「勝利」を信じていた。アイルランドに勝つと信じて、ここ2年余、準備してきた。とくにこの1週間。

堀江はニヤリとして、「信じていたのは僕らだけ」と漏らした。

「まあ、試合前とか、話をしていたんですけど、〝自分たちがやるべきことができれば、絶対、勝てる〟って。やりきった感じですね」

ほぼ完璧なディフェンス・システム。ライン・スピードをあげて、相手にプレッシャーをかけ続けた。そして、何といっても、ＦＷの頑張りである。アイルランドのＦＷのメンバーは初戦のスコットランド戦（○27－3）とまったく同じだった。強力でシンプルな攻めに徹するがゆえに、そこで勢いに乗られると危なかった。が、負けなかった。前に前に出て、出足を削いだ。

何といっても、スクラムで押されなかった。長谷川慎コーチの指導通り、8人一体となって押し込んだ。8人16本の足の位置、スパイクの芝への食い込みなど細部にこだわった。うしろ5人（ロックとフランカー、ナンバー8）の押しがフロントローにうまく伝わっていた。

堀江は両プロップをうまくリードした。左の稲垣啓太も、右の具智元も、相手の押しをうまく殺していた。

「シンさん（長谷川コーチ）が言っていることをやればできるんです。日本人って、スクラムが弱いと見られがちですけど、これで強さを証明できました。〝シンさん、すごい〟と書いておいてください」

亡き父に贈る勝利、堀江の涙

試合のアヤでいうと、４点リードの後半中盤、日本はアイルランドの猛攻を浴びた。ラインアウトからボールを回され、ゴール前のピンチが続く。ＦＷのサイド攻撃を執拗なタックルで防ぐ。あと5メートル、あと3メートル。そこで堀江が足元に飛び込んで相手ロックを倒し、フランカー姫野和樹がボールを奪いとろうとした。

相手はボールを離さない。「ノット・リリース・ザ・ボール」の反則をもらった。ペナルティー・キックだ。日本はピンチを脱した。

ラスト20分。相手の足はほとんど止まっていた。ハードワークの成果だろう、日本が走り勝った。後半、スタンドからはずっと「ニッポン・コール」が飛んでいた。

とくに堀江の奮闘には心を震わされた。タックル16回、ターンオーバー1回、ボールキャリーが13回でトータル28メートル。パス7回、キック1回。ピッチ上でのインタビューではこう、声を張り上げた。

「みなさんの声援のおかげで、最後の1センチ、最後の1ミリ、走ることができました」

堀江の顔をよく見ると、目が少し、赤かった。泣いたの？　と聞いた。

「ええ、泣きました。久々に。一瞬だけ……」

堀江は2019年3月、ラグビーでもずっと応援してくれていた父を病気で亡くした。ノーサイドのあと、バックスタンドまで駆けていき、感慨深そうな顔で手を振っていた。そこには世話になった家族やトレーナーの佐藤義人さんがいた。声が湿り気を帯びた。

「亡くなったおやじもスタンドの上で見ているかなと思って……」

前回のラグビーW杯の南ア戦に続く、「金星」といっていい。日本ラグビーの歴史を変える勝利だった。堀江は言葉を足した。

「うれしいですね。2015年の思い出を、塗り替えた感じがして……」

堀江のチャレンジ人生「勇気なくして栄光なし」

堀江はチャレンジングな人生を歩んできた。座右の銘が「勇気なくして栄光なし」。帝京大学を卒業して、2008年、三洋電機（現パナソニック）に進むと、ナンバー8からフッカーに転向した。

直後、ニュージーランドにラグビー留学。日中は高校の寮の用務員をやり、そうじや雑務に走り回った。夜はカンタベリー・アカデミーで練習に励んだ。「オールブラックス（ニュージーランド代表）」になるのが夢だった。こう、漏らしたことがある。

「常に成長したかった。（留学した2年間は）うまくいかなかった思いがあるけれど、成功か失敗か、のちの行動で決まると思っています。僕は、自分の選ぶ道に後悔したくないです」

２００９年に初めて日本代表に選ばれ、２０１１年のラグビーW杯に出場した。２０１３年にはスーパーラグビーのレベルズに入団。２０１５年のラグビーW杯にも出場し、日本代表の３勝に貢献した。その後は、ケガとの闘いが続いた。

２０１５年のW杯の約半年前の2月に首の手術に踏み切り、２０１８年11月には右足首の手術をした。それでも、ラグビーをあきらめなかった。全幅の信頼を寄せる京都のトレーナーの佐藤義人さんとリハビリに取り組んできた。堀江はしみじみと漏らした。

「佐藤さん、〝さまさま〟です。佐藤さんがいないと僕はここに立てていなかったです」

加えて、ケガもプラスにとらえる。

「あの（リハビリの）時間がなければ、うまいこと、からだづくりができなかったと思うんです。まあ、けがしないのが一番ですけど」

すべてを糧とし、堀江は成長を続けている。もう33歳（当時）となった。

トモさんこと、38歳（当時）のトンプソンルークは「翔太（堀江）もおじいちゃんだけど」と周囲を笑わせた。

「彼は素晴らしい。いいスクラムワークと、いいリーダーシップを持っている。フィールドプレーも素晴らしい。自分のプレーをちゃんとやらないと、経験は意味がないでしょ」

つまり、堀江は経験を生かしている世界的なプレーヤーということだろう。

リアル・ワンチームの結実

２０１９年師走、東京都府中市のサントリーのクラブハウスだった。２階の記者会見場で、松島幸太朗はアイルランド戦を懐かしそうに振り返った。話題は「ワンチーム」。

「今回のジャパンは勢いに全員が乗れました。テーマの〝ワンチーム〟も、僕はワールドカップ前から感じていました」

加えて、ワンチームとしてガチッと固まった瞬間が、アイルランド戦だと言った。

「最後までディフェンスのコネクションがつながっていたので、それをベースとしてスクラムだったり、ケンキ（福岡堅樹）のトライだったり、みんなでフェーズを重ねたりすることができたのです」

ディフェンスで守り切れたからこそのワンチーム、スクラムでアイルランドに押し勝ったからこそのワンチームなのだった。


同じく師走某日。宮崎でのパナソニック・ワイルドナイツの合宿で、堀江翔太も「ワンチーム」に言及した。２０１９年の年間流行語大賞に輝いた日だった。受賞のことを伝えると、「え～、すごい」と驚いた。「非常にありがたいし、誇りに思います」。笑顔に充実感があふれた。

「ラグビーをやっている人たちはみ～んな、ワンチームという言葉は使ってきたと思います。ラグビーが注目されて、流行語大賞をとるのは非常にうれしいことだと思います」

これで、ワンチームという言葉が市民権を得て、ラグビー界以外でも浸透していくことになる。そうなると、堀江は「逆にワンチームって使えなくなるのかな」と周囲を笑わせた。

「なんか、使いにくくないですか。流行に乗っている感じで」

堀江から笑いが消える。ワンチームの過程の大事さを強調した。

「ワンチームが（社会に）浸透していくのはうれしいですけど、どういう風にワンチームになるかというのが大事でしょう。中身の部分をしっかり考えて使ってもらった方がいいのかな、と思います」

これまでの圧倒的なハードワークを思い出したのだろう、堀江は言葉に実感を込めた。

「僕らはワンチームというスローガンを出していましたが、ワンチームという言葉だけでワンチームになることは絶対、ないと思います」

いわばワンチームの要諦は、チーム文化、ふだんの鍛錬にあるということだろう。ワンチームは一朝一夕にはなれない。スクラムもしかり、である。日本代表はアイルランド戦を通し、リアル・ワンチームになったのである。

第3戦　○日本38（前半16－9 後半22－10）×サモア19

2019年10月5日　豊田スタジアム

フッカー坂手淳史が初先発

日本代表がアイルランドを相手に番狂わせを演じた試合は、チマタでは「静岡の歓喜」と評されるようになった。興奮と熱狂が日本列島に広がり、いわゆるラグビーW杯熱が沸騰したのである。

2019年10月3日の木曜日、日本代表のジェイミー・ジョセフHCはいつものごとく神妙な顔つきで、2日後のサモア戦の日本代表メンバーを発表した。

サモアは要警戒である。初戦（9月24日）はロシアを34－9で圧倒しながら、第2戦（9月30日）ではスコットランドには0－34で完敗していた。ジェイミーHCは会見で「サモアはかなりつらい思いをしています」と言った。日本とは対照的だった。

「そうなると、チームの結束はより高まるものです。真っ向勝負のフィジカルな戦いになると思っています」

サモアはフィジカルの強い、サイズにも恵まれたチームである。だが、からだにダメージを受けている堀江翔太に代わり、日本代表の先発フッカーに入ることになった坂手淳史は言った。26歳（当時）の若武者。

「フィットネスやフィジカルはどこにも負けないという自信があります。長い時間をかけてみんなで準備してきました」

坂手はパナソニックでも日本代表でも堀江の背中を追っている。このラグビーW杯では３戦目にして先発のチャンスが回ってきた。

「アイルランド戦で翔太さん（堀江）がすごくいいパフォーマンスをして、僕は出られませんでした。でもジョセフＨＣから〝次はオマエだ〟と言われましたし、〝いいものを出してくれ〟〝チームにいい影響を与えてくれ〟とも期待されたのです」

そういえば、坂手には帝京大時代から何度か取材してきた。いつも礼儀正しい。記者に囲まれると、下腹あたりで両手を重ねて、背筋を伸ばしている。目をそらさない。

確か２０１５年２月、帝京大学の新主将になった時、自身の夢は？　と聞けば、「日本代

■スターティングメンバー

	日本代表		サモア代表
1	稲垣啓太	1	ジョーダン・レイ
2	坂手淳史	2	セイララ・ラム
3	具智元	3	マイケル・アラアラトア
4	ヴィンピー・ファンデルヴァルト	4	ピウラ・ファアサレレ
5	ジェームス・ムーア	5	ケーン・レアウペペ
6	リーチマイケル	6	クリス・ブイ
C 7	ピーター・ラブスカフニ	7	TJ・イオアネ
8	姫野和樹	C 8	ジャック・ラム
9	流大	9	ドウェイン・ポロタイバオ
10	田村優	10	ウルパノ・セウテニ
11	レメキロマノラヴァ	11	エド・フィドウ
12	中村亮土	12	ヘンリー・タエフ
13	ラファエレティモシー	13	アラパティ・レイウア
14	松島幸太朗	14	アシー・トゥアラ
15	山中亮平	15	ティム・ナナイウィリアムズ

■リザーブメンバー

16	堀江翔太	16	レイ・ニウイア
17	中島イシレリ	17	ポール・アロエミレ
18	ヴァルアサエリ愛	18	ジェームズ・レイ
19	ヘルウヴェ	19	セニオ・トレアフォア
20	ツイヘンドリック	20	ジョシュ・ティレル
21	田中史朗	21	ペレ・カウリー
22	松田力也	22	トゥシ・ピシ
23	福岡堅樹	23	キーロン・フォノティア

表になること」と即答していた。

「世界でもラグビーがしてみたい。スーパーラグビーにもいけるような選手になりたい。スキル、体力を上げて、そういうところでやれるプレーヤーになりたい。そして、日本で開催される２０１９年ラグビーＷ杯の中心選手としてやりたい」

京都・京都成章高出身。２０１３年から日本代表の合宿にも参加していた逸材である。いつ取材しても、答えは一緒。「もっともっと成長していきたい」と繰り返すのだ。

万全のダブルキャプテン

ジョセフＨＣのサモア戦メンバー発表で注目を集めたのは、キャプテンのリーチマイケルの先発復帰だった。だが、リリースのメンバー表ではリーチの横にキャプテンマークが付いてなかった。リーチにはプレーに専念させるとし、ゲームキャプテンはアイルランド戦に続き、フランカーのピーター・ラブスカフニが務めることになった。つまりは、「ダブルキャプテン」である。

　メンバー発表の時点で、1次リーグのA組は混戦状態だった。3戦消化のアイルランドが2勝1敗の勝ち点11で首位に立っているが、日本代表は2戦を終えた時点で2勝の勝ち点9の2位につけていた。

　残り試合と勝ち点（1試合最大5）を考えると、アイルランドは最大の勝ち点が16、3位のスコットランドは最大で15となることから、残り2試合の日本代表としては、決勝トーナメント進出（プール戦2位以上で進出）、それもプール戦1位通過のためには、まずサモアに勝って総勝ち点を13、できればボーナスポイント1（4トライ以上など）を伴う勝利で14にする必要があった。

日本、勝ち点5奪取でA組トップへ

土壇場の、この集中力、この結束力はどうだろう。ラスト5分から、まさかの2トライ。

ラグビーW杯で、日本代表がボーナスポイント１を獲得できる計４トライを挙げて勝ち点５をプラスし、初の決勝トーナメント進出に王手をかけた。

２０１９年10月５日夜の豊田スタジアム。キックオフは午後７時半だった。日本が難敵サモアを38－19で破った。破竹の３連勝で、Ａ組トップに立った。日本代表のレプリカジャージで赤白に染まったスタンドの約４万の観衆が歓喜に沸く。「ニッポン、ニッポン」の大歓声。

ピッチ上では、ゲームキャプテンを務めた「ラピース」こと、フランカーのピーター・ラブスカフニがしばし右膝をついて、左コブシをひたいにつけていた。

「チームがひとつになったおかげです」と、敬虔なクリスチャンは神に感謝した。

「とくにスクラムはよくやってくれた。スクラムの感触がよかったので、最後もスクラムをやろうとなった。松島（幸太朗＝ウイング）がトライラインを越えた時には、みんなの努力とハードワーク（猛練習）の結果だったので本当にうれしかった」

スクラムのカギは、まとまりとヒット勝負

日本代表の先発フロントローは１番（左プロップ）から稲垣啓太、２番（フッカー）坂手

淳史、３番（右プロップ）具智元だった。対するサモアが、１番ジョーダン・レイ（１８４センチ、１１５キロ）、２番セイララ・ラム（１８３センチ、１１０キロ）、３番マイケル・アラアラトア（１８９センチ、１２０キロ）。レフリーはヤコ・ペイパー（南アフリカ）。

　ＦＷの平均体重が、公式プログラムの数字で計算すれば、日本の１０８キロに対し、サモアは１１２キロとなっていた。日本のスクラムのポイントは、組み合う時のヒット勝負で、とくに相手のペースでヒットさせないことだった。なぜなら、分析によると、サモアはヒットスピードがあって、セットアップ（構える時）で足を下げてギャップをとってくる。そこから速いヒットで日本ＦＷを崩そうとしてくるのだった。

　どだいサモアＦＷは体重がある。身体能力のフィジカルも強い。好きにさせると危ない。日本にとっては、「まとまり」がより大事になる。相手フロントローが足を下げてヒットしてくれば、相手の足は伸びることになるので、それほど強い姿勢はとれまい。万が一、ヒットを受けてしまっても、まとまってさえいれば、日本代表はこれを跳ね返すことができる。大丈夫なのだ。

　２０１９年師走某日。太田市のパナソニックの練習場、クラブハウス１階のミーティングルームで、稲垣啓太はこう述懐した。

「サモアはですね、やっぱり体重が重いので、ウエイトを前面に生かすスクラムを組んできますよね。とくにバインドした（互いがスクラムを組み合った）時、彼らは体重を前にシフトしてくるんです。で、そこから、ゆっくり、きつくヒットをしたいから、組む直前に（フロントローが）足を一度下げるんです。バインドした際、僕らにウエイトをかけてくる。それをさせないことを意識しました」

　ということは、組む前の構えが大事になってくる。間合いの勝負となる。

「組む前から戦いが始まったんです。彼らより早くポジショニングに入って、相手より先に低い位置に構えて、彼らが頭を入れる時、ちょっと1回、ヨコによけて、（相手の頭を）入れるよう仕向けたのです。それだけで間合いが変わりますから」

　ヒット勝負となれば、先に構えている方が優位に立てる。サモアは勢いよくヒットするため、足を下げて、ポジションを取り直さないといけなくなる。その瞬間、重心も後ろに下がる。当然、前にからだを預けることが難しくなる。日本はそこを狙った。

　稲垣が言葉を足す。

「それが、日本が取り組んできたシンさんのスクラムです。からだの強い、あるいは体重の重いチームに対しては、我々が１００％で組んで、相手には70％で組ませるのです」

でかくて硬くて重いサモアＦＷにどう対処するのか

ファースト・スクラムは前半４分、日本陣の22メートルラインの内側、日本から見たら右中間の位置だった。日本ボール。がつんと組んで、両フロントローが崩れ落ちた。日本はクイックでボールを出した。

坂田さんは「ゲームの流れ」を大事にする。つまり、どういう流れの中での、どの時間帯、どの位置でのスクラムか。

ここはサモアの厳しいタックルにつぶされたあとの自陣でのマイボール・スクラムだった。だから、このスクラムでわざわざ勝負に出ることもない。坂田さんの説明。

「なんで（ボールを）早く出したのかというと、（フロントローが）落ちたのもありますけど、ここでわざわざ勝負する必要はないんです。あまりこのスクラムに注力していない感じです。うしろのウエイトが効いているような感じでもありません」

サモアのようなアイランダーのＦＷの特徴は、ひとりひとりがでかくて硬い、重い。パワーがある。ただ、チームとしての合流期間が比較的短いため、まとまりという点で難儀なところがある。崩れ出したらモロい。

この試合、前半はスクラムが4本しかなかった。後半も35分まではわずか2本。日本は地元のトヨタ自動車所属のナンバー8姫野和樹のトライなどで、26－19とリードしていた。差は7点。

ラスト5分、日本はこの時点でまだ2トライだった。あと2つ、スタンドのファンは誰もがボーナスポイントは「もうダメだ」と思ったことだろう。でも、この半年余、努力してきた選手たちは違った。

あきらめない。途中交代のＬＯヘルウヴェが値千金のターンオーバー（相手のボール奪取）。右左にテンポよくつないで、途中から入ったＷＴＢ福岡堅樹が右中間に走り込んだ。3トライ目を挙げた。

福岡の述懐。

「チームのみんながからだを張って、ボールを取り返してくれた。それをつないだトライだったので、チームのみんなに感謝したい。チームとして最高の状態だったと思う」

後半、日本のフロントローは途中で代わっていた。2番（フッカー）が坂手に代わって堀江翔太、1番（左プロップ）は稲垣から中島イシレリ、3番が具智元からヴァルアサエリ愛となっていた。

幸運だったサモアのスクラム選択とノットストレート

チームの結束が幾ばくかの幸運も引き寄せる。相手ゴール前のラインアウトからバックスを加えた〝14人モール〟で押し込む。崩れて相手ボールのスクラム。位置が、ほぼ中央で、サモアのゴールラインまであと5メートルのところだった。

ここで試合終了を告げる銅鑼《どら》の音が鳴った。万事休すだ。ラストプレーだ。このスクラム、気負った日本が左サイドから前に出た。とくに1番の中島イシレリが強すぎた。痛烈にヒットして、そのまま前にずるずると出た。時計回りの右に回って、スクラムが崩れ落ちた。日本が「アーリープッシュ」の反則をとられた。フリーキックがサモアに与えられた。スタンドからため息が漏れた。

坂田さんの解説。

「中島（イシレリ）の爆発力は大きい。めちゃめちゃ強いんです。アーリープッシュをとられましたけど、相手ゴール前だから、仕掛けているのは日本なんです」

このフリーキックで、相手がタッチに蹴り出せば、ノーサイドとなる。だが、なぜか、サモアはトライにこだわり、スクラムを選択してくれた。位置は同じく、サモアゴールライン前5メートルのところだった。

ラッキーだった。このスクラムで、サモアの、途中から代わったSHペレ・カウリーがボール投入の際、「ノットストレート」という信じられない反則を犯してくれた。スタンドがどよめく。

坂田さんが「ポイントは、ひとつ前のスクラムですよ」と言った。日本は「アーリープッシュ」の反則をとられたけれど、すごくいいカタチから当たり勝った。押し込んだ。だから、サモアはスクラムを押し込んで、しっかりボールを出そうなんて思っていなかっただろう。SHカウリーには「また押される」との恐怖感があったのだろう。早くボールを投入して、早く出さなくては。

坂田さんがサモアFWの混乱を指摘する。

「ほら、サモアを見てください。フランカーは肩もなにもプロップにつけてないでしょ。もう、バラバラなんです。サモアは個々で日本のスクラムに対抗しようとしていた。（ヴァアサエリ）愛もしっかり肩で相手を殺して、（上体が）上がらないようにして、ずっと押していています。みんなでまとまって、（相手の）真ん中を突き抜けていく、そういう感じのスクラムですよね」

なるほど、見た目も美しいカタチの日本のスクラムである。これが大会のベストスクラム？　と聞けば、坂田さんは「このゴール前のスクラムの流れがいいですね」と答えた。

それにしても、スクラムのノットストレートなんて久しぶりに目撃した。試合後、確認すれば、サモアの途中交代のフッカー、レイ・ニウイアの足にボールが当たっていなかった。

なぜ、奇跡のノットストレートは起きたのか

この「奇跡のノットストレート」は話題を呼んだ。ラグビーW杯の閉幕後の2019年11月下旬、東京・原宿で開かれた稲垣と堀江のトークイベントでファンからこのスクラムに関する質問が出た。

稲垣は「なかなかコアな質問がきますね」と答えた。

「(動画を) 見直しました。あのシーンでは、サモアのフッカーはフッキングすらしていません。スクラムでノットストレートをとられることはほぼないんですけど、その前提は、スクラムの真ん中にいる選手（フッカー）、そう堀江さんのいるポジションの選手が、ボールを蹴ってうしろに送り出すことなんです。それがあるから、多少、(投入された) ボールが

サモア戦 後半41分の5mスクラム

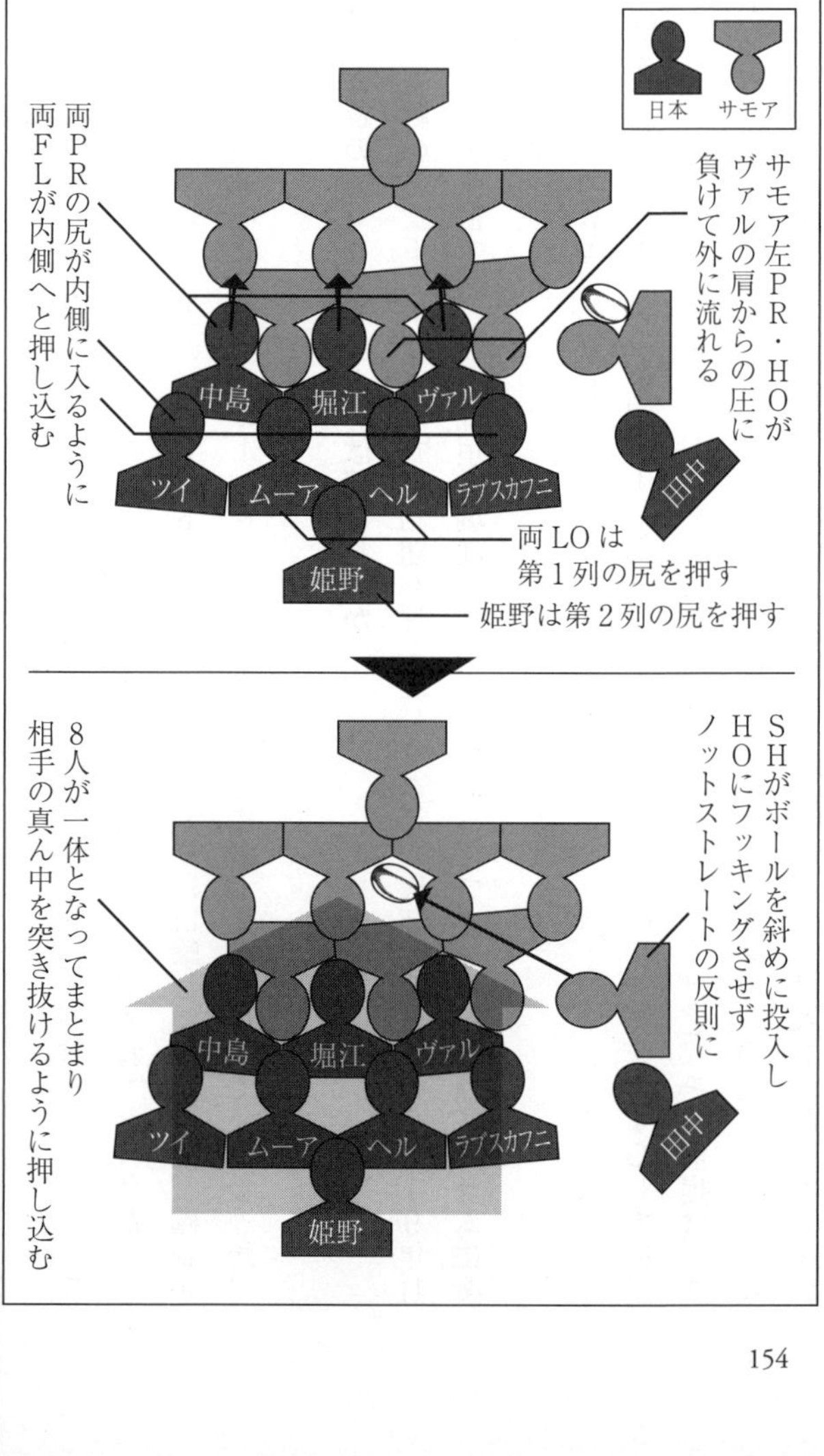

曲がっていても、蹴っているなら大丈夫という、そんな暗黙のグレーゾーンのルールだったんです」

　サモアのフッカーはフッキングすらしていなかった。だから、ヤコ・ペイパー・レフリーは「ノットストレート」の反則をとらざるをえなかったのだろう。

　ひな壇の隣に座っていた堀江が補足説明した。レフリーの心理に触れた。

「レフリーも、主審とタッチ（アシスタントレフリー）の3人がいます。このスクラムには3人とも集中したんですね。レフリーの心中には、サモアがスクラムでプレッシャーを受けている、ならば、どこかで反則が起きるかもしれないと考えるんじゃないでしょうか。たぶん、試合の中盤だったら、そんなにスクラムに集中してなかったかもしれません。でも、あの時は80分を超えていました。しかもゴール前。どちらかが反則をするかもしれない。あのスクラムで試合が決まる。全員が、あのスクラムに目を光らせているみたいな感じだったのでしょう」

　なるほど。レフリーには、スクラムは日本優位との思いがどこかにあったのかもしれない。ロスタイムだから、あのノットストレートはもらえた可能性も大きい。

　ファンから、「その時の心境は？」との質問が重なった。

堀江は満面に笑みをつくった。

「（反則を）もらった時、そりゃ、うれしかったですよ。その前、スクラムを選んでくれたことも、うれしかった。あとで（サモア選手に）聞いたら、最後まで、試合時間が続くまで、攻めるつもりだったそうです。僕はサモアに男気を感じました」

稲垣も、サモアのスクラム選択に「カッコいいですよね」とほめた。

「やっぱり、最後まで攻める。あそこでワントライをとっても、サモアの勝利はなかったんですけど、最後まで戦う姿勢を見せたいという思いがあったんでしょう。試合後、（サモア選手と）話したら、最後にトライをとりたかったって。彼らのプレーが勇敢だったことは間違いないですね」

日本、執念の4本目のトライ

さあ日本ボールのスクラムだ。赤白ジャージの塊がブルージャージの塊を押しに押す。右プロップのヴァルアサエリ愛が出る。左プロップの中島イシレリも出て、ズルズル前に押し込んだ。崩れた。コラプシングの反則を得た。もういっちょ、スクラム。また押した。

後半からフッカーに入った堀江翔太が、含み笑いで思い出す。

「あの場面でスクラムを押すのはイメージができていました。実はスクラムトライを取りたかったんですけど……」

　またも相手コラプシングながら、そのまま押して、スクラムが崩れた。その刹那、ナンバー８姫野和樹が左にボールを持ち出した。ラック。途中から入ったＳＨ田中史朗が左ラインのＷＴＢ松島幸太朗にロングパスをつなぎ、相手ディフェンスのギャップをついて、松島が左中間に躍り込んだ。４つ目のトライだ。電光掲示板の時計の数字は「84：28」だった。

　もう、たまらない。強気の松島は後半、途中から入ったＳＨ田中に「チャンスがあれば、回してくれ」と伝えていた。

「フォワードがしっかりスクラムでプレッシャーをかけてくれたので、（相手）バックスもプレッシャーを受けていたのだと思う。外側の（ディフェンスの）選手がかぶってきた。インターセプトを狙っていたのだろう。〝チャンス〟って、そのまま持ち込んだ」

　価値あるトライは、ＦＷとバックス、いや控え選手を含めたチーム全員でつかんだものだった。責任と使命感。地元ファンの大声援を力とし、日本代表は神がかり的な粘り強さを発揮した。結局、日本はサモアに38－19で勝った。４トライを奪い、ボーナスポイントを加え、勝ち点5をゲットした。日本は勝ち点14となった。

ふだんはディシプリン（規律）が薄いサモアが、この日は規律を保ってきた。世界トップクラスの身体能力を生かし、フィジカル勝負を挑んできた。音が記者席まで届きそうなハードタックル。ハイパントキックに日本が後手を踏むシーンも多々、あった。

でも、「サモアのフィジカルに負けない自信はある」と豪語していた地元出身の姫野がブレイクダウンでからだを張った。全員がこの日のテーマのひとつ、「フィジカル勝負で逃げない」を実践した。ＳＯ田村優は冷静にペナルティー・ゴールを蹴り込んだし、だれもが猛タックルを繰り返した。

タックル成功率は相手81％に対し、日本は１３８本中１２３本を決める89％を記録した。とくに、両ロックのいぶし銀のタックル。ヴィンピー・ファンデルヴァルト、ジェームス・ムーアがチーム最多の14本のタックルをそれぞれ決めた。

日本はしつこいダブルタックルで相手突進を止め、サモア得意のオフロードパス（タックルを受けながらのパス）をほとんどさせなかった。受け身にならず、素早いプレッシャーでミスも誘った。攻撃時はキックでディフェンスラインの裏にボールを落としたり、パントキックを駆使したりするなど、準備したゲームプランを忠実に遂行した。

田村は短く、言った。「練習してきたゲームプランも、自分たちも疑わない、です」

シンさんのスクラムを信じる

勝因のスクラムもそうだ。長谷川慎スクラムコーチの指導通りにやれば、必ずイケるという自信が満ちあふれている。信じることを信じる。

後半、スクラムを立て直した堀江がさらりと説明した。

「８人でまとまって押す。プロップには〝変に無理やり押しにいくのは止めてくれ〟と言った。〝シンさんが言っている通りにやれば、大丈夫なんだ〟って」

２０１５年のラグビーＷ杯では南アフリカに大金星を挙げたが、続くスコットランド戦では大敗を喫した。でも、今回はアイルランドを相手に番狂わせを演じても、チームの勢いは変わらなかった。確かに中日が前回は３日、今回は６日との違いはある。でも、チームとしての経験、成長も見える。

堀江が「（４年前に比べ試合間の）時間があったので、しっかり準備できました」と言えば、松島も「今回はしっかりリカバリーができた」と漏らした。自覚も増した。４年前と違い、選手たちは飲酒を控え、規律を持ち、コンディションづくりに徹した。松島が続ける。

「まあ、飲んでも、せいぜい、ビールを１杯、２杯ぐらい。バカみたいに飲んでいる人はいませんでした」

選手たちのたゆまぬ努力を間近で見てきたジェイミー・ジョセフＨＣは試合後の会見でこう言った。

「チームを誇りに思う」

あとひとつだ。49歳（当時）のジョセフＨＣが子どものような無邪気な笑顔をつくった。

「私たちには素晴らしいチャンスがある。もう、ワクワクしている。１億２５００万人が私たちを応援してくれているのをすごく誇りに思う。またチャレンジです」

ああ、またしても。プライドのスクラム、プライドの勝利、プライドの勝ち点5だった。

第3章　ラグビーW杯、日本代表のスクラムを徹底分析2

大型台風にも裏方の奮闘で試合実施

２０１９年10月12日、台風19号（アジア名：ハギビス）が日本に上陸、関東地方や甲信地方、東北地方などで記録的な大雨となり、甚大な被害をもたらした。洪水や土砂に襲われて亡くなった方は86人にものぼった。

ラグビーワールドカップ（W杯）も影響を受け、12日のニュージーランド対イタリア（豊田）、イングランド対フランス（横浜）、13日のカナダ対ナミビア（釜石）の３試合が中止となった。

13日朝まで開催可否がわからなかった、その日夜の日本対スコットランド（横浜）は両チームともに決勝トーナメント進出をかけた一戦だったこともあろう、ラグビーワールドカップ組織委員会、関係者、開催スタジアム（横浜国際総合競技場）の関係者、スタッフたちの献身的な努力の結果、予定通り、実施された。

前日夜から組織委員会のスタッフが会場近くに泊まり込み、試合当日は早朝から、グラウンドの芝の状態や、ゴールポストやフィールドサイドの看板が壊れていないかなどを確認してまわった。水がたまっているところがあればかき出し、ピッチ上の水たまりは、大きなスポンジで懸命に吸い、グラウンドは試合ができる状態に整えられた。

もう、ラグビーＷ杯の裏方の方々の尽力には感謝しかない。大会関係者だけではなく、地元の消防や警察などの自治体のサポートも受け、まさに「ワンチーム」で復旧作業は行われた。

午後には晴れ渡った青空の下、強風の中で両国の国旗も掲げられた。午後７時45分。日本対スコットランドのキックオフ直前、台風19号の犠牲者を追悼する黙とうがささげられた。スタジアム記録となる６万７６６６人で埋まったスタンドが静寂につつまれた。

試合後、ジェイミー・ジョセフＨＣは沈痛な顔で口をひらいた。

「台風でお亡くなりになった方々、苦労されている方々にお悔やみを申し上げたいと思います。みなさんのお気持ちが何より大事だと思います」

慎さん、地道な芝チェック

エピソードをひとつ。

日本代表の長谷川慎スクラムコーチは必ず、試合の前日、試合会場の芝の状態を確認することにしている。通常は試合前日には本会場でキャプテンズ・ランがある。そこで、日本代表は本気のスクラムを組み、芝の感触を確かめる。

だが、試合前日の12日は当初、日産スタジアムではイングランド対フランスが予定されていた。ラグビーW杯のルールにより、試合日には他チームが練習することはできない。でも、慎さんはこう、言っていた。

「自分一人でも試合会場に行って、絶対に芝の状態を見る」

プロローグや第１章で触れた通り、スクラムを組むフォワードにとって、スパイクのポイント（スタッド＝突起）の長さは重要である。21ミリか、18ミリか、あるいは16ミリ、17ミリか。スクラムを組むだけなら長い方がいいが、長いとフィールドプレーの際、体力をより奪うことになる。長さは重要なのだ。

日本はスコットランド戦でいいスクラムを組んだ。試合後、慎さんは「うれしいですね」

と細い目をさらに細めた。

「いろんなことが報われました。（具智元が負傷交代しても）アサ（ヴァルアサエリ愛）もいいスクラムを組むので心配はなかったですね。スクラム？　見ての通り、みんな成長したんじゃないですか。いつも、待ったら負けと言っているんですけど、なんですかね、攻めるスクラムを組んでくれました。押されるのを待つよりも押しにいこうって。それでちょうどいい具合になるのです」

第4戦　○日本28（前半21−7 後半7−14）×●スコットランド21

２０１９年10月13日　横浜国際総合競技場

意地と誇りがぶつかったスクラムの因縁対決

日本の先発フロントローはアイルランド戦と同じく、１番（左プロップ）から稲垣啓太、２番（フッカー）が堀江翔太、３番（右プロップ）具智元だった。対するスコットランドは１番からアラン・デル（１８５センチ、１１２キロ）、２番フレーザー・ブラウン（１８２センチ、１１３キロ）、３番ウィレム・ネル（１８２センチ、１２０キロ）。レフリーはベン・オキーフ（ニュージーランド）が務めた。

先発フォワードの平均体重は日本の１０９キロに対し、スコットランドは１１４キロとなっていた。重い。大きい。スコットランドはアイルランドと同じく、スクラムにこだわってくる。稲垣が「スコットランドはまず、ペナルティーを狙ってくる」と説明した。

「マイボールの時、スクラムを15秒でも20秒でも押して（ペナルティーを）狙ってくるんで

■スターティングメンバー

	日本代表		スコットランド代表
1	稲垣啓太	1	アラン・デル
2	堀江翔太	2	フレーザー・ブラウン
3	具智元	3	ウィレム・ネル
4	トンプソンルーク	4	グラント・ギルクリスト
5	ジェームス・ムーア	5	ジョニー・グレイ
C 6	リーチマイケル	6	マグナス・ブラッドベリー
7	ピーター・ラブスカフニ	7	ジェーミー・リッチー
8	姫野和樹	8	ブレード・トムソン
9	流大	C 9	グレイグ・レイドロー
10	田村優	10	フィン・ラッセル
11	福岡堅樹	11	ダーシー・グレアム
12	中村亮土	12	サム・ジョンソン
13	ラファエレティモシー	13	クリス・ハリス
14	松島幸太朗	14	トミー・シーモア
15	ウィリアム・トゥポウ	15	スチュアート・ホッグ

■リザーブメンバー

16	坂手淳史	16	スチュアート・マキナリー
17	中島イシレリ	17	ゴードン・リード
18	ヴァルアサエリ愛	18	ザンダー・フェーガーソン
19	ヘルウヴェ	19	スコット・カミングズ
20	ツイヘンドリック	20	ライアン・ウィルソン
21	田中史朗	21	ジョージ・ホーン
22	松田力也	22	ピート・ホーン
23	山中亮平	23	ブレア・キングホーン

す。だからアイソメトリック（静止したまま身体各部に力を入れたり緩めたりすること）を意識しました。力を入れ続けて、抜かないで……。そう、お互い、ずっと力をかけ合っている感じでした」

でも、相手の押しを耐えるために力を入れていたら、おそらく押すマインドにはならないだろう。

「それはそうです。我々は耐えるためにスクラムを組んでいるわけじゃないですよ。やっぱり、相手にプレッシャーをかけて（相手）ボールを奪いたいのです。そういうマインドに変えて4年間やってきたわけですから、押すためにプレッシャーをかけ続けました。押す。ひとつのチャンスをつくり出すために、ずっとプレッシャーをかけ続ける。ほんと、そのきっかけは一瞬なんですよ。そのきっかけを誘ってくる選手もいます。1番、3番ってそんなものです」

この試合、スクラムは全部で14本、組まれた。前半が8本、後半6本。前半は互いに押し込んでコラプシングの反則をもらった。「ガチンコ勝負」。意地と意地、誇りと誇りがぶつかる。FW8人の力は拮抗していた。そう見えた。

ファースト・スクラムは相手に先制トライを許したあとの前半8分だった。位置がスコットランド陣の22メートルラインと10メートルラインの間あたりの真ん中だった。日本ボール。しっかり組んで、ボールを出せば、右にも左にも攻撃できる絶好の位置だった。

坂田正彰さんも「チャンスですね」と説明した。「でもね、この段階で、おそらく日本はボロボロになっていますよ。元気そうに見えるけど、いろんな不具合が出てきているんですよ」

日本のFWが結束して構え、伝統の濃紺ジャージの塊にヒットした。どんとぶつかる。稲垣のサイドからスクラムが崩れ落ちた。パソコンの動画を見ながら、坂田さんが「よくないスクラムですね」とつぶやく。

「落ちていることじゃなく、日本の力が定まっていないんです。落ちる、落ちないは結果です。（3番の）具智元もからだが上下に動いています。相手をつかみきれていない印象です。相撲でいうと、自分の上手をがちっと組んでヨシっていうのじゃなく、一生懸命に探り合っている感じなんです。相手のまわしをつかめてないというか、自分の型にはまりきれていない。1番（稲垣）がついていけてないから、ぽとっと落ちた。その時、ボールを出させてしまったのです」

具智元の号泣

実は、具智元はサモア戦で右ワキ腹を痛め、ケガを押して出場していた。試合前に痛み止めのクスリを飲んでピッチに立ったが、最初のボールキャリーでその患部を強打してしまった。激痛が走った。ファースト・スクラムはなんとか我慢して組んだ。

その4分後の2本目のスクラム。位置が、1本目のそれとほぼ同じところだった。ただボールはスコットランド。どんと組んだ。タイミングが合わずに静止できず、組み直しとなった。濃紺ジャージのスコットランドの強烈なプッシュにたまらず、具智元はどんと落ちた。なおも相手が押し続けた。

具智元の述懐。

「この（スクラムが）落ちた時、ワキ腹が完全にずれる音がしたんです。骨がイヤな感じでした。落ちたあと、相手（の1番）がずっと足をかいてきて、もうボキッと骨の折れる音がした。もう息をするのも苦しかった。でも、肋軟骨だから、まだ無理をすれば、できると思って」

その後、具智元はブレイクし、右ワキ腹を左手で押さえつけながら、走った。ボールがくれば、持って前に出た。プレーが止まる。具智元は右ひざをピッチにつけて、激痛で顔をゆがめた。仰向けに寝転んだ。トレーナーの治療を受ける。立ち上がった。

その後、ＳＯ田村優がペナルティー・ゴールを外す。日本ボールのラインアウト。具智元はよろめきながらも、走り続けた。前半17分。フォワードとバックス、一体となった攻めでスコットランドの堅いディフェンスをこじあけ、左ライン際を好走したウイング福岡堅樹のオフロードパスをもらったウイング松島幸太朗が左中間に躍り込んだ。

ＳＯ田村優がゴールキックを蹴り込み、7－7の同点に追いついた。ただ歓喜の日本の輪にあって、具智元は眉根を寄せたままだった。その次のワンプレーのあと、日本陣の22メートルラインと10メートルラインの間でのスクラムとなった。具智元がバインドをしてスクラムの構えをした時、隣のフッカー堀江が組むのを止めた。具智元に向かって、首を振る。

「もうダメだろう」と。

レフリーも具智元のアクシデントに気づき、右手を上げる。ドクターを呼んだ。時間が止まる。具智元が右ワキ腹を押さえながら、ピッチの外にゆっくりと歩いていく。呼吸をするのも苦しそうだった。ドクターと話し、再び、スクラムのポイントに戻っていった。まだ、プレーを続行する。続けたい。そういった仕草だった。

でも、レフリーは選手交代を告げた。スタッフサイドから「交代」のアクションが出ていた。プレーを続行するつもりだった具智元は左手で右ワキ腹を押さえながら、入ってきたヴァルアサエリ愛の左肩に頭を押しつけた。負傷退場。具智元は悔しくて、泣いていた。

具智元が思い出す。

「高校生の時から、この大会（W杯）に出たいというので、ずっと一生懸命練習してきた。準備をしてきました。でも、あの時、結構早い時間で交代することになって、チームに迷惑をかけてしまったんです。もう、試合には出られないと思うと、悔しくて、悔しくて」

具智元、夢実現

余談ながら。

ラグビーW杯後の11月某日。鈴鹿サーキット場そばのＨｏｎｄａアクティブランド（三重県鈴鹿市）のＨｏｎｄａラグビー部のクラブハウスで具智元にインタビューした。

具智元は１９９４年７月、韓国のソウルで生まれた。父は元韓国代表で、「アジア最強のプロップ」と評された具東春さん。智元は小学６年生の時、２歳年上の兄・智充《ジュン》と共にラグビーをはじめた。

具智元はその年、兄とニュージーランドに留学し、ウェリントンカレッジで楕円球を追った。その後、両親もウェリントンに移り住んだ。日本の「Ｈｏｎｄａ　Ｈｅａｔ」でプレー経験を持つ父は、２００８年に日本への移住を決断した。具智元が中学２年生の時は三重県鈴鹿市で、中学３年生の時には大分県佐伯市で一緒にラグビーに打ち込んだ。中学時代、スクラムは高校生と組んでいた。

具智元は中学を卒業すると、兄も通う佐伯市の日本文理大学付属高校に進学した。その頃、父は仕事で韓国と日本を行き来していたが、大分に戻ると必ず、近くの公園や学校でスクラムを指導してくれた。

具智元の記憶は「父の〝低さ〟へのこだわり」だった。父から、スクラムは低い姿勢で組むことの重要性を学んだ。具智元は、スクラムのポーズをとりながら説明する。

「お父さんとスクラムを初めて組んだのは高校１年です。その時のことは、すごく記憶に残っています。僕が３番とします。普通の１番はこのあたり（頭より遠い肩付近）を狙ってきますけど、おとうさんは、このへん（頭の側面）に、急角度で当たってきました。浅く組んだことをすごく覚えています。負けてしまいました」

浅く組むとは、トイメンの頭と肩、胸のところに深く組み込まないということだろう。その場合、首と肩、胸の締め付けとテクニックが、より必要になる。よき1番はそう組む。

父譲りの素材は文句なしだ。身長１８４センチ、体重１２２キロ。スクワットが２５０キロ。モットーが「一生懸命」。具智元は「いっつも、がんばることを心がけています」と真剣な眼差しで口を開く。

「僕は中学時代から、そんなにいい選手ではなかった。おとうさんに言われた。努力が大事だって。努力したら、あとで数倍になって、自分に返ってくるからって。ほかの人よりきついことをすれば、あとで倍になって返ってくる、そう信じています」

スーパーラグビーのサンウルブズ初年、拓大3年の時、スクラムの強さを買われてメンバーに選ばれた。代表の長谷川慎スクラムコーチの思いやりのある指導を受けて、どんどん強くなった。

具智元は「シンさんはほんとうにやさしいです」と人懐っこい笑顔を浮かべる。

「2年目のサンウルブズの時です。シーズン中から長いケガで苦しんだ年です。最後にやっと、試合に出ることができました。その日、シンさんにご飯に連れていってもらいました。〝これから、がんばって、どんどん代表チームに選ばれていこう〟って言われた。今でも、すごくいい思い出です。もう、涙が出そうになりました」

むろん、W杯での充実したスクラムは、ハードワークの成果でもあった。どんな大会でしたか？　と問えば、具智元は言葉に実感を込めた。

「ワールドカップのため、頑張って準備してきました。とくにこの1年間はすごく、きつくて、きつくて、大変だったんですけど、〝がんばって、よかったなあ〟って思います。達成感のある大会でした」

そう言うと、具は顔をくしゃくしゃにした。

「この喜びを味わえるのなら、もう1回、きつい合宿をやってもいいです」

代わったヴァルアサエリ愛のスクラム・プッシュ

話を、日本対スコットランド戦に戻す。

具智元が退場した前半21分、ヴァルアサエリ愛が3番に入った。フロントローは1番（左プロップ）稲垣、2番（フッカー）堀江、そして3番（右プロップ）愛と並んだ。スコット

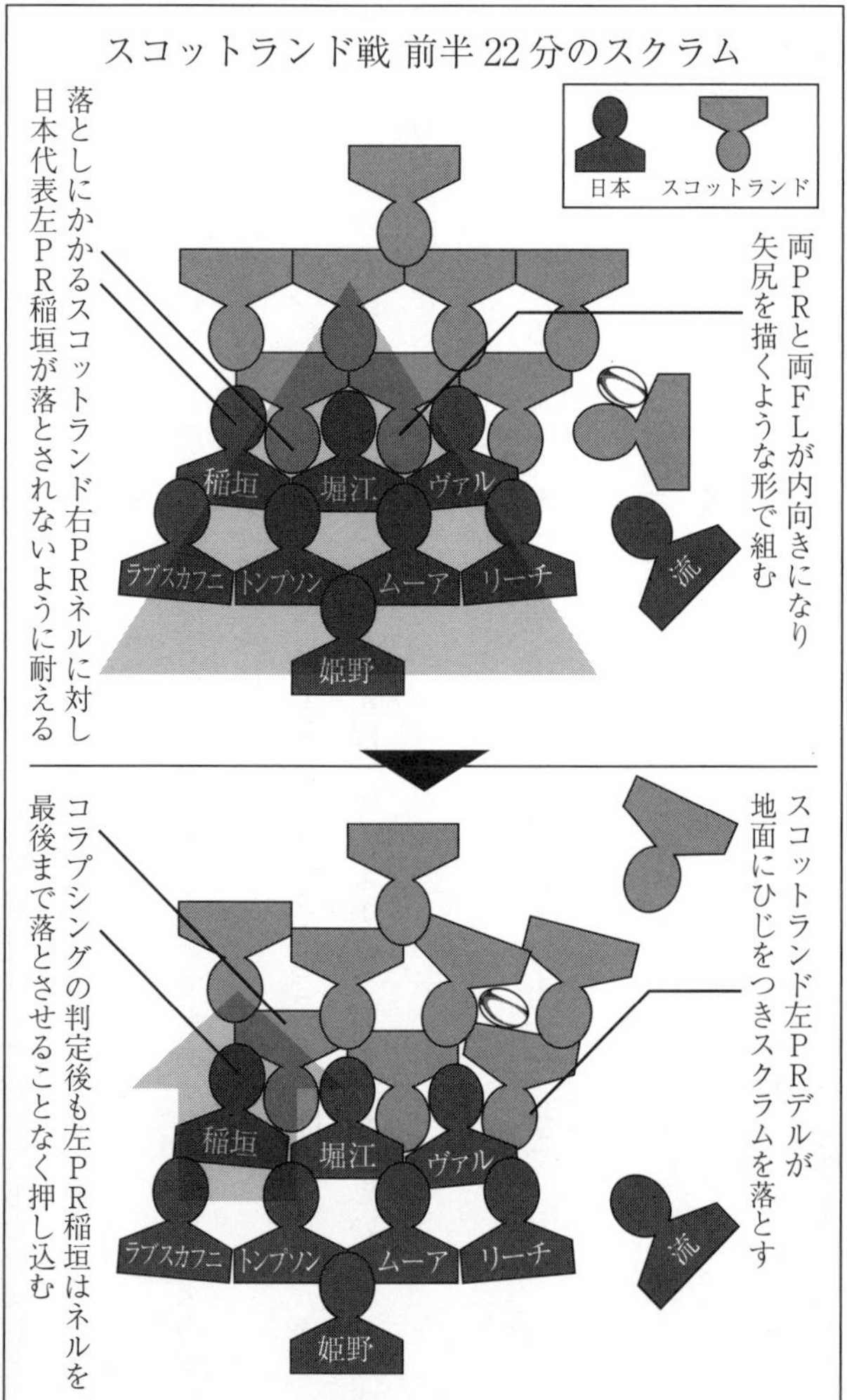
スコットランド戦 前半22分のスクラム
日本
スコットランド
落としにかかるスコットランド右PRネルに対し
日本代表左PR稲垣が落とされないように耐える
両PRと両FLが内向きになり
矢尻を描くような形で組む
稲垣
堀江
ヴァル
ラブスカフニ
トンプソン
ムーア
リーチ
姫野
流
コラプシングの判定後も左PR稲垣はネルを
最後まで落とさせることなく押し込む
スコットランド左PRデルが
地面にひじをつきスクラムを落とす
稲垣
堀江
ヴァル
ラブスカフニ
トンプソン
ムーア
リーチ
姫野
流

ランドボールのスクラム。具智元の分まで、日本のＦＷは組んだ。崩れる。位置を横にずらしての組み直しのスクラムだった。

日本はヒット勝負で優位に立った。組み勝った。両チームのＦＷの力が拮抗する。が、日本が前に出た。どんと日本の３番のヴァルアサエリ愛が落ちた。でも、構わず、前に出た。１番の稲垣、２番の堀江がそろって、前に出ていった。

レフリーが笛を吹く。日本が相手のコラプシングをもぎ取った。坂田さんはスクラムの映像を見ながら、「ああ、これはいい」と漏らした。

「それまでのスクラムは全然、定まっていなかった。これはバチっと定まっているから、組める態勢になっていたんでしょう。どっちが（スクラムを）落としたというのは結果論です。そういう安定したスクラムを組めているから、日本は崩れなかった。足のバタつきもなかった。いいスクラムの時は自然とぽんと前に出られるもんなんです」

このスクラムのポイントは３番の具智元の交代に思い切って踏み切ったことだろう。元気なヴァルアサエリ愛だから、日本は結束して、組み勝つことができた。

後日、稲垣にもこのシーンの映像を一緒に見てもらった。「ここはひとつ、（日本が）ペナルティーをもらった要因があるんです」と話し出した。

「よく、見てください。相手の1番の選手（アラン・デル）がひじを芝についているんです。でも、まあ、このあと、崩れて、〃はい、終わりました〃だったら、おそらく、そのまま（スコットランドに）ボールを出されてプレーは流されたか、組み直しになったんです。でも、日本代表のマインドがひとつ、変わった部分があった。スクラムが崩れても、（うしろのバックファイブ）が押し込むことを止めなくなったんです」

　だから、はた目には日本が押し込んでいるような印象が残った。

「そうです。スクラムの崩れ方という部分でもレフリーの印象が変わるんです。スクラムが落ちました。そこで、ちょっと前に出ている方が優位に見られるんです。止まらなかった。そのイメージって大事なんです。落ちてもプレッシャーをかけることを止めなくなったというのが、日本代表全員のマインドが変わったという表れじゃないですかね」

稲垣の日本代表初トライ

　スクラムがよければ、フィールドプレーにもリズムが生まれるものだ。前半25分、プロップ稲垣が日本代表初のトライをマークした。ＦＷとバックスが一体となった。

　ウイング福岡が相手のパントキックをジャンプ一番、ナイスキャッチ。カウンター攻撃に移る。右に左にスピーディーにつないでいく。フランカーのリーチマイケル主将が左ライン際を爆走する。ウイング松島が相手をはじき飛ばして大幅ゲイン。さらにつないで、11フェーズ（局面）目だった。

ラックからＳＨ流大が左に回す。ＳＯ田村優からフッカー堀江へ。堀江が小さなステップを踏みながら半回転、タックルを受けながら右のロックのジェームス・ムーアにオフロードパスを繰り出す。ムーアもタックルを受けながら、ＦＢウィリアム・トゥポウへ。トゥポウもステップで相手をかわし、タックルを受けながら両手で左にフォローしたプロップ稲垣にボールを出した。

稲垣が両手でボールを大事そうに抱えるようにして、ど真ん中にくるりと転がり込んだ。トライだ。スタンドの歓喜の爆発。ピッチ外の控え選手が飛び跳ね、ガッツポーズをつくっている。ゴールドに髪を染めた中島イシレリが大きくぴょんぴょん、ジャンプした。

当の〝笑わない男〟、稲垣の顔はさほど崩れない。チームメイトから頭をなでられながらも、淡々とボールをＳＯ田村優に渡した。

その田村がゴールキックを確実に蹴り込み、14－7とリードした。試合後、稲垣はテレビインタビューに、こう答えた。

「代表に入って、７年間で初めてトライしたんですけど、あの、みんながつないでくれて……。トライをするのはこんな気分なんだなって。一番いい舞台で、一番いいトライをさせてもらいました」

セーム・ページ（同じ絵）を見る

もう止まらない。「Ｓａｍｅ Ｐａｇｅ（セーム・ページ）」。ジョセフＨＣが３年間、繰り返してきた言葉である。チーム全員で同じ絵を見る。一糸乱れぬ一連の動きが、同じトライシーンを共有する。１人が動けば、周りが瞬時に反応する。ハードワークを積み重ねてきたからこそ、それがチームで実践できるようになった。

前半終了間際、日本代表はまたも「セーム・ページ」を見て、互いに連動し、スコットランドのディフェンスをほんろうし、最後はＣＴＢラファエレティモシーの意表を突くゴロキックに反応し、ＷＴＢ福岡がボールを右手でとると、イッキにダッシュしてインゴールに飛び込んだ。この試合、３トライ目だ。

日本代表の運動量たるや。日本の前半のボール支配率は実に74％を占めた。スコットランドに攻撃の余地を与えなかった。前半、日本が21－7と大きくリードした。

光り輝く福岡堅樹の快走

福岡の快走は後半も光を放った。

後半の開始直後のボーナスポイントとなる日本４つ目のトライだった。ラファエレがスコットランド選手をつぶしにいく。粘る相手が抱えるボールを右手で強引にはぎとり、ぽーんとはじいた。

ノックオン。そう見えた瞬間、福岡はなんと地面ぎりぎりでボールを両手でつかみ、約40メートルを走り切った。執念だった。試合後、福岡は「ティモシー選手がいい形でプレッシャーをかけて前でつぶしてくれたので」と振り返った。

「低いボールはもともと得意なので。あれは大丈夫でした。案外、ふつうにとれました。(相手が) 内にいる気配は感じていましたが、スピードで振り切れるなという手応えがあって……。興奮しました」

はた目には偶然に見えるプレーだが、実は練習のたまものである。タックルを受けたあとの内側へのパスも、相手の上のボールをもぎとる練習も、宮崎合宿で何度もやってきた。それが大一番で生きたのだ。福岡は短い言葉に充実感を漂わす。

「準備です。どれだけ準備してきたのかが出たのだと思います」

地味な福岡のビッグ・プレー

スコットランドは伝統国の意地をかけて、猛反撃を仕掛けてきた。2つ、トライを返された。スクラムでコラプシングの反則も奪われた。ラスト25分。日本はピンチの連続だった。でも、日本代表はみんな、からだを張った。踏ん張った。

点差は7点。死闘の様相を呈していた。リーチマイケル主将が猛タックルで左肩を痛めて、グラウンドに倒れる。顔を痛みでゆがめる。4年前のラグビーW杯では、残り25分から4トライをスコットランドに奪われた。伝統チームの粘り強さには定評がある。

試合の流れがスコットランドに傾く。イヤな空気が流れ出した。だが、満員スタンドの「ニッポン・コール」が日本の選手の背を押す。後半28分だった。福岡のビッグ・プレーが飛び出した。

マイボールのラインアウトのボールをターンオーバーされ、スコットランドに右ラインに回された。日本のライン・ディフェンスが1人足りない。ピンチだ。ウイングに大きく展開されようとした時、これに鋭く反応した福岡が猛然とダッシュし、身を挺して、パスされたボールに飛びついた。相手と交錯しながらのボール奪取、インターセプトだ。もしも相手にパスをつながれていたら、トライにつなげられたかもしれない。

　この地味なビッグ・プレーで、日本は勢いを取り戻した。福岡は後日、短く言った。

「死ぬ覚悟だった」

　終了直前のスコットランドの猛攻中、ブレイクダウンで相手からボールを奪うジャッカルを成功させたのも福岡だった。

「昔からジャッカルは好きでよくやっていましたから。僕はスピードだけじゃない。やはりワークレート（仕事量）だったり、ボールを積極的にもらいにいくところだったり、そういうところもアップしてきました」

「ニッポン、ニッポン」の連呼。満員スタンドの大歓声が渦巻く中、日本の韋駄天《いだてん》はノーサイドの瞬間、一人、ピッチ上に突っ伏した。声を張り上げた。

「ほんとうに（すべてを）出し切った。ほんとうにやり切った。ほんとうに日本ラグビーの歴史を変えられた。そんな気持ちです」

　ボールを持っての走行距離は両チーム断トツの１１６メートルをマークした。試合の「プレーヤー・オブ・ザ・マッチ」だけでなく、チーム内ＭＶＰにも選ばれた。ミックスゾーンには、このチーム内MVPに渡される赤い刀（レプリカ）を右手に持って現れた。チームメイトの信頼を得た証だ。ちょっぴり誇らしげだった。

「チームみんながからだを張ってくれた中で、そういう風（チーム内MVP）に認められるのはさらにうれしいです」

これで福岡は今大会4トライ。もう1人の快足ウイング松島幸太朗が計5トライで一歩先を行く。海外のチームから付けられた「ダブル・フェラーリ」の愛称。その1人、松島が冗談口調で言った。

「今まで休んでいたので、ケンキ（福岡）はすごく調子いいなというのはありますね。ケンキも（トライ王を）十分狙える位置にいます。力もあるので、すごくいい刺激になっています」

文武両道

この大会は福岡のラグビー人生の集大成と見てもいい。努力が運を呼び寄せてきた。5歳の時、福岡県下のラグビージュニアスクールに入り、福岡県立福岡高校の時には全国大会に出場した。大学の医学部を目指すも失敗し、一浪のあと、筑波大に進学した。

高校時代、両ひざのじん帯を負傷したが、一浪したことがラグビー選手としては幸いした。両ひざが完治し、ラグビーへの純粋な情熱が強まったのである。２０１３年春、20歳で日本代表に抜てきされると、瞬発力と強じんな足腰を生かして、トライをとりまくった。

その年の秋の欧州遠征のスコットランド戦では、この日と同じく2トライをマークした。衝撃を与えた。だが、２０１５年のラグビーW杯。唯一出場したスコットランド戦で大敗を喫した。挫折だった。いやよき経験だった。

２０１５年のラグビーW杯のことを聞けば、福岡は「ここで勝つための糧だった」としみじみと漏らした。

「4年前があったから、こういう結果になったのかなと思います。チームとしては、（南アフリカの番狂わせなど3勝で）世界で戦えるんだという勝つ文化を根付かせてくれました。あの時の自信が大きくなって、この勝利につながったのです」

50メートルを5秒台で走る。高校時代、ステップを切ったら、あまりにスピードがあったため、スパイクの中の足の裏の皮がはげたという逸話もある。素材を生かすため、からだを鍛え、走るフォームを改善したりもしてきた。ビデオで自身のプレーを必ず確認し、観察眼、状況判断も磨いてきた。

真面目な男だ。「才能」に加え、努力を継続する能力がある。試合翌日の朝、高校時代のラグビー部監督で、日本ラグビー協会の森重隆会長は教え子の爆発に「すごかね」と博多弁で声をはずませた。

「やっとで１００％フルで走れたね。ケンキ（福岡）はずっと頑張ってきたもの。瞬発力は昔から、すごかよ。メンタル面が変わったね。性格はマジメ、マジメ」

森会長の記憶には忘れられないシーンがある。福岡が高校３年の時の菅平合宿。合宿最後の日の、全員での記念撮影の際、ひざを故障して練習できなかったエースは一人、悔しくて泣いていた。悔しさをバネにするのが福岡の人生なのだろう。

スタジアムで観戦した森会長は福岡たち日本代表に感謝した。「日本のラグビーが変わった瞬間じゃないの」

福岡は己の人生を真摯に生きる。医者だった祖父、父の影響から、自分も将来、医師になることを目指している。２０２０年の東京オリンピック（７人制）が終わったらラグビーを辞め、医学の道に入るつもりだ。だから、ラグビーW杯は最後となる。福岡は打ち明ける。

「これ（W杯）がなかったら、もうラグビー、やめていました。僕は後悔をしたくない。ラグビーをやり切った時、笑顔ができるようなプレーをしたいのです」

ついでにいえば、趣味はピアノで、試合の最中、頭の中でベートーベンの曲が流れることもあると口にしたことがある。モットーが、故スティーブ・ジョブズ氏の「Stay Hungry, Stay Foolish（ハングリーであれ、愚か者であれ）」である。愚直な努力を続け、日本ラグビーの新たな扉を開く一翼を担った。

特別な試合だった。大型台風が通り過ぎた横浜での試合だった。試合ができるかどうかはこの日朝までわからなかった。試合前には黙とうがささげられた。福岡は感謝した。

「ここで試合をするためにたくさんの人がいろんなところで（作業を）してくれました。そういった方々にお礼を言いたい。そして、（台風の犠牲者を）悼み、日本の力に少しでもなりたいと思ってプレーしました」

W杯前に右ふくらはぎを痛めるなど、瞬発力がありすぎるゆえにけがに泣かされてきた。ようやく復調し、今大会初めて先発としてピッチに立った。まさにライオンのごとき「獅子奮迅」の活躍で2トライを挙げ、日本代表の歴史的勝利に貢献した。

犠牲者への追悼

大型台風の直撃により釜石会場などで計3試合が中止となった。むろん、安全第一、犠牲者への追悼、被災者への配慮が一番だ。そういった中、日本代表はスコットランドに挑み、勝ち切った。だから、より価値がある。

団結。チームメイトを信じ、ゲームプランを信じ、己を信じ、結束する。４大会連続でＷ杯に出場し、スコットランド戦で、日本では単独最多となるＷ杯通算13試合目の出場を果たしたトンプソンルークは「ワンチーム」に心を震わせる。関西弁で続けた。

「僕はもう、おじいちゃん、38歳（当時）だから、決勝トーナメント進出、めちゃめちゃうれしい。めちゃ、ひとつになった。でも、台風に比べれば、ラグビーはちっちゃいこと。亡くなられた人、家にダメージを受けた人、苦労されている人、みなさん、がんばってください。僕たちもがんばります」

志がチームの力になる。プロップ稲垣もしかり、である。稲垣はＮＨＫのインタビューで、こう語っている。

「ほとんどの観客のみなさんがスタジアムに残ってくれていて、勝利をチームだけでなく、スタジアムにいるすべての人が祝ってくれました。あの瞬間は、あそこにいたすべての人が〝ワンチーム〟という文化に触れて、つながったんじゃないでしょうか」

準々決勝　●日本3（前半3－5　後半0－21）×○南アフリカ26

２０１９年10月20日　東京スタジアム

長谷川慎スクラムコーチ「自信はある」

日本代表は１次リーグを４戦全勝の勝ち点19の堂々１位で通過し、決勝トーナメントに進出した。準々決勝では、前回の２０１５年ラグビーワールドカップ（W杯）で金星を挙げた南アフリカと対峙することになった。

その決戦を４日後に控えた２０１９年10月16日、東京都内での練習後、長谷川慎スクラムコーチの記者会見があった。海外メディアを含め、ざっと１００人のメディアが集まった。日本の躍進の原動力のスクラムに関する海外メディアからの関心も高まっている証左だろう。

南アにはラグビーW杯前の壮行試合（９月６日・埼玉・熊谷ラグビー場）で７－41と敗れていた。海外メディアから日本のスクラムの強さの秘密を聞かれると、「きめ細やかさです。こうなったら、ああする、というのが全部あります」と答えた。

――南ア戦、スクラムは。

「南アは世界でも1、2位を争う強いスクラムを組みます。でも、あの時（9月6日の壮行試合）にはしっかり組めた自信があります。でも、ワールドカップでは、チームが全部、変わってきます。前の試合のことは忘れて、今大会の南アを分析して、対策を立てたいと思います」

――ジェイミー・ジョセフHCは、「フォワードが成長した」と言っていますが。

「そう言ってもらえるのはありがたい。ただ、全部の試合を通じで、満足しているわけじゃありません。80分間、ちゃんとできないと、南アには勝てません。いいスクラムを80分間組んで、もう1回、ジョセフヘッドコーチにそう言ってもらえるよう、がんばりたい」

――ノンメンバーのプロップについては。

「しっかり対策を立てて、その（相手チームの）役割を果たしてくれています。木津（悠輔）、北出（卓也）、徳永（祥尭）、こういうスクラムを組んでほしいと頼んだら、そういったスクラムを組んでくれる。これに対応できた試合メンバーの自信が大きい。ノンメンバーはチームに自信を与えてくれます」

――南ア戦の10月20日は、日本ラグビーに貢献した平尾誠二さん（２０１６年死去）のご命日です。

「もう平尾さんの話になると感傷的になってしまう。私（１９９９年Ｗ杯、２００３年Ｗ杯日本代表）を代表に選び、試合に出してくれたのが平尾さん。土田（雅人）さん（同志社大時代は平尾さんと一緒に大学選手権連覇に貢献。１９９９年Ｗ杯では日本代表の平尾監督の下、ＦＷコーチを務める。日本ラグビー協会理事）との関係を見て、僕もワールドカップのコーチになりたいと思った。特別なご命日にワールドカップの特別な試合がある。しっかり平尾さんに恩返しができるよう、がんばりたい」

――平尾さんとの思い出は。

「ワールドカップの開幕戦の前の日、ホテルの部屋に平尾さんからの手紙があった。僕の性格、それまでやってきたことに対して、励みになることが書いてあった。この人のためにがんばらないといけないと思った。試合に向けて、いいモチベーションをつくっていただいた。しっかり、僕のことを見ていてくれているなと思ったものです」

――仮想南アのスクラムは組めているのか。

「細かいところまでは難しいが、映像を見せて、（ノンメンバーには）組む前の足の動き、高さなど大事なところをマネしてもらっています。本当は自分たちの力をアピールしたい中、チームのため、（仮想南アを）やってくれて感謝しています」

――壮行試合では、スクラムを起点としてトライを失いましたが。

「やろうとしていることができないとそうなります。満足できる80分間ではなかった。そういうミスをなくして、相手にスキを見せないスクラムを組んでいきたい。できるだけ、ミスの少ないスクラムを組みたい」

――スクラムについて、ジェイミー（ジョセフHC）との役割分担は。

「僕は自分の考えをどれだけ（ジョセフHCに）伝えられるかを大事にしている。練習中のスクラムでジェイミーが口を出すことはない。その中で選手には自主性が芽生えてきている。僕がアドバイスを送れば、選手たちがそれについて話し合っています」

――スクラムリーダーの稲垣選手について。

「自分の仕事をしっかりできて、その上でチームを引っ張ってくれている。大事なことをチームにリマインドできる選手です。そういう選手が稲垣、堀江。週の初めに何を考えているのかを話すのが稲垣の役割です。1週間、ずっとやってくれる。僕の現役の時にあの（稲垣の）頭脳があったらと思います」

稲垣「スクラムの精度をどこまで上げられるか」

日本代表は壮行試合で南アに完敗していた。トライ数が１本対６本。そのうち２本を、スクラムを起点とし、南アにとられた。１本は相手ボールのスクラムの時、日本がコラプシングの反則によるアドバンテージをとられたあとだった。

南アの準々決勝のＦＷの先発メンバーは、壮行試合から３人を入れ替えてきた。公式プログラムによると、平均身長が１９２センチ（日本は１８８センチ）、平均体重は１１６キロ（同１０９キロ）。とくに両ロックは２００センチ台と高くて重い。ラインアウトの安定感は抜群で、その後のラインアウトモールで押し込んでいくのが得意パターンだ。

しかも南アはリザーブに８人中６人、ＦＷ選手を並べてきた。ＦＷ中心で戦うという意思表示だった。

この強力ＦＷにどう対抗するのか。試合前、フッカーの堀江翔太は「（ＦＷの）８人全員が同じ方向を向けるかどうか」と言った。堀江はW杯前の南アとの壮行試合には出場していなかった。

「スクラム、ラインアウト、モールと、（南アは）どれも強いと思う。僕たちは、しっかりとしたプランを持って、そのプラン通りにやらなあかん。スクラムに関しては、一人でも力を抜いてしまうとやられてしまう。ラインアウトも、（マイボールは）頭を使って、捕るところを選ばないといけない」

稲垣は、こうだ。

「南アは1番がこう、上がってくるのが特徴ですよね。まずは、（相手の）1番をしっかり抑え込むために、日本の3番を助けてあげることが大事になります。その精度をどこまで上げられるか。細かいことを言えば、（レフリーのコールの）クラウチ、バインドで、もうロックの足が上がってくるじゃないですか。その上がってくる時に、（スパイクの）ポイント（スタッド＝突起）を芝にかませているのか、かませていないのか、です。それだけで、僕のおしりとロックの肩のコネクションがずれるんです」

国歌斉唱、流大の涙

これぞ、リアル・テストマッチ（国別代表戦）だった。負けたら終わりの決勝トーナメント。4年前の1次リーグの対戦とは違った。ラグビーW杯で、初めて8強に進んだ日本代表が、「本気」の南アフリカに挑んだ。

キックオフ直前、台風の犠牲者に対し、黙とうがささげられ、満員の4万8831人で埋まったスタンドを静寂がつつむ。国歌斉唱。「君が代」を歌う際、フッカー堀江、左プロップ稲垣は目をつぶり、右プロップ具智元は目を真っ赤にしていた。スクラムハーフの流大は泣いていた。

テレビのライブ中継でも流大の顔はアップで映っていた。11月某日。国歌斉唱の涙のワケを聞けば、流大は「とくに何も考えていませんでした」と苦笑した。

「試合が終わった直後、聞かれた時には、〝いろんなことを思い出して〟と言ったんですけど、ほんと何も考えてなくて……。なんかその、雰囲気とかは思い出せませんが、精神状態としてはよくないですね。冷静にならないといけないポジションですから」

試合後、松島からは「ファン受け狙っただろう」といじられた。流大は笑い飛ばした。

「あの状況で、そんなことできたら、僕、俳優になっていますよね」

W杯開幕からちょうど1カ月が経っていた。ゲームプランの基本はこれまで同様、的確なキックを絡めた素早いパスラグビーだった。SH流大が説明した。

「相手を背走させて、空中でコリージョン（衝突）を起こして、カオス（混とん）をつくる

■スターティングメンバー

	日本代表		南アフリカ代表
1	稲垣啓太	1	テンダイ・ムタワリラ
2	堀江翔太	2	ムボンゲニ・ムボナンビ
3	具智元	3	フランス・マルヘルベ
4	トンプソンルーク	4	エベン・エツベス
5	ジェームス・ムーア	5	ルード・デヤハー
C 6	リーチマイケル	C 6	シヤ・コリシ
7	ピーター・ラブスカフニ	7	ピーターステフ・デュトイ
8	姫野和樹	8	ドゥエイン・フェルミューレン
9	流大	9	ファフ・デクラーク
10	田村優	10	ハンドレ・ポラード
11	福岡堅樹	11	マカゾレ・マピンピ
12	中村亮土	12	ダミアン・デアレンデ
13	ラファエレティモシー	13	ルカニョ・アム
14	松島幸太朗	14	チェスリン・コルビ
15	山中亮平	15	ウィリー・ルルー

■リザーブメンバー

	日本代表		南アフリカ代表
16	坂手淳史	16	マルコム・マークス
17	中島イシレリ	17	スティーブン・キッツォフ
18	ヴァルアサエリ愛	18	ビンセント・コッホ
19	ヴィンピー・ファンデルヴァルト	19	RG・スナイマン
20	アマナキ・レレイ・マフィ	20	フランコ・モスタート
21	田中史朗	21	フランソワ・ロー
22	松田力也	22	ハーシェル・ヤンチース
23	レメキロマノラヴァ	23	フランス・ステイン

つもりでした」

でも、とため息をついた。

「セットピースを含めて、本当に相手のプレッシャーがすごくて。これまで感じたことのないくらいの一番の強さでした」

日本の躍進を支えてきたのが、安定したスクラム、ラインアウトのセットピース、そして素早く組織立ったディフェンスだった。だが、デカくて、強い南アFWの威力は凄まじかった。肝心なセットピースでやられた。

レフリーのコールが聞こえなかったファースト・スクラム

日本の先発フロントローは1番（左プロップ）から稲垣、2番（フッカー）堀江、3番（右プロップ）具智元だった。具智元はスコットランド戦で肋軟骨を折っていたが、テーピングテープをからだにぐるぐるまいて強行出場していた。南アは、1番がテンダイ・ムタワリラ（117キロ）、2番ムボンゲニ・ムボナンビ（106キロ）、3番フランス・マルヘルベ（125キロ）。レフリーは、ウェイン・バーンズ（イングランド）が務めた。

ファースト・スクラムは前半3分だった。日本陣の22メートルラインのちょい外側の（南アから見た）左中間だった。南アボール。日本のピンチである。ヒット勝負で、日本の組み込みが遅れた。受けた。南アのウエイトをもらい、日本FWの8人のからだが少し下がる。3番の具智元サイドから、時計回りの右に回る格好で、ずるずると押し込まれた。

坂田正彰さんの解説。

「南アはうしろ5人（バックファイブ＝ロック、フランカー、ナンバー8）が重い。強いというより、重いんです。日本にとっては、カベと組んでいるような感じだったでしょう。ほら、南アの体重が前にのっています。全然、アイルランドとは違う。南アは一枚岩になっているんです。日本が耐えきれなくなって、回っているだけです」

単なる1本のスクラムながら、両チームの選手の精神面に与える影響は大きい。

「おそらく、疲労がたまった状態でのゲームの入りです。そこで、（日本は）どうしようもないプレッシャーを感じた。そこのメンタルが大きいのです」

日本はファースト・スクラムを押し込まれ、SHのファフ・デクラークに左のブラインドサイドを走られた。快速ウイングのマカゾレ・マピンピにパスが渡り、ウイングの位置に入っていた腰高のSO田村優がかわされた。バッキングアップしたFB山中亮平のタックルも届かず、マピンピに左隅に飛び込まれた。先制トライを許した。

実は、このスクラム。左プロップの稲垣も、右プロップの具智元もレフリーの指示のコールが大歓声で聞こえなかった、と振り返った。「クラウチ」「バインド」「セット」と続くが、具智元は試合後、言った。

「あの時、〝セット〟のコールがまったく聞こえなくて……。組み直しかと思ったら、そのまま（レフリーに）流されて……。相手のヒットスピードが速くて受けてしまいました」

ついでにいえば、大会後のインタビューで、「大会のワーストスクラムは？」と聞いた時、具智元はこのファースト・スクラムを挙げた。「押されて、ワンフェーズでトライにつなげられたから」と。

日本が南アからコラプシングを奪う

だが、日本はその後、からだを張って、前に出た。前半10分、南ア1番のムタワリラが危険なプレーでシンビン（10分間の一時的退場）となった。相手のＦＷは７人。日本が数的優位に立った。チャンスだ。前半18分。南ア陣の22メートルラインの外側の真ん中あたりのスクラムだった。相手ボール。

　南アはスクラムのため、左フランカーのシヤ・コリシ主将を、プロップの17番スティーブン・キッツォフに代えていた。キッツォフが左プロップの位置でスクラムを組んだ。最初、左フランカーの位置は誰もいなかった。

　相手より１人多い日本ＦＷは、このスクラムを押しにいった。一度、崩れた。組み直しの際、ナンバー８のドゥエイン・フェルミューレンが左フランカーの位置に上がった。

　こんどはフロントローがうまくヒットした。うしろのウエイトをもらった３番の具智元のまっすぐの上体が一度、沈む感じで前に出た。ぐいぐい押し込む。時計の針の反対回りにスクラムが回り、南アのＦＷが崩れた。コラプシングの反則をもらった。

　日本ＦＷの雄たけびが飛び交う。具智元は、ナンバー８の姫野和樹から祝福を受け、他のＦＷ選手から頭をたたかれた。よくやったぞ、と。ただ、具智元の顔は喜びというより、ホッとした安ど感を漂わせていた。

　坂田さんは「具智元は少し、きついなというのがあったんじゃないでしょうか」と言う。

南アフリカ戦 前半18分のスクラム

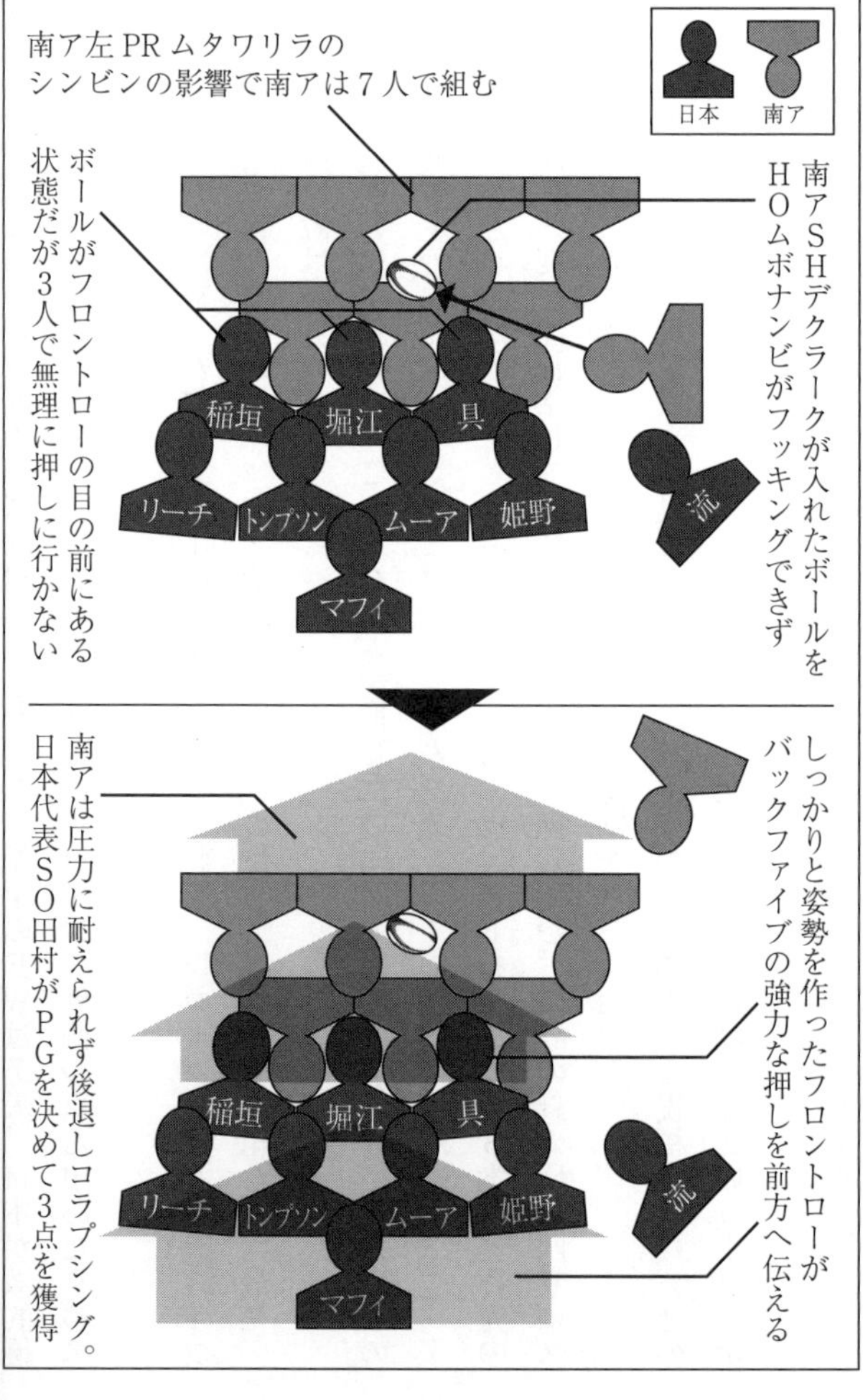

「相手がシンビンで1人少ないですけど、バックロー（フランカー、ナンバー8）も重いと思いますよ。6番と8番の力がそのまま、ずしんとくる。少しでも下がったら、ずるずるきます。このスクラム、日本が仕掛けたのもありますけど、相手フッカーがボールをうまくフッキングできていなかった。これで南ア的にはメンタルでマイナスになったでしょう」

その具智元の述懐。

「相手が7人だったからか、組んだ時、〝イケる〟という感覚があって、1歩ずつ、前に出たんです。押し勝った感じです。組んだあと、相手のウエイトが軽く感じたのです。やっぱり南アはスクラムが強いので、押したことは自信にもなります」

フッカーの堀江はこうだ。

「南アフリカのスクラムはわかりやすい。うしろのウエイトでまっすぐ押してくる。相手が1人少ないのはありますけど、相手の1番のケツが離れています。本当は〝グーくん〟（具智元）はもっと方向的にまっすぐにならないとダメなんです。でも押していく間に、あのアングルがついちゃった。（相手の）弱いところに入れたんですね」

SO田村がこのペナルティー・ゴールを確実に蹴り込み、3－5とした。その後、壮絶なフィジカル勝負が展開された。スタンドの大歓声の後押しを受け、日本は真っ向勝負を挑んだ。

日本FWは踏ん張った。チームのキーワードのひとつとなっている「ニンタイ」で我慢した。世界一といわれる南アのフィジカルに塊となって対抗した。だが、セットプレー、ブレイクダウン（タックル後のボール争奪戦）のダメージは、ボクシングでいうところのボディーブローのように足腰に蓄積されていったのだろう。FWの動きが鈍る。スクラムの足の位置や姿勢などディテールが崩れていく。前半は3－5のままのスコアで終わった。

日本、悪夢の3連続コラプシング

後半の1本目のスクラムは開始直後、日本陣の10メートルラインから少し、22メートルライン側に入ったところだった。日本から見たら、右中間。南アのボールだった。これを押され、日本の3番の具智元が後退する、1番の稲垣がたまらず落ちた。コラプシングの反則をとられた。アドバンテージが出たまま、南アは攻撃に転じた。

坂田さんの解説。

「スコア的には前半、なんとかしのいでがんばった感じなんです。このスクラム、南アはとくに何もしてない。（日本が）向こうのプレッシャーに耐え切れずにただ動いているだけですね」

日本はこのあと、後半8分、稲垣をベンチに下げ、中島イシレリを投入した。SO田村も、松田力也に交代した。体力の限界に来ていたのかもしれない、後半12分。ナンバー8姫野和樹も、アマナキ・レレイ・マフィに代わった。直後、トンプソンルークもヴィンピー・ファンデルヴァルトに交代した。

後半2つ目の日本ボールのスクラムも、3つ目の南アボールのスクラムも、日本は押し込まれ、コラプシングの反則をとられた。なんと3連続のコラプシングとは。

パソコンの動画を再生させながら、坂田さんが深いため息を漏らした。

「お互い、いいスクラムを組んでいるんです。最初は動いていない。でも、うしろのウエイトでしょうか。我慢比べで、耐えきれなくて、ちょっと下がったところで、（日本の）コラプシングになっただけです。日本は、（南アの）うしろ5人の重みをモロに感じながら組んでいたんじゃないでしょうか。まあ、メンバーがフレッシュな時だったら、全然違ったと思いますよ。疲れている時のセットプレーですから」

もう、日本は南アに対抗する力は残っていなかった。後半24分、右プロップの具智元がヴアルアサエリ愛と交代。同32分、フッカー堀江が坂手淳史と交代した。

日本はセットプレーで劣勢に回り、後半、南アに2トライを許した。3本のペナルティー・ゴールを蹴り込まれた。逆に1本のトライも奪うことができなかった。3－26。完敗だった。

稲垣は試合後、沈んだ声で振り返る。言葉には悔恨がにじんだ。

「後半のセットピースに対するディシプリン（規律）が勝敗を分けたのではないでしょうか。セットピースはもっともっと向上する必要があると感じます」

ラインアウトも南アは高くてうまくてパワフルだった。日本の成功率は13本中8本の62％にとどまった。加えて、ラインアウトからのモール。反則を避けるため、どうしても姿勢が高くなる。後半中盤。ずるずると40メートルほど、押し込まれ、結局はトライにつなげられた。

それにしても、南アは日本をよく分析し、対策を立ててきた。オフサイドまがいの早めのライン・ディフェンス、球出しのテンポを遅らせるためのレートタックル気味の寸断、展開阻止。あるいは内側の返しの短いパスにもちゃんと反応されていた。

結局、日本はノートライに終わった。束となった南アのディフェンスは、あたかもグリーンの分厚い壁だった。ジョセフＨＣは「ほんとうにフィジカルなゲームだったと思います」と声を落とした。

「(日本は)たくさんのチャンスをつくった。プレッシャーを相手にかけることができた。でも、それをもの(得点)にすることができなかった。相手のディフェンスがとても強かったと思います」

平尾誠二さんの命日に日本ラグビーの歴史を刻む

ノーサイド。ピッチに〝最後の円陣〟がつくられた。ジョセフＨＣ、スタッフも加わる。からだを張ったプロップ稲垣啓太が、若武者のナンバー8姫野和樹が、肋骨を痛めたＳＯ田村優が泣いていた。

　満員の観客で埋まったスタンドから温かい大歓声と拍手が降り注ぐ中、フランカーのリーチマイケル主将が円陣で声を絞り出した。こう言ったそうだ。

「下を向く必要はない。胸を張ろう。みんなを家族同様に思ってきた。もう試合ができなくなるのは寂しいけれど、このチームを、キャプテンとして誇りに思っている。ひとりひとりも、誇りに思うべきだ」

この日は、日本ラグビーの発展に貢献した〝ミスターラグビー〟平尾誠二さんの命日だった。台風による犠牲者への追悼もあってだろう、日本の選手たちは腕に喪章の黒いテープをつけて戦った。

試合後、FB山中亮平も泣いた。ひげの育毛剤でドーピング違反となり2年間の資格停止となった時、神戸製鋼を指揮していた平尾さんにラグビー人生を救われた。言葉に実感をこめる。

「平尾さんのところにも（試合が）届くと思って、思い切り、全力でぶつかりました。僕自身、すごく楽しんでできた。悔いはない。やり切りました」

ジェイミーHCも、平尾さんに寄せる思いは特別だった。1995年のラグビーW杯でニュージーランド代表オールブラックスとしてプレーしたのち、九州のサニックスに移籍した。その後、桜のジャージに袖を通した。日本代表の監督は平尾さんだった。1999年W杯では日本代表のナンバー8として、日本のために戦った。誇りだ。

一方、平尾さんと共にプレーし、その１９９９年Ｗ杯で代表選手だった村田亙さんもスタジアムで故人を偲んだ。日本ラグビーは、１９９５年Ｗ杯でのニュージーランド戦惨敗（17－１４５）を屈辱とし、「日本全体でやらなければ」と世界に本気で挑んだ。それが１９９９年Ｗ杯だった。

そのため、平尾さんは慣習を破り、元ニュージーランド（ＮＺ）代表のジョセフ氏（現ＨＣ）ら外国選手を６人も代表に選んだ。村田さんはレギュラー・ポジションをＷ杯直前、元ＮＺ代表のグレアム・バショップ氏に譲った。村田さんは試合前、こう口を開いた。

「世界で勝つため、日本代表の〝グローバル・スタンダード化〟をいち早く取り入れたのが平尾さんだった」

それから20年。外国出身選手は代表31人中15人に増えた。世界に伍していくためには、フィジカルの強い外国選手の起用は必然だろう。日本ラグビー協会の代表強化は進み、時間も労力も資金も投入するようになった。妥協を許さぬエディー・ジョーンズＨＣ（現イングランド代表ＨＣ）がチーム強化に努め、勝つ文化を日本代表に根付かせた。

その流れを引き継いだジョセフＨＣがさらに心身のタフさを求め、長期合宿でハードワーク（猛練習）を積んできた。「ＯＮＥ　ＴＥＡＭ」――ひとつとなった日本は１次リーグではアイルランド、スコットランドなどの強豪を破る4戦全勝で決勝トーナメントに初めてコマを進めたのだった。

平尾さんら多くの人々の努力、挑戦の積み重ねが初めての日本開催のW杯で結実した。新しい歴史をつくった。社会的なラグビーブームも巻き起こした。

4大会連続のW杯出場。試合後、代表引退を宣言した38歳（当時）の〝トモさん〟こと、ロックのトンプソンルークは笑いながら、「おじいちゃんロックはもう、絶対、（代表は）終わりや」と大阪弁で言った。

「今、ラグビーはすごいブームやね。日本のラグビーはレベルアップした。みんな、勝つ文化、わかった。僕、引退。若い選手、いっぱい、いるよ」

ジョセフHCはこう言った。

「収穫は、素晴らしい選手が日本にはいるのがわかったことだ。いいシステムを導入できれば、選手はどんどん成長することができるだろう」

堀江「達成感ある」、稲垣「悔しい大会」

スクラムも長谷川慎コーチの下、格段に進化した。最後の南ア戦では力尽きたが、そのデイテールのワザと結束はスペシャルだった。極上のスクラムだった。

師走某日。堀江はラグビーW杯を「達成感はありました」と総括した。

「やり残したことは、僕はほとんど、ないですね。ホッとしたのが大きいのかな。ベスト8を目指してやっていましたから。もちろん、ベスト8以上にいきたいという思いもありました。南アに勝てなかったのは悔しい部分ではありますけど」

スクラムに関しては。

「ああ、もう、最後、押された部分があって、まだまだやな、と思ったのが、率直な感想ですね。まだまだ。もうちょっと伸びシロがあるなって」

左プロップの稲垣は、「悔しい大会ですね」と総括した。

「時間が経てば経つほど、悔しくなってきたんですけど。この悔しさはほんと、消えることはないと思います。ベスト8で満足していたら、その先はその選手にとってないでしょう。ラグビー選手として、アスリートとして、満足はしてはいけないと思っています。僕は優勝しても、しなくても、満足はしないでしょうけど。最後、負けたという結果が残っているので、ほんと悔しいですね」

南ア戦のあとの涙のワケは、と聞けば、笑わない男が少し、コワい顔になった。

「泣いてないんですけど、僕は」

いや、テレビの映像にも、稲垣の泣いている姿は映っていた。

「たぶん、ふたつの感情があったと思うんです。悔しさと、あとはこう、4年間、家族のように過ごしてきたチームメイトともう、一緒に活動できない寂しさと……。それで、感情が表に出たんでしょう」


日本代表の壮大なる挑戦が終わった。でも、初のベスト8入りで日本ラグビーの歴史を変えた。とくにスクラムは進化した。

この日本代表は、日本ラグビーの未来をも変えたのである。日本代表のビクトリーロードは、まだ続くのだった。

第４章　ラグビーW杯後、稲垣啓太選手の場合

タフでなければ生きていけない

ラグビーを取り巻く風景が変わった。

ラグビー日本代表は一躍、「時の人」となった。とくに「笑わない男」と言われたプロップ稲垣啓太はテレビやイベント出演に年末、年始と追われた。その人気たるや、ラグビーワールドカップ（W杯）直後にはスポーツ紙の１面に「熱愛報道」まで出たほどだった。

ラグビーW杯が終わった直後の２０１９年11月某日、東京・原宿で、「ラグビーW杯のDVD発売記念イベント」として、稲垣啓太と堀江翔太のトークショーがあった。ビルの２階のホール。ざっと２００人が詰めかけた。ほとんどが女性ファンだ。椅子席のうしろにも立っている人がずらりと並んだ。会場ヨコのドアから稲垣が姿をちらりと現すと、「キャー、

キャー」と悲鳴に近い歓声が沸き上がった。まるでアイドルグループのコンサートではないか。

ラグビーをまったく知らなかった、いわば〝にわかファン〟が急増した。２０１９年の年間流行語大賞には、「ＯＮＥ ＴＥＡＭ」ほか「笑わない男」など5つもノミネートされた。堀江が「おまえも入っているよな。もう笑えなくなっちゃったな」といじると、愛称「ガッキー」の稲垣は「そんなことないです」と真顔で言った。

「トレンドに入って、ラグビーの認知度が上がってきました。僕らとしても、うれしいものです。どんなスポーツを応援するにしても、最初は〝にわかファン〟ですから。誰しもが通る道だと思うので……。もっともっとのめり込んで、ラグビーの楽しさを知ってほしいですね」

ついでにいえば、年間流行語大賞には「ＯＮＥ ＴＥＡＭ」が選ばれ、「笑わない男」は大賞にはならなかった。そのことを知った時の稲垣の反応が振るっている。

「あれ（笑わない男）はダメです。あれ（候補入り）は事故ですよ、事故」

にわかファンがほんとうのファンになるためには、日本代表の選手たちが所属チームに戻って激突するトップリーグ（２０２０年1月12日開幕）もオモシロい。稲垣はやさしい。

「冬の観戦はすごく寒いので、腰かけ、ひざかけは必要です」とアドバイスを口にした。

「冬のラグビー観戦は見た目より機能性重視でお願いします。寒いんです。スクラムを組んでいたら湯気（蒸気）が立ち上るので。僕らのアツいプレーを見ていただければと思います」

ラグビーは格闘技の要素もある。激しい。Q＆Aでは、女性ファンから「試合の時、痛くないですか？」と質問が出た。稲垣は「僕はそんな痛くなったことはないですけど」と淡々と答えた。

「ほんとうに痛くて立てない時は立てません。でも、ラグビーってプレーが止まらないじゃないですか。１人倒れたままになると、15対14のゲームになってしまう。だから、どんなに痛くても、プレーが止まるまで戦い続けます」

そういえば、稲垣の座右の銘は、レイモンド・チャンドラーが生み出したハードボイルド小説に出てくる〈タフでなければ生きていけない。やさしくなければ生きている資格がない〉である。またコーヒー党として知られる。豆の種類はマンデリンが好みとか。スポーツ紙の見出しが笑わせる。

〈男は黙ってマンデリン〉

別の女性ファンから「試合前のゲン担ぎは？」との質問も出た。稲垣は「部屋の掃除」と打ち明けた。

「僕は試合前日に部屋の掃除をしますね。これは大学生の時から、続けていることです。万が一何かあったら、部屋が汚いとみっともないですから。今はそういうことを意識してやっているわけじゃないですけど、大学からやっているので、まあ、恒例行事みたいなものです」

それにしてもこの異常人気。生活しにくくなったのでは。

「歩けば、人は〝アッ〟となってくれますし、気づく人も多いんですけど、別に僕がやましいことをしているわけじゃないので堂々と歩いています。でも1人でいる時は道を空けてくれて、あまり話しかけてはこないですね。団体でいる時は、こうワーってこられるんですけど」

人気が出るというのは、プロの選手として悪いことではあるまい。

「個人としては認知されたのはうれしいですよ。バラエティー番組など、いろんなメディアに出させてもらってますけど、どこに出たって僕はラグビー選手ですし、選手として出ているという自覚、自信は持っています。そこは変わらないかなと思います」

生涯一プロップの矜持

なぜ、ラグビーを？

１９９０年6月、新潟・新津市（現新潟市）生まれの稲垣は3兄弟の末弟。兄の影響でラグビーをはじめた。稲垣が説明する。

「幼稚園から中学まで、野球をやっていたんです。野球に１００％、のめり込んでいました。小学生の時は野球で全国大会にもいきました。中学生の時には全国大会にいけなくて、（3年生の）夏休み前に部活を引退してしまった。やることがなく、〝暇だなって〟なった時、高校のラグビー部のコーチから声をかけられたんです。兄の次男がラグビーをやっていた高校のラグビー部のコーチで、僕の家の近くに住んでいたんです」

当時から稲垣は体格がよかった。ラグビー部のコーチが、兄から情報を得て、勧誘したのだった。

「僕は中学校1年から体型がほぼ変わってないですから。それは、それは、大きかったんでしょう。それがきっかけです」

確かに太い首に、たくましい肩。これぞザ・プロップである。日本のラグビーファンは、稲垣に目をつけたラグビーのコーチに感謝しなければなるまい。

高校入学前、14歳から新潟市ジュニアラグビースクールでラグビーをはじめた。強力フォワードが伝統の新潟工業高校に入学し、全国高校大会にも出場した。U20（20歳以下日本代表）に選ばれ、高校東西対抗試合にも選出された。

大学時代の苦節を経て、「情けないことを絶対せず、弱みを他人に見せない男の中の男という意味を持つのが『漢《おとこ》』と言い、自らを漢と称する稲垣。試合中は、黒髪を振り乱し、果敢にからだを張り続ける。


稲垣は信義を大事にし、高校を卒業すると、春口廣監督が部員の大麻事件の責任をとってラグビー部を離れていたにもかかわらず、春口さんとの約束通り、関東学院大学に進んだ。

春口さんは稲垣が大学2年となった時、部長としてラグビー部に復帰した。稲垣は4年生の時に主将を務めたが、再建へ躍起になる春口の厳しい指導に反発し、稲垣の同期は多くが退部し、リーグ戦では全敗、入れ替え戦でも立正大に敗れ、31季ぶりの2部リーグ降格を味わうことになった。

春口さんが一発でほれ込んだプロップの顔

２０２０年1月、春口さんは稲垣の大学時代を振り返り、しみじみと漏らした。春口さんにとって稲垣は、〝最後の教え子〟となる。

「(稲垣には）かわいそうなことをしたよね。勝たせてやれなかったんだから。稲垣はそりゃもう、がんばったんだから」

春口さんが稲垣に初めて会ったのは、新潟工業高校に入学した頃だった。「すごい1年生が入ってきた」との連絡を受けたからだった。当時、既に身長１８０センチほど、体重は１２０キロ超だった。

「初めて見た時、うわーってなったよ。これなら、ジャパン（日本代表）になるなって。こういう子がプロップにならないといけないと思った。走れるし、器用だし、運動神経がいいし、頭もいいし……。体格も文句なしだった。肩と首回り、もうひとつは顔だよね。やっぱり、あのくらいの迫力ある顔してなきゃ、プロップは。目つきがいいよね、対峙する相手をぎゅっとにらむ目だよ。あんな顔の選手は、ナンバー8とか、ロックとか、スクラムで相手に隠しちゃだめだ。スクラムの最前列に出さなきゃ」

稲垣はスクラムが強いだけではなく、フィールドプレーにも長けていた。プロップらしからぬ運動量に支えられた献身的なプレー、とくに相手が小柄でも、ひざ元への低いタックルは周囲を驚かせた。

「むしろ稲垣はスクラムがもともと強かったわけじゃない。でも、からだが大きく、これは絶対、世界に通用するプロップになると思ったんだ」

稲垣は大学に入学し、1年生から春口さんの基礎ゼミに入った。勉強熱心で、ゼミを一度も休まなかったそうだ。卒業論文も書いた。

「内容は、大学におけるラグビー部の運営について、だったかな。ラグビー部の組織づくりを考えていたのかもしれない」

稲垣が大学2年の時、春口さんはラグビー部部長で復帰した。春口さんは稲垣に「そんきょ」という風変わりなトレーニングを課した。スクラムを組む際は広い面積で足の裏を地面につけた方が力が入るため、足首がやわらかい方がいい。これで稲垣はプロップに必要な足首の柔軟性を養った。

卒業後、稲垣は春口さんの期待通り、日本代表の中心選手となった。あのラグビーW杯のスコットランド戦の代表初のトライを、春口さんは横浜国際総合競技場のスタンドから見ていた。「そりゃ、うれしかったね」と振り返った。

「俺はさ、実は、トライした場所とは反対側のゴールポストの裏にいたんだ。最初は、つないで、つないで、走って、誰かがインゴールに転がり込んだ。つなぎに対して、感動したよ。最高のトライだった。誰だろうって思ったら、稲垣だもの。もう、うれしくて、たまらないわけさ。歴史に残るトライだなと思ったわけさ」

春口さんは、稲垣がW杯後、新潟市に凱旋した時、そのお祝い会に招待された。お土産の赤色のTシャツをもらった。教え子のサイン付き。

春口さんの声が弾む。

「何がうれしいってね、ラグビーが認知されたことだ。にわかファンだって、何だっていいんだよ。人気というか、人に認めてもらうのは大変なことだ。とにかく、見てもらって、話を聞いてもらうのが大事なんだ。稲垣は立派、立派」

稲垣は感謝を忘れない。２０１９年、稲垣は母校・新潟工高のグラウンド天然芝化に３００万円を寄付した。

稲垣のプレーを言語化する能力のワケ

稲垣の語りはいつも、理路整然、かつ明快。知性があふれている。だから、代表戦後のミックスゾーンでは、多くの報道陣から囲まれる。チームの戦術を誰よりも理解し、スクラムについてわかりやすく語る力があるからだった。

ただ本人に「ロジカルですね」と言えば、「そんなロジカルですかね」と不思議そうな顔を返された。

「僕はよく、雄弁とか、理論派とかいわれますけど、実際は感覚派ですよ。ただ、大学の時はしゃべる勉強は結構、積みましたよ。春口（廣）先生の講演会に連れていかれて、３００人、５００人の前に放り出されて、トイレにいってくるから15分ぐらいつないでおいてって言われたりしました」

そこで、稲垣は突然振られて何をしゃべるのか考えたそうだ。まず自分は何ものなのかを伝えて、なぜこの壇上に立っているのかを説明する。

「そして、春口先生のことをしっかり立てないといけない。でも、自分的に少しは（講演に）爪痕を残さないといけない。最後は、会場をあったまった状態でバトンをうまく春口先生に渡さないといけないでしょ。それが、結局、プレーに対する考えを言語化することに役立ったのかもしれません」

関東学院大学では、ラグビー部員は授業をちょっと免除されることもあったらしいが、稲垣は一切なかったそうだ。簿記検定も受けた。

「自分のビジネスプランをつくって、損益分岐点を計算して、収益がどれくらいで、どれぐらいの利益が見込めるのとかを考えていました。みんなの前でぜんぶ、プレゼンするんです」

ラグビーでいえば、プレーも戦略も順序立てて考えるのが好きだ。「自分で自分のリスクマネジメントができるようになった」とつぶやいた。

「試合中、なにかトラブルや、不測の事態がおきた時に、順序立てて考えることができれば、戻る部分ができる。きっと、ここでミスっているんだ、ここまで戻ればいいって。要はパニックにならず、対処できるんです」

スクラムは一種の競技。さらなる高みへ

稲垣は2013年、パナソニック・ワイルドナイツにプロ契約選手として加入した。14年11月15日に行われた日本代表対ルーマニア戦で初キャップを獲得した。15年にスーパーラグビーのクラブチーム、レベルズ（豪州）に入団。この年、ラグビーW杯の日本代表に選出された。16年には、サンウルブズのメンバーにも入った。

当然のごとく、負けん気は強い。２０１９年８月の網走合宿では、日本代表のポジション争いについて、「自分以外の選手が同じポジションに入っているのは見たくない」と漏らしたことがある。ラグビーW杯の最終メンバー選考の時だった。

「みんな仲がいいですけど、実は練習の中ではやり合っているんです。（候補合宿参加の）全員がメンバーに選ばれたい気持ちがある。僕だって、簡単にポジションを譲る考えなんてない。ずっと試合に出てきましたから、調整のために休めと言われても、納得できない部分がありますし、そんな簡単に周りにチャンスを与えるような真似はしたくありません」

ところで、一番聞きたいこと、なぜ笑わないのか。実は仲の良いパナソニックの布巻峻介によると、グラウンド外では普通に笑うそうだ。ただ、グラウンドではまず、笑わない。稲垣は「グラウンドは戦場だから」と説明したことがある。

「グラウンドで、試合中、へらへらするのはちょっと違うのかなって。勝ち負けでしか評価されない世界ですから。決勝で優勝したチームと準優勝したチームがあれば、僕は準優勝したチームはまあ、覚えてもらえないと思っているので」

稲垣は、スクラムの厳しさも楽しさも熟知している。ただ「スクラムの楽しさを伝えるのが一番難しいと思います」という。

「重要さでいうと、スクラムで相手にプレッシャーをかけた時に相手チームに与える影響は計り知れないですね。スクラムが１歩下がれば、ラインも１メートル下がりますから。セットピース主体のチームに対し、そのセットピースを制圧してしまえば、戦力の７割ぐらいを削ぐことができるじゃないですか。スクラムからボールが出なければ、プレーを再開させることもできないですし。レベルが上がれば上がるほど、スクラムの（コラプシングの）ペナルティーでとることができる（ペナルティー・ゴールの）３点が非常に大きいことはみんな、理解しています」

稲垣にとってスクラムとは。

「スクラムって一種の競技みたいなものですね。ラグビーにあって、スクラムは競技。そこはラグビーとは別個に考える必要があるんじゃないでしょうか」

そのスクラムという競技で、ラグビーW杯では最後に南アフリカにやられた。相手がＦＷ７人の時は押し込んでコラプシングを奪ったけれども。

「一番大事にしている部分は、１本のスクラムではなく、80分間を通して、どうスクラムを組めたかということなんです。80分を通したら、（南アに）制圧されていたという印象が強いですね」

日本代表のスクラムの完成度は。「う〜ん。どうなんですかね」と考え込んだ。

「今の力をさらに伸ばせるような感覚はありますけど。10がマックスだとしたら、マックスを超えなきゃ、おそらく南アフリカのスクラムに勝つことは難しいでしょう。高いスタンダードを保ちながら、伸びシロをどこまで伸ばせるか。ラグビーは15人の集合体だから、ひとりひとりの能力をもっと高める必要もありますね」

ゴールはまだ先。

「２０２３年に（ラグビーW杯の）フランス大会がありますけど、その前に自分のやるべきことをしっかりやらないと日本代表に入ることもできないでしょう。まず、そのためには、トップリーグでしっかり結果を残して、また代表に選ばれて、さらに自分を磨いていくのが、自分にとっても大事なことじゃないでしょうか」

ずっとプロップのガッキーはスクラムに生きる。「自分自身の向上」のみを人生の目標に生きる修行僧のようなストイックさを醸し出す。笑わない。いや、笑っている余裕などない。南ア戦のスクラムこそが、さらに進化する次回ラグビーW杯への実は出発点なのである。

第2部　スクラム　駆け引きと勝負の謎を解く

※初出は2006年11月。文中の所属、肩書、年齢等は当時のままです。

プロローグ——スクラムとは何か？

「ラグビーはスクラムだ」——。

ラグビーの日本代表前ヘッドコーチ（HC）のフランス人、ジャン＝ピエール・エリサルドは二〇〇六年夏、そう言った。

名将のひとり、清宮克幸（サントリー監督）も同じフレーズを口にしたことがある。

なぜだろう。ラグビーを極《きわ》めれば極めるほど、スクラムの重要性を理解していく。ラグビーというスポーツはスクラムを抜きには語れない。ゲームの起点がスクラムであり、チーム力の優劣における大きな要素を占めているからである。

乱暴な言い方をすれば、スクラムが強くて勝てないチームがあっても、スクラムが弱くて、強いチームはまずない。

スクラムは、軽い反則やプレーの停止があった後に行われる、ゲーム再開のためのプレーだ。両チームのフロントローが頭を交互に組み合い、フッカーのフッキング（スクラムに投入されたボールを、足で味方側にかき出すこと）によってボールを獲得する。

スクラムは、通常一チーム八人で形成することになる。ランニングプレーと比べ、極めて地味である。決して華やかな脚光を浴びるわけではない。

とくにスクラムの最前線となる左プロップ（1番）、フッカー（2番）、右プロップ（3番）のフロントローは、日陰モンである。屋台骨たる存在で、おそらくもっとも目立たないポジションであろう。メディアはトライした選手を取り上げても、その過程で働いた選手はなかなか扱わないものだ。

いわば「労多くして、幸薄し」の典型である。互いに頭や肩をぶつけ、痛みや圧力を我慢する。時には、重量差を生かして、これでもか、これでもか、と遮二無二、プッシュする。時には、息をぐっと詰めて耐え続ける。互いにバインディング（パック＝他のプレーヤーに腕をまわして密着すること）する指がジャージの上から脇腹に食い込む。

プロップは、「支柱」という言葉の意味の通り、スクラムの柱となって奮闘する。相手と耳がすれる因果なポジションである。何年もすると、だいたい耳が潰《つぶ》れてしまう。

じつは白状すれば、わたしの耳はみにくくゆがんでいる。そう、大学時代、ラグビーのプロップをしていたからである。日本では「ぎょうざ耳」、海外では「カリフラワー」とよく形容される。言いえて妙である。

フランスの詩人、ジャン・コクトーはこううたった。

〈わたしの耳は貝の殻　海の響きを懐かしむ〉

それをまねてひとりごちていた。

〈わたしの耳はぎょうざの皮、スクラムの痛みを懐かしむ〉

ぎょうざ耳、カリフラワーは、プロップの勲章である。

一九九五年、南アフリカのラグビー・ワールドカップ（W杯）の際、ケープタウンの酒場で、「OH！　カリフラワー・イアー！」と地元の老人に声をかけられたことがある。ビールをご馳走になった。なぜか、カリフラワーは友情の証《あかし》だといわれた。

二〇〇〇年、シドニー五輪のときには、ダーリングハーバーで道に迷った際、カリフラワーの人が助けてくれた。ぎょうざ耳で話がはずんだ。オーストラリアにはカリフラワーの耳の男だけによるクラブがある、と教えてくれた。

ぎょうざ耳は語学同様、国際交流の手段ともなるのだった。

個人的な思い出を述べることを許してほしい。もう三〇年近く前のことである。

大学一年生の夏合宿、ガッカリする事件が起きた。ポジションのコンバートである。コンバートは成功することもあれば、失敗することもあろう。結果的にはどうあれ、本人にとっては重大な岐路となるのである。サラリーマンの転職にも匹敵する。

ナンバー8から、フロントローのプロップへ変わった。高校時代からスクラムの第一列なんて一度も組んだことはなかった。それなのに、同期にプロップがひとりもいない（体の大きなプロップ選手は走りまくる練習についていけず、ラグビー部を去った）という理由で、体格に比較的恵まれていたわたしに白羽の矢が立ったのだ。でかいといっても、たった一七八センチ、七三キロだった。

　もちろんショックは少なからずあった。卑屈にも、自分のスピードは大学には通用しないのだと考えた。でもポジション云々よりも、ラグビーを続けたかった。とにかく大学の一軍のジャージを着たかった。そのためには、プロップで一日も早く一人前にならなければいけなかった。

　忘れられないシーンがある。ポジション転向から、わずか三日目だった。当時、強豪だった日体大（日本体育大学）との二本目（二軍）の試合に右プロップ（3番）で出場したのだ。まだプロップとしての頭の入れ方を教えてもらった程度で、駆け引きなどはもちろん、姿勢や力の入れ方も知らなかった。相手を押そうなんて滅相《めっそう》もない。ただ八〇分間を無事に終えることができればいい、と念じていた。首の骨だけは折りたくないと。

当然のごとく、スクラムでは完敗した。踏ん張ろうと思っても、ずるずると下がってしまった。試合中、高校日本代表のプロップだったトイメン（相手チームの1番）から嘲笑を受けた。たしかに笑っていた。

「頼むから、あんまり下がるなよ。疲れるじゃないか」

最大級の侮辱である。でも、それでも何もすることができなかった。悲しかった。悔しかった。そのとき、強くなって、見返してやると肝に銘じたものだ。

プロップの経験はない。技術、体力もなかった。あるのは意欲だけである。そこで思案した。まずガタイをでかくしよう。他人の倍、食べて、倍、練習しよう。逞《たくま》しくなれば、経験の差を少しは埋められるはずだ。安直ではあるが、そういうふうに考えた。

朝食に必ず、三杯のどんぶりメシを食べた。ラグビー部寮の朝食といえば、当時のおかずは漬け物と生卵ぐらいだった。それでも三杯を日課とした。

一杯目は「本能」で、二杯目は「意地」で、そして三杯目は「執念」で口の奥に押し込んだ。

お陰で二年生のシーズン終盤から、一軍のジャージを着た。体重も大学四年生のときには一五キロ増え、なんと八八キロになった。パワーも少しついた。一年生の夏合宿で笑われたトイメンを試合でめくりあげた。無言で。無慈悲に。目一杯。借りを返した。

プロップの話は愉快だ。哲学的だ。奥が深い。笑う。ちょっぴり涙も出る。スポーツの枠をはみ出て、一般論としても示唆に富む。

とくにプロップ同士だと話がはずむ。高校チームのプロップたちと話すと、「デブだからプロップに回されました」と自嘲気味にぼやく子どもがいる。

巨大掲示板「2ちゃんねる」の書き込みからいくつか抜粋してみる。

「俺は今日の試合でシンドイながらスクラムが終わり顔をゆっくりあげたらスタンドオフがハーフからのパスをノッコンしやがった。その瞬間殺意芽生えたね」

「いくらデブをけなしてもいなくちゃ強いスクラムは組めないんだよ」

「久しぶりにラインに加わった（紛れてシマッタ）ゼッケン3の俺。一人飛ばしなんてそりゃあんまりだ」

「ずっとプロップやってて人数の都合とかでロックやったりすると物足りなく感じる。スクラムで対面とぶつかるのって痛いけど楽しいしね。バックスが相手を抜き去るのが楽しいようにプロップにしかわからない楽しさがあるんだよね」

「でぶじゃないプロップは信用できない」

「デブだからプロップなのではなくて、プロップだからデブなのですわ、デブ」

「お前らラグビーを判ってないね！　ラグビーの原点はスクラムにある！　ＢＫがボールをもらって相手を抜きさる。それは華があって良いと思うが…そのボールが出てくるのは…スクラムである。スクラムが安定しなかったらボール出てこないだろう！　だからデブは馬鹿に出来ない」

「プロップがスクリューパス投げれなくてもいいじゃないか！　使わないじゃないか！　なのに後輩にまで馬鹿にされるのは…あんまりだぁぁ」


　プロップはかくも、アンフェアな世界に生きている。

　たしかにバックスの選手と比べると、女の子にはもてにくいし、プレーも地味で厳しい。でも、みてくれはちょっと悪いけれど、純なまでの闘争心は美しいではないか。

　プロップには、目立たないところで人の嫌がる仕事を黙々とこなす縁の下の力持ちといったイメージがある。だからだろう、巷《ちまた》には「ラグビー選手と結婚するならプロップ」という名言もある（異論はあるが……）。

話をスクラムに戻す。

ラグビーはスクラムだ、と書いた。起源をさかのぼると、ラグビーの原点はスクラムだと言えなくもない。

もっと言えば、フットボールの起源はスクラムにあり、ということにもなるのだ。フットボールとはサッカーとラグビーである。つまり、サッカーの起源もまたスクラムにある、と言っても過言ではないのだ。

ラグビーの起源といえば、一八二三年、英国のラグビー校というパブリック・スクールで、ウィリアム・ウェッブ・エリス少年が〝サッカー〟の試合中に興奮して、手でボールを持って走ったのがきっかけと、一般的には言われているが、これは事実とは異なる。そもそも、一八二三年当時、現在のサッカーと呼ばれるスポーツは、「サッカー」という名称を含めて存在していなかった。ラグビーはサッカーの試合中のルール破りから生まれたスポーツではないのである。

ラグビーとサッカーの原型は、一一世紀ごろから英国の各地で盛んに行われていた「フォーク・ゲーム」と呼ばれる農村の祭りの遊びだった。ボールのようなものを使って男同士が暴れて戦うもので、人数制限やフィールドのラインはなく、競技時間も制限がなかった。もちろん、手も足も使って構わない。あまりに死傷者が出たり、家屋の破損が起きたりするため、何度も地方の支配者から禁止令が出されたそうだ。

ボールの奪い合いは、両チームが押し合いへし合いの状態となっていた。ま、スクラムのようなものだった。

時が流れ、この遊びが競技化していく過程で、ルールの違いによって二つのグループが形成された。伝統的なパブリック・スクールであるイートン校ＯＢ集団と、パブリック・スクールの中でも新設校だったラグビー校ＯＢ集団である。両者の衝突は、パブリック・スクールを卒業した後のケンブリッジ大学やオックスフォード大学で頻繁に起こった。それぞれ出身校へのプライドがあるため、ルールの統一は非常に難しかったようだ。

一八六三年、ロンドン市内および近郊のフットボール・クラブが、共通のルール下で試合をするため、会合を開いた。つまり「統一ルール」をつくろうとした。

イートン校支持者は、暴力的な肉体のコンタクト（ハッキング等）を禁止しようと主張した。ボールのハンドリング法をめぐっても、両グループは対立する。結局、意見が折り合わず、ラグビー校支持者は会合を中座し、統一ルール作成から手を引いてしまった。

そこでイートン校支持者たちは、ハッキング等を禁じ、手の使用を制限する共通ルールでフットボールをする「フットボール・アソシエーション（協会）＝ＦＡ」を設立する。このアソシエーション・ルールに基づくフットボールが、後にサッカーとして発展していくのだ。ちなみにサッカー（soccer）という名称は、アソシエーション（association）が口語的に略されたものである。

ラグビー校支持者は反発した。ボールを持って走ることを禁止すると、それはゲームではなくなる、と。切《せっ》磋《さ》琢《たく》磨《ま》して戦うことや、勇気や逞しさといったオトコらしさの必要性を強調した。そして一八七一年、ラグビー・フットボール・ユニオン（ラグビー協会）を設立するのである。

つまり、ラグビーもサッカーも、もとは同じだった。肉体的な接触プレーがゲームの大半を占め、ボールを蹴ることも手で扱うことも可能な集団ゲームだったのだ。

ただ競技志向を異にしたため、ちがう道を歩んだことになる。ラグビーは、「肉弾相打つ」原点を守りながら、発展することになった。ゆえに概念として、「ラグビーはスクラム」は間違ってはいないのだ。

〈日本ラグビー狂会編『頭で見るラグビー』（文春文庫）所収、中尾亘孝「〈新篇〉ラグビー・フットボールのコスモロジー」／日本ラグビー狂会編著『ラグビー構造改革』（双葉社）所収、中竹竜二「フットボールを社会学する」の記述を参考にしました〉

人に歴史があるごとく、スクラムにも歴史がある。当初、フットボールのチームの人数は「多数」だった。リスタート（再開）は、両軍ぐちゃぐちゃの固まりに「豚の膀胱」からなるボールを入れた。

いくつかの文献によると、統一ルールをつくろうとの動きが出たあたりで一チーム二〇人となり、うち一四人のフォワード（FW）がスクラムでもみ合ったとある。まだ細かなポジションはなく、一番早くポイントにきた選手がフッカー役を務めていた。順次、立ったまま、フッカー役の周りを固める。

「数分に及ぶもみ合いを好み、ボールを取ることより、ただまっすぐ、固まって押すことに命をかけたようです」（日本フットボール考古学会・秋山陽一＝2019年5月没、享年71）

一八七六年のオックスフォード大学対ケンブリッジ大学で各一五人となる。FWからバックスへ素早くボールを回すことが「ファッション（流行）」となり、スクラム内の役割がポジションごとに決められていく。やがてフッカーも専門職となった。

FWは九人から八人、あるいは七人が主流となる。

日本のルーツ校、慶應義塾大学のスクラムは、エイト（八人）FWによる3―2―3のフォーメーションだった。数字は、頭からフロントロー（プロップとフッカー）三人、ロック二人、バックロー（フランカーとナンバー8）三人を意味する。その後、慶大は2―3―2

のセブンＦＷを採用する。

各大学が研究を重ね、早稲田大学は３―４のセブン（七人）ＦＷに挑戦する。一九二七年、京都大学が３―２―３のエイトＦＷで、慶大のセブンＦＷを破り、悲願の全国制覇を遂げた。同志社大学がスクラムトライをもくろみ、フルバックひとりを残して一四人でスクラムを押し込んだこともある。

戦後はルール変更もあり、エイトＦＷが定着する。

現在もっとも一般的な３―４―１のフォーメーションは、南アフリカで考案されたものである。八人のパワーを効率的に前に伝え、一番ブレイクしやすい形だ。

二〇〇六年一〇月現在のルールでは、スクラムは双方八人ずつ、フロントローは三人ずつと規定されている。ただ反則退場などでチームの人数が一五人より少なくなった場合は、少なくなった分だけスクラムから減らせるが、最低五人は参加しなくてはならない。また、相手チームが人数を合わせる必要はない。

スクラムは歴史的にも技術的にも興味深い。でもややこしい。わかりにくい。

こんなことがあった。

あれはわたしの現役時代だった。懸命にスクラムと格闘していたころだ。故郷・福岡の中洲の酒場にいったときのことである。店の若い女性から、ラグビーのことについて訊かれた。「一つ、質問が」。なんですか。「試合中、半分くらいの人が輪をつくって、休んでいるのはなぜですか」。けが人が出たときの円陣のことか。「いや、ちがいます。試合が止まるたびです。テレビで見ると、楽しそうに見えるのですが」

なんのことはない。こともあろうにスクラムのことだった。スクラムを組んでいる人間は決して楽しんではいない。休んでいるのでもない。アゼン呆然となったものだ。

所詮、一般人のスクラムの理解度とはそんなものか。プロップがどれほど苦労し、鍛錬し、スクラムを組んでいるのか。どれほどの駆け引きが行われているのか。寡黙なプロップの人たちに代わり、人々に伝えなければいけない。そう使命感を覚えたのだ。

スクラムには、誰も足を踏み入れられない空気が張り詰めている。迫力ある肉弾戦にはラグビーの醍醐味が凝縮されている。でもスタンドからでは、理解できないことがヤマほどある。どっちが組み勝っているのか。どうして崩れるのか。

いまこそ、スクラムが市民権を得るときである。本書は、スクラムと、その最前線に立つフロントローにスポットを当てる。

まずは二〇〇七年W杯で決勝トーナメント進出を目指す日本代表のスクラムから、世界七不思議の一つである「コラプシング（スクラムを意図的に崩す行為。もちろん反則）」のナゾ、そして社会人、大学、高校のスクラムの歴史と実情を探ってみる。幾多のプロップの肉声を拾う。そして、プロップという人種の悲哀と歓喜、その人生劇場まで、さまざまな角度からスクラムを見てみたい。硬軟織り交ぜ、面白く。

スクラムの駆け引きやメカニズムを理解すれば、ラグビーの試合が百倍楽しくなる。サッカーや他の競技への「視点」も磨かれる。

さあ、「スクラムのススメ」を、とくとご覧あれ。

第1章　ジャパンのスクラムは強かった

原点回帰

蒸し暑い日だった。

二〇〇六年七月某日。東京・秩父宮ラグビー場そばの日本ラグビー協会。日本代表の春シーズン総括会見が行われた。

日本代表のジャン＝ピエール・エリサルドHCは珍しく銀縁のメガネをかけていた。「今日はテレビカメラがいないので……」（これが日本で最後の会見になろうとは……。同HCは〇六年秋、解任され、太田治ゼネラルマネジャー〈GM〉がHCを兼務することになった）

記者はほんの二〇人か。寂しいジョークに誰も笑わない。

部屋の硬い空気を破るよう、エリサルドHCはしゃべりだした。

ジャパンの強化のポイントはスクラムだった。

「メレ・アメリオレ……」

小さくフランス語が漏れる。「メレ」はスクラムだから、ムッシューは「スクラムがよくなりました」と言ったことになる。

「闘う意識がずいぶん高まった。スキルや戦術よりも、選手一人ひとりがスクラムの大事さ、重要さをしっかり認識できるようになりました」

そりゃ、意識が高まれば、八人の結束も強まる。迷走の果て、ジャパンならではのスクラムがよみがえったのだ。

ひとことで言えば、「低くて早い突っかけ」か。

ジャパンＦＷの成長の象徴がスクラムである。七月一五日、もっと詳しく知るため、博多祇園《ぎおん》山笠のフィナーレ「追い山」を迎えた博多へ飛ぶ。オイッサ、オイッサ。ジャパンＦＷコーチの永田隆憲にスクラムの話を聞くためだった。

総括を問えば、「僕も強くなったと思います」とエリサルドの意見に同調する。「ただ最初があまりにひどかったから……」

スクラムは山笠の御神輿《おみこし》のごとしである。チームワークが何より大切で、結束、押しのアングル、掛け声の呼吸、タイミングがポイントになる。

「神輿もスクラムもみんなでやるという意識が大事です。ちゃんとした役割分担も一緒かな」

原点回帰ということか。

「いやいや。選手は寄り道をしたという意識を持っているかもしれないけど、ぐるぐる回って、上のレベルに上がったということでしょ」

世界スクラム事情

ぐるぐる回る。

エリサルドＨＣは二〇〇五年秋の就任時から、「八人でしっかり組め」と言い続けた。簡単そうで、これは意外と難しい。

エリサルドはフランス人である。フランス代表のスクラムは、ニュージーランド代表「オールブラックス」と同様、「パワースクラム」の傾向にある。8人が固まりとなり、ロック、ナンバー8、フランカーのウエイトを屈強なフロントローがフルに前に伝えていくスタイルだ。「ウエイトが波を打つように敵に押し寄せていくイメージだ」と指揮官は言う。

どのラグビー強豪国でも、ベースには安定したスクラムをおく。八人のＦＷの結束力と、フロントローの姿勢が大切なのは万国共通である。押す方向（アングル）はまっすぐ。より効率よくウエイトを伝え、かつ左右の揺さぶりに対応できるよう、フロントローの肩が横一線でならぶスタイルが世界の潮流となっている。

各国の特徴をいえば、オールブラックスはまず、ＦＷが強くて大きい、そして必ずといっていいほど、相手ボールのときは回して揺さぶりをかけていく。

二〇〇三年Ｗ杯覇者のイングランドは、ひとことで言えば、力でねじ伏せるスクラムを組む。南アフリカ代表の「スプリングボクス」も巨漢ＦＷをそろえるが、とくに第二列目のロックのサイズが大きい。筋力を鍛え、より身体的能力にこだわる。

オールブラックスが現代のスピーディーなラグビーに合わせて、ラインアウトや走力に優れたロックをおくのに対し、スプリングボクスは体格やパワーをより優先する傾向がある。

オーストラリア代表の「ワラビーズ」は、機動力重視のＦＷである。コンパクトに八人で固まり、時にはダイレクトフッキング（ボールを投入した瞬間に素早くフッキングすること）も活用する。早い球出しに努め、ボールを早く動かすことに精力をそそぐのだ。

オールブラックスやスプリングボクスがスクラムでコンテスト（戦うこと）しているのに対し、ワラビーズはリスタートの手段としてとらえている向きがある。

スクラムをリードするアルゼンチン

歴史をひもとくと、世界のスクラムをリードしてきたのが、なぜかサッカー大国のアルゼンチンである。パトリシエ・ノリエガら、名フロントローを数多く輩出してきた。

アルゼンチンのスクラムのコンセプトは、フッカーとナンバー8以外は内側の足を前に出して、アングルを真ん中に集中させることだ。

ノリエガはかつて来日した際、こう説明していた。

「なぜかというと、互いのバインディングをより強くすることで、結束力のある一気の押しを実現できるからです。スクラムでの足のポジションは重要です。押すことが目的なのはもちろんですが、その力を効率よく発揮させるため、姿勢を維持することにも関わっているからです」

スクラムの目的は、それぞれの押し方を集約し、全体の押す力を結集させることだ。

こうも言っていた。

「スクラムを押す際、共通の動きとなるのが、『まず、背中が水平になるように、胸を出して姿勢をつくる。そこで、ひざを地面に対してゆっくりと下ろし、腰が低い姿勢になったところで一気に全員でプッシュする』ということです。基本は、姿勢、バインディング、足のポジションです」

高い姿勢

話をジャパンに戻す。

「信頼」。これがエリサルド・ジャパンのスクラムのキーワードである。ＦＷ八人は互いを信じ、チームメイトからも信頼されるスクラムを組まなければいけない。

永田コーチは言う。

「ジャン＝ピエールは日本のスクラムは弱くないのだと訴えた。最初からダイレクトフッキングで逃げるスクラムを組むな、ちゃんとヒットしてコンテストしろと」

フッカーに対し、フッキングを従来の右足ではなく、左足でかくよう提案もした（後述）。体のねじれを避けるためだ。

エリサルドＨＣは練習でまず、「結束」を強調した。「スクラムは戦術上、とっても重要だ。まとまれ。後ろ五人の押しを相手にぶつけろ」と。

テクニカルにいうと、構えるとき、フロントローはフランカー、ロックの肩に乗るよう指導した。つまり、先にロックがひざをついて低く構え、そのあと、フロントローが構えるのだ。押しがしっかり前に伝わるよう、前五人のバインディングを徹底させる。フランカーもがっちり組み、ナンバー８は頭をロックの間に入れろ、とうるさく言った。

八人で構えて沈み、当たって伸びる。いわば二段階だ。「ヒット」「ナウ」「イチッ、ニッ、サンッ」と掛け声を合わせる。足の位置も、フラット気味で内側を前へ、とさらに安定感を促した。

たしかにフロントローがロックの肩に乗りかかれば、ロックのウエイトは前に伝えやすくなるが、フロントローのひざの位置が高くなりはしないのか。

日本の強みはずっと姿勢の「低さ」にあった。日本選手は体型的に足が短く、ひざが低い。これを生かすため、さらに低く構える。沈む。腰高の外国人フロントローに対し、低い位置から上に当たっていた。

結果、日本の選手の背はまっすぐ伸び、外国人のそれは伊勢えびのように丸まってしまう。どちらの姿勢が後ろの力をうまく伝えられるかは、言うまでもない。

日本は低く、ビシッとした姿勢による強固なスクラムで勝負してきた。低さに慣れない外国人チームは苦労する。たしかにスクラムマシンが普及し、外国チームのＦＷも低く組む練習が可能となり、日本チームの優位性は薄れていった。それでも低さが生命線だった。

〝エリサルド・ジャパン〟は、その日本の強みを捨ててしまうのか。

右プロップの山村亮（ヤマハ）は戸惑いを隠さなかった。「まだエリサルド流に慣れていない。姿勢が高くなるから、突っかけがワンテンポ遅れる」と。

だが太田治GM（現GM兼HC）はエリサルド流の長所を説明してくれた。

「そりゃ、小柄で下から上より、でかくて上から覆いかぶさるほうが選手は楽でしょ。パワーを発揮しやすいはずです。日本も体格が大きくなってきた。対外国人を考えると、フロントローがロックに座るイメージのほうがぐっと力が伝わるんです。ポイントはロックです。後ろ五人です」

そう聞くと、赤塚隆（クボタ）、佐藤剛（三洋電機）の巨漢ロック（ともに一二〇キロ）のジャパン起用も、理にかなってくる。

左足フッキング

さらに、フッカー（2番）の足の位置を前後ではなく、フラットに置くようにした。安定性を高めるためだろう。通常、フッカーのウエイトは軸足の左が八割、右が二割程度と言われる。それを五分五分とするわけだ。

そして画期的なことに挑戦させる。前述のように、フッキングを、ふだんの右足ではなく、左足でかくよう、変えたのだ。フランスやオールブラックスなどで、左足フッキングのフッカーは時々、いる。じつはフッカーの松原裕司（神戸製鋼）は左利きでもある。

フッカーの語源は「フック」である。つまり、ボールをフックする、ひっかける人のことである。背番号2のフッカーは、スクラムの左側から投入されたボールを右足でフッキングする。

だが、ルール上、必ずしも右足でボールをかく義務はない。フッカーは左足でフッキングしても構わないし、そもそもフッカーに限らず、競技規則では〈ボールがトンネル内の地面に触れた後は、双方のフロントローはいずれの足もボールを獲得するために使ってよい〉とある。

余談になるが、〈スクラムハーフは……最初に選んだ側から投入しなければならない〉のであり、選択すればスクラムの右側からボールを投入しても構わない。

しかし、しかし……。

スクラムハーフがボールを投入するのは、攻撃チームのスクラムの左側からである。右足フッキングだと、フッカーは足首をくいっと曲げることができる。つまり、足首のスナップを利かせ、ボールをさっとかくことができるのだ。

左足だとどうか。足の裏にボールを当てるのが精一杯である。だから、ダイレクトフッキングはできなくなる。ボールはのろのろと転がるのだから、万が一スクラムを押されると、ボールを失う危険性が高まるのだ。

さらに、簡単に聞こえるかもしれないが、フッキングの足を右から左に変えるのは、野球の投手が右投げから左投げにスイッチするようなものである。大きくちがう。すぐには適応できない。

狙いはわかる。前述のように、左足でのフッキングなら、フッカーは体をひねる必要がなくなるから、相手にプレッシャーを与え続けることができる。フロントローの安定感が増し、あおられる危険性が減るのだ。

エリサルド流ラグビーの象徴が、ずばり、このスクラムの左足フッキングである。スクラムの強さを前提としたフッキングである。ジャパンの固定観念をぶっ飛ばす。

練習では、「過去のことは忘れてくれ。もっとスクラムに自信を持て」と鼓舞した。

「もっと低くしよう」——スペイン戦

二〇〇五年一一月五日。快晴の秩父宮ラグビー場。〝エリサルド・ジャパン〟のデビュー戦である。

ジャパンは格下のスペインに苦しみながら勝った。

スクラムは、わずかジャパンボールが七本、スペインボールが五本だった。名レフリーのアンドリュー・コール氏（オーストラリア）がじつにうまく、アドバンテージを活用し、ゲームを流したからだった。

開始直後のスクラムはスペインボールだった。組んだ瞬間、ジャパンは「コラプシング」の反則をとられた。左プロップ（1番）の久富雄一（NEC）が、内側に落ちたとみられたからだった。

平均体重はともに一〇五キロ。スペインのスクラムは二〇〇四年に対戦したスコットランドに似ており、右プロップ（3番）のサラサルが極端に内に入ってくる。世界の流れは、まずまっすぐ当たって、次に右プロップの内側プッシュである。

久富、いわく。「相手の変則的な押しに対応できなかった。周りに申し訳ない。相手の3番を上げようと思ったのですが、重くて、そのまま流されてしまった。いや〜なタイプです。やりにくい相手でした」と。

こんな場合、どう対応するのか。

久富はフッカーの松原とバインドをよりきつめにし、頭と肩をねじ込み、相手の頭が入る場所を浅くして、自分たちの頭と接する部分を小さくした。つまりは相手のウエイトの伝達経路をゆがめたのだ。

「そして、固まって、ひたすらまっすぐ押す。前かがみに構えて、びしっと当たり勝つんです」という。

相手の3番の側から、つまり味方の左からの重圧を、右プロップの山村も感じた。「ロックに乗る意識が強すぎたため、受けてしまった」からだった。

では、注目のフッキングはどうだったか。

松原は後半二〇分に交代するまで、四本、フッキングをした。ぜんぶ、左足。かかと側の足裏にコツンとボールを当てた。

ま、成功だった。プレッシャーを受けたときもある。

松原は苦笑する。

「今日に限ってはうまくいきました。でも相手がもっと強くなるとわかりません。もっと練習して、慣れればイケると思います」

ちなみに、交代したフッカー山岡俊（サントリー）は右足フッキングに戻している。

問題はジャパンの構えの姿勢だった。パワーで勝るスペインより遅く、高かった。だから当たり負け、プレッシャーを受けた。フロントローは試合中、「もっと低くしよう」と声を掛け合っている。

山村は反省する。

「八人でばっちんとヒットするのがなかった。高さもそうだけど、タイミングがまだ取れていない。プレッシャーをかけるスクラムを組めるよう、トレーニングしていきたい」

わずか四日間のチーム練習だから、チームとして機能しなかったのは、仕方ないかもしれない。スクラム練習はトータルでたった二〇本程度だった。トップリーグのチームだと、組むときは一日四〇～五〇本組む。スクラムというのは、試合や練習で組めば組むほど強くなるものだ。

ジャパンのスクラムは強かった

エリサルドＨＣは「自信を持て」と言うけれど、もともとジャパンのスクラムは強かった。小柄だから弱いというのは「偏見」である。八人の力が低く凝縮されれば、相手がいくらでかくても、そう簡単には押し負けない。

たとえば、日本ラグビー史に残る一九六八（昭和四三）年の対オールブラックス・ジュニア（オールブラックス予備軍、すなわち二軍に相当）戦の勝利。

バックスの活躍ばかりが伝わるが、じつはジャパンＦＷの健闘はすさまじかった。ＦＷ一人あたりの平均体重差は約二〇キロあったのに、スクラムは互角だった。

さいたま市大宮区のホテルのカフェ。伝説のフッカー、後川光夫はもう、六〇歳となる。二〇〇五年八月には右肩を手術した。ズボンの裾を捲《めく》り上げると、両スネにでこぼこのアザが残っていた。激戦の跡である。

後川は当時六八キロ。トイメンはオールブラックス経験者のペジニだった。「フッキングは一本取られて、一本取った」と回顧する。

「日本はスクラムが強いから、よく研究されていた。オールブラックスはじつにしつこかった。でもマイボールでは必死に〝生きた〟ボールを出し、相手ボールでは脚を出して、邪魔して、邪魔して……」

伝家《でんか》の宝刀が「ダイレクトフッキング」だった。

スクラムを組んだ瞬間、ボールを投入し、フッカーがかき出すため、より早くボールを展開することができる。もちろんスクラムの時間が大幅に短くなるため、ＦＷの疲労も軽減された。ただ、スクラムハーフが俊敏でなければいけない。

デメリットとしては、フッキングされたボールのコントロールが難しい。相手のフランカーにタイミングを合わせられると、潰されやすくなる。

このダイレクトフッキングは、名将の故・大西鐵之祐のオープン速攻勝負の戦略に乗り、後川がジャパンに初めて導入した。智恵と努力の賜物《たまもの》だった。

このときのジャパンは真のチームとなるため、一年半の歳月をかけた。スクラムでは八人がバインドを強固にし、低く構える。当たって、背筋をぐっと伸ばす。フッカーは瞬時に右足を出す。「さっ」という感じだ。

スクラムハーフとは「あ・うん」の呼吸が醸成されていた。相手の体勢が整う前にボールはスクラムから飛び出し、バックスをテンポよく回った。「ブレイクしたら、アウトセンター（13番）までボールがいっていた」

もっとも、実際、ダイレクトフッキングが決まったのは「たった二、三本」だった。だが、それこそが勝利への執着の具現だったのだ。これは、のちに日本の〝伝統工芸〟となる。

何より八人のまとまりをつくりあげるのは、姿勢とバインディングである。そしてフロントロー三人の呼吸とタイミングが大事だった、と言う。

後川といえば、伝説が一つ、ある。バンコクのアジア大会でフッキングの際、足を上げるとことごとく反則をとられたため、なんと、「頭でフッキングした」のだった。頭の左上頭部あたりでさっとボールをかき出した。

「だって、勝つためだもん。負けるのがいやだった、いろいろ考えるよ」

スクラムに命をかける。「生きたボール」を出す責任がある、と後川は愉快そうに笑うのである。

スコットランド戦、勝利のスクラム

もう一つのジャパンの金字塔が、一九八九（平成元）年のスコットランド戦の勝利だった。秩父宮ラグビー場。ジャパンのスクラムは強かった。ぐりぐり押し込み、濃紺のジャージの固まりを後退させた。

フッカーが、歴史に名を残す藤田剛（現明治大学ラグビー部ＨＣ）である。左プロップ（1番）が、いまの日本代表ＧＭ兼ＨＣの太田治。この両ベテランがそれぞれ復帰していた。右プロップ（3番）には京都産業大学を卒業したばかりの田倉政憲が抜擢《ばってき》された。

このときのＦＷ平均体重は九八キロ。約一〇〇キロあった。サイズでヒケをとらなくなっていた。スクラムで押し勝ち、二八―二四の勝利。試合後、スコットランドのコーチがこう漏らした。「なんて強いスクラムなんだ」と

藤田はほんと、強かった。銀座線稲荷町駅そばの株式会社クボタの応接室。四五歳を越えたいまでも体はでかい。二〇数年前の早明戦で、小生が完敗した苦い記憶がよみがえる。

じつは藤田はジャパン入りしたとき、伝統のダイレクトフッキングに抵抗を感じた。

「だって外国人相手でもスクラムで勝ちたかった。ＦＷはボールを出すだけかいな、って。それじゃ、おもろない。強いスクラムを組みたいという目標があったんです」

マイボールでも時には、キープして押し込む。相手ボールではプレッシャーをかける。揺さぶる。ボールを奪い取る。

サイド攻撃（ＦＷ第三列が、スクラムの横からボールを持ち出す攻撃）のサインプレー（決まった動きによる連続攻撃）でも、まず、ナンバー8にスクラムを押すことを求めた。

そして、ダイレクトフッキングから速攻のサイド攻撃を仕掛けるのだ。

スコットランド戦で記憶に残るスクラムは、ゴール前ピンチの一本である。バインドが崩れ、３番の若い田倉がひとり前に出た。ジャパンのＦＷはばらばらとなった。

「相手がもっと強ければ、押されて、スクラムトライを取られていた。ヒヤリとした。バインドの重要性を改めて知ったんだ」

この他のスクラムは、八人で圧倒した。

スクラムの中でステップを踏んでいた

藤田の右手は「アンダー」。つまり3番の田倉の左手が上の「オーバー」で、藤田の右手が下、田倉の左手が上で交差する形だった。こうすることで、藤田の右肩が田倉の左肩を押し出すようになる。田倉を少しでも前に出そうとしたのだ。１番から仕掛け、左側のウエイトの固まりを右へ伝え、相手をぐわっと押し込んだ。

もっとも、八人で勝つには、トイメンとの一対一の勝負に勝つことが前提である。ひとことで言えば、それぞれが「首を取る」ということだ。

すなわち、頭と首で相手の頭部を絞り込み、自分の姿勢を取る。パワーのアングル操作の主導権を握る。言い換えれば、相手の自由を奪い、パワーをうまく伝達できないようにする。

ほぼ水平に押す形からウエイトを相手にかける。体格で劣っても、ちゃんと姿勢が取れていれば、相手に効果的な押しを伝えることができるのだ。

ヒットのときには「相手の眉間《みけん》の右」を狙ってがつんとぶつかった。

組んだあと、両足の位置を状況に対応させていく。当たり勝てば、左右の足を少しずつ前にずらす。負けると、ひざを落とし、左右どちらかを後ろに下げる。あるいはひざを伸ばしてロッキングする。ねばる。耐える。

要は、後ろの力を効率的に伝える姿勢を維持するため、足のポジションをずらすのである。

「おれはな、スクラムの中でステップを踏んでいたんや」と藤田は豪語するのだ。

国際試合のスクラム内の駆け引きは想像を絶するものがある。揺さぶりだけでなく、スパイクの紐を相手から引っ掛けられたり、フッカーが相手ロックから顔面にパンチを食らったりしたこともある。

「でも勝負やから。いつもスクラムで勝ちたいこだわりがあった」

強いスクラムを組むためには？　試合同様、人間同士でライブのスクラムを組むこと、と藤田は言う。「それと」。ふふふと笑って付け加えた。

「やっぱ、酒を飲むことだな」

大事な「声」

スコットランド戦で左プロップ（１番）だったのが、若き日の太田ＧＭ兼ＨＣである。スクラムが強い時代を知っているオトコがジャパンのスクラム復活をリードする。ターゲットはもちろん、二〇〇七年九月のフランスＷ杯初戦のオーストラリア戦である。

「八人固まりの押し」は時空を超えるジャパンの鉄則であり、これをどうアレンジし、ジャパンに〝適応〟させていくのか。

「声とタイミングと後ろ五人の押し、それがキーです」と太田ＧＭ兼ＨＣは言う。

声は意外に大事だ。八人の呼吸――ヒットとプッシュのタイミング、足の運び――を合わせるためである。声はまた、互いを鼓舞し、「八人の集中力」を高めることにもなる。

ところで、〝伝統工芸〟のダイレクトフッキングは消えてしまうのか。この分だと、しばらくは、姿勢の低さにこだわることもなくなるだろう。ちょっと切ない（スクラムの強化方針はエリサルド流を継続するという）。

だがジャパンのＦＷが壁にぶち当たれば、あるいはスクラムが混沌とすれば、ふたたび、ジャパンの「原点」に戻ることになる。低い固まりのダイレクトフッキング……。断言できる。伝統工芸は決して廃《すた》れない。

①藤田剛（明大ＨＣ）インタビュー

藤田剛（ふじたつよし）
〈一九六一年一月二七日生まれ。フッカー。大工大高―明治大―日新製鋼。日本ＩＢＭを経て、現在はクボタ勤務。一九八七年第一回、九一年第二回Ｗ杯出場。日本代表キャップ三二。二〇〇六年度から明大ＨＣ〉

もう二〇数年前。かたや明大の重鎮フッカー、かたや早大のへっぽこプロップとしてスクラムで対決した。藤田は強かった。己だけでなく、フロントローを、そしてＦＷ八人の力を結集させる強さがあった。

二〇〇六年春。明大のラグビー部合宿所の監督室である。壁には故・北島忠治監督の肖像画が飾ってある。「忠さん」はタバコをくゆらせ、愉快そうに笑っている。

「この顔、好きやな」

元日本代表の名フッカーも目尻を下げる。藤田は忠さんから、重戦車ＦＷたるプライドを植え付けられた。

ジャパンとしては、一九八三年、ウエールズに二四―二八と迫った。八九年、スコットランドには二八―二四で金星をあげた。しばし、ジャパンのスクラム談義を。

かぎはバインド

――八九年のスコットランド戦の思い出は。

「一つだけ残っているのは、ゴール前のピンチのときのスクラムやな。不用意に田倉（政憲＝3番）がひとりで出た。スクラムのバインドを崩して……。危なかった。もう少しスコットランドが強ければ、スクラムトライを取られているところだった。あれは、ひやっとしたな。バインドは重要なんや」

――印象では、ジャパンがスクラムで勝っていたと思いますが。

「その一本以外は、安定して組めていた。生きた球をバックスに出していた。多少、ホイール（スクラムを回すこと）されたり、揺さぶられたりはしたけど、半歩でもプレッシャーをかけて、生きた球出しができていた。

ああ、そう、そう。一発目でコラプシングをとった。技術的にも、ジャパンが上をいっていたよ」

――スクラムの強さとは。

「そりゃ、八人の力の結束だろう。たとえば、ナンバー8がサイドアタックしようとした場合、どうしても第三列のウエイトがかからなくなる。それはダメだ。サイドにいくときも、ボールを拾うまでは、相手にウエイトをかけていないといけない。ひとりでも力を抜いたら、それは強いスクラムではなくなる」

――ダイレクトフッキングには反発したそうですね。

「一九歳でジャパンに入ったとき、ジャパンのスクラムはダイレクトフッキングだった。世界に対して、それが作戦だった。でも、それじゃ、僕ら、おもろくない。スクラムは押してナンボや。勝ってナンボや。洞口さん（孝治＝3番）や石山さん（次郎＝1番）と話して、いろいろと工夫した。押しながら、ボールを出したほうが、やっぱり攻めやすくなるはずや」

――外国チームはでかかったでしょ。

「彼らのスクラムの組み方は懐が深い。ひざが高い。ジャパンがふだん、組んでいる高さで組み込めば、押されるわけがない。外国人と組んでも、低さとバインディングがしっかりしていれば、怖くないという思いがあった」

——かぎはバインドですか。

「外国人と組むと、ひと波がど～んとくる感じがあった。その波さえ、ぐっと八人がバインドでまとまってこらえれば、逆にむこうが分散してくれるケースが多かった。バインディングは八人の力の結集をつくりだす」

上半身裸で組んだことも

——ジャパンではフッカーはオーバー（フッカーの右手が3番の左手の上）か、アンダー（フッカーの右手が3番の左手の下）か。

「ケースバイケースだったな。洞口さんとはオーバーで組んでいた。池田（洋七郎）とはアンダーだった。

バインドの工夫で体のサイズの差をカバーできる。池田は自分より小さいプレーヤーだけど、アンダーで組むことで、前に出し、大きく見せられた。

また相手の体のスペースをつくるため、ちょっとバインドをずらしたりもした。バインドによって、右に出したり、左に出したり……。要はバインドをしっかりすることや」

——ジャパンは寄せ集めでしょ。どうやってフロントロー同士の息を合わせたのですか。

「スクラムって、数を組めば、みんなの性格がわかってくる。おれたちのときは、1番が仕掛けて、おれと一緒に3番に比重をかけたとき、わっと前に出るようになっていた。つまり、1番、2番のウエイト、あるいは1番、2番、4番、6番のウエイトがぐっと固まって右に寄ったとき、3番、5番、7番の力を合わせて、右へ押し出していく」

――試合での修正は。

「よくファーストスクラムが大事だというけど、あたまの三本を組んだとき、相手のウエイトを両プロップ、ロックに聞くわけや。どや、いけるか、と。そしてプレッシャーをかけながら、ウエイトをコントロールするんや。それぐらいの余裕はあった。スコットランド戦など、田倉も太田も〝いける〟と言う。あとはコントロールするだけや。

フッカーは舵取りだから、後ろのウエイトを効果的にもっていかないとダメだろう」

――バインド練習は。

「時には、バインド練習のとき、上半身裸で組んだりしたな。男同士、体をひっつけ合うのは、気持ち悪いけどな。ははは」

練習でも激しく組み合った

――藤田さんのころのジャパンはなぜ、強かったのでしょうか。

「個々の強さもあるだろうけど、ジャパンの練習でも激しく組み合っていた。やっぱりトイメンに勝てば、テストマッチに出られるわけだから。

二度目のW杯（一九九一年）のとき、僕のほうが、木村（敏隆）、高橋（善幸）、相手が太田、薫田（真広）、田倉かな。いっつも、がちん、がちんと組んでいた。そうすると、強い組み方ができるようになる」

――ジャパンがいい試合をするときはスクラムも強いですね。

「僕はジャパンでも強いスクラムを組みたいとずっと思っていた。

一九八五年かな、フランスとやったとき、対等にスクラムを組んだ。トイメンがダントランだった。相手のボールも足を出して、邪魔したよ。フィフティ・フィフティなら、足を出すからね。そうしたら、むこうのロックから顔面にパンチをもらった。ダントランからはスパイクの紐をひっかけられた。エッと思った。おれの尊敬するやつなのに、せこいなって。はっははは」

いまは外国チームも低く組んでくる

――最近のジャパンはどうですか。

「かつて海外の選手はでかいけど、ひざが高かった。相手は重くても、固まっていれば、どうってことなかった。でもいまはスクラムマシンがあるせいか、外国人でもひざが低くなっている。より工夫がいるやろう」

――フッカーとロックの連係は。

「ロックの肩に自分のお尻を乗せて、ヒットすることもあった。でもケースバイケースだ。フッカーは両プロップと後ろのウエイトを利用する。フッカーは自由だよ。ひざに余裕があった」

――いまのジャパンはどうですか。

「ちょっと批判になるけどな、弱いと思う。安定性がない。相手がホイールとか揺さぶったら、すぐかかってしまう。もっと自分たちで一番いい姿勢で組もうとしないといかんやろ。練習は本数より、内容。でも、おれたちはラスト三本と言われて、五〇本ぐらい組んでいたけどな」

――ジャパンの伝統とは。

「低さやろ。ダイレクトフッキングは、おれは抵抗したからな。でも相手のリズムを崩すために使うことはある。ヤンボール（相手ボール）でもプレッシャーをかける。五分五分なら、フッカーが足で邪魔をする。絶えず、ボールに対してプレッシャーをかける」

足の動き

――相手フッキングの邪魔の仕方は。

「たとえば、3番のウエイトを利用して、おれの右肩と首をちょっとずらして、相手のフッカーのひざの一〇センチくらい上にもっていく。すると、フッキングしようとして、右足がこちらの頭に当たる。ぶつかって、こちらに蹴り込んでくれるんや」

――スクラムでの足の位置は。

「スクラムの中で足は絶えず、動かしていた。ヒットした瞬間に右に直そうと思ったら、左足をぐさっとプロップのほうへ入れて、体ごとぐっと揺さぶってみる。

おれは組んだとき、左足が八割、右足二割のバランスだった。スクラムの中で自由に足を動かすことができた。それで、スクラム全体の押す方向を考えるんだ。

たとえば、1番がやられたなと思ったら、右足を3番のほうへ動かして、右へ引っ張る。ゴールラインに向かってステップは踏んでいなかったけれど、おれはスクラムの中ではステップを踏んでいたんだ」

――フッカーが動くとロックが嫌がるでしょ。

「よく、フロントローとロックで言い合いになっていたな。でも、スクラムで押すためだ。

一回、洞口さんが明治のロックはウエイトがくる、同志社はこない、と言ったことがある。同志社OBの林（敏之）、大八木（淳史）が怒った、怒った。飲み屋で言い合いになったな」

――首の強さは大事ですか。

「テクニックは自然とついてくる。でも首、足腰は鍛えないといけない。とくに首はよく鍛えた。ディスコで。ははは、冗談だけど。おれはスクラムを組んだ瞬間、首でぐいとスクラムの形を変えることができた」

ラグビーの原点

――故・北島忠治さんに教わったことは。

「ただトイメンの右半面を狙って組めと。正面じゃない。相手の眉間の右のところかな。フッカーは相手の眉間を狙って組む。これがおれのポリシーだった」

――スクラムの重要さは。

「ラグビーの原点はスクラムやね。これはスクラムの結集した力がどこでも発揮できるからなんだ。ドライビングモールしかり、タックルしかり。スクラムが押せるなら、ドライビングモールだって押せる。押せないなら、誰かがサボっているだけや。スクラムが安定すれば、すべてのプレーが安定してくるものや。わかるやろ、これ。明治もジャパンも同じなんだ」

第2章　失われたスクラムを求めて——二〇〇六年のジャパン

スクラムのコンセプト

二〇〇六年三月下旬、ジャパンのフランス合宿がはじまった。

ジャン＝ピエール・エリサルドHCから選手に配られた四〇ページほどの分厚いテキストをめくる。「スクラム」の欄。

まず「信頼」とある。


〈一般論……日本ボール〉
・右側を押し込む（相手左プロップ側）。
・スクラムハーフはボール投入のために相手側に少し移動。
・攻撃方法によってチャンネル（筆者注：フッキングしたボールを転がすスクラム下のコ

ース）を決める。
・ナンバー8は両ロックの足にしっかりとバインドする。

〈敵ボール〉
・ナンバー8は両ロックの真ん中に位置し味方の外側をバインドする。
・スクラムの位置に応じて押し方およびディフェンスの方向を決める。
・左側を押し込む（相手右プロップ側）。

〈スクラムを組むときはいつでも〉
・フッカーはスクラムの中心である。
・スクラムの入り方を決める（1番は下がり気味。３番は上がり気味）
・パートナーの力をコントロールする。
・両プロップはロック、フランカーと連係する。
・各自が連係して力を発揮する（内側へのバインド）。沈むことが押しの前にくる。

スクラムはコンセプトが重要である。エリサルドＨＣはそう言った。「いったん、そのことを理解できたら、あとは練習、実践あるのみです」と。

ジャパンの選手はそれぞれが所属チームに戻り、トップリーグでプレーすると、基本を忘れてしまう。

たとえば、スクラムにおいてプロップが地面に手をつく、FW第三列（フランカー、ナンバー8）がスクラムから肩をはずしてしまう。これらは、国際的には反則だけれども、日本ではまかり通っている。また、ナンバー8はスクラムでほとんどウエイトを前にかけない。ブレイクのことを考えている。

エリサルドHCはこうも言った。「練習で、その概念を変えなければいけない。まず日本ラグビー全体でチャレンジしなければいけないのです」と。

スクラム練習での細かい指導は選手やスタッフを驚かせた。プロップの足の角度からロックのフットポジションなど。

たとえば、「スタンスはしっかり開き、しっかり両足にウエイトを乗せろ」「内足をちょっと前に出せ」……。

相手が弱いから勝てる

フランス合宿からの帰国後、ジャパンは二〇〇七年開催の第六回W杯アジア一次予選に挑んだ。

東京・秩父宮ラグビー場で行われた二〇〇六年四月一六日のアラビアンガルフ戦、同二三日の韓国戦と、いずれも楽勝した。結果、ジャパンは〇六年一一月に行われるアジア最終予選への進出が決まった。

エリサルドHCは「フランス合宿の成果を出せた」と笑った。FWコーチの永田隆憲は言った。「このあたりは、相手が弱いから、個人個人でやっても十分勝てる相手だったんです」

煮え切らない感じ——グルジア戦

二〇〇六年五月一四日。大阪・花園ラグビー場。ジャパンはグルジアと戦った。

ジャパンのスピードスター、大畑大介（神戸製鋼）が三トライをマークし、テストマッチ（国・協会代表同士の試合）の個人最多トライの世界新記録「六五」を達成した。日本代表キャップ（テストマッチ出場）五五試合目、九六年一一月の韓国戦で初トライを決めてから一〇年での偉業達成となった。

めでたい。ただ、ラグビーは一五人のチーム競技である。「ワン・フォア・オール」を基本精神とする。よいしょっとスクラムを組むFWがいるからこそ、ウイングへボールが回るのだった。

かつてのトライ王、「世界のサカタ」こと坂田好弘（現大阪体育大学監督）も言った。「トライは自分ひとりでやったんじゃなく、トライしたボールには一五人の手垢がついているんや」と。

スクラムはといえば、大型ＦＷにやや重圧を受けた。コントロールができなかった。

右プロップ（３番）の山村亮は言った。「むこうの３番がちょっと引いていたようです。回したんでしょ。それに対応できなかった。もう少し、僕のほうから出ればよかった」と。

フッカーの松原裕司はまず、大畑のトライ新を祝福した。「僕がトライしてもしょうがない。僕より、ファンが盛り上がる人がトライしたほうがいいでしょ。チームも勢いづくんで」と笑った。

で、話題はスクラムへ。

「不安定でしたね。なんかねえ。煮えきらん感じの……」

なぜか。

「相手の３番がちょっと独特な組み方だった。引いてきたり、押してきたり……。こちらの両プロップが分断されてしまった」

じつはハーフタイム、ロッカールームで話し合った。

「ぽんと当たったあと、相手が引くと、ついていくしかない。だから、とりあえず、八人で相手側に組み込んでいこう。山村を、引かれる前に出してしまおうと言ったんです」

でも、後半もスクラムは混乱した。

試合は三二—七で快勝した。大畑の大記録も生まれた。でも、フロントロー陣の顔色はすぐれなかった。スクラムがうまくいかなかったからである。

スクラム崩壊——トンガ戦

梅雨に入った。

ラグビーのパシフィック・ファイブ・ネーションズ（P5N）がはじまる。二〇〇六年から新設された国際ラグビーボード（IRB）主催による国際大会である。

世界トップクラスの強豪を除く二番手グループの底上げを図る目的でつくられ、日本の他にトンガ、オールブラックス・ジュニア、サモア、フィジーの環太平洋地域の五カ国が総当りでリーグ戦を行う。こともあろうに、開催時期がサッカーW杯ドイツ大会とほぼぶつかった。

もう猫も杓子もサッカーのW杯である。……と思ったら、わが郷土、九州の田舎がラグビーで燃えていた。

二〇〇六年六月四日。北九州の本城陸上競技場である。九州ではなんと、二二年ぶりの日本代表戦となる。地元協会の努力もあって、満員の約八〇〇〇人が集まった。

試合直前。スタンドの熱気に負けじと、エルサルドHCはロッカー室で叫んだ。「ギリギリ、ファイト！　ゼロ、イチ。ゼロ、イチ。ボンボンボン。ファイト、ファイトッ！　スクラム、ファイト！」

つまり、密集サイド（チャンネル0、チャンネル1）の突進を猛タックルで倒せ、そこが勝負だ、スクラムも戦え、という檄《げき》であろう。

しかし、しかし……。淡い期待は裏切られた。

ショックが大きいため、唐突ながら、ジャパンを博多ラーメンにたとえさせてもらう。ベースのＦＷは、白濁豚骨スープといったところか。

肝心のスクラムは粉砕された。当然、集散の出足がにぶる。だから、密集サイドへの到達が遅れ、バラバラに慌てて立つ前五人の姿勢が悪くなる。辛子明太子のようなトンガの直線的な突進を許してしまった。

左プロップ（1番）の久富雄一（ＮＥＣ）は九州の星である。両親、叔母、妻らをスタンドに招いた。どうでもいいけど、博多ラーメンが大好きだ。

この日のＦＷをスープにたとえると？

「豚骨ダシを利かせようと、いろんなものを入れすぎて、失敗しちゃったような……」

つまり、豚骨スープ本来のうまみ（結束）も野生的な臭み（激しいコンタクト）も消えてしまった。コク（闘争心）も希薄になった。まるで淡泊な鶏ガラスープのごとしか。

開始一分。トンガボールのファーストスクラム。ぐいぐいジャパンに圧力をかけて右に出す。スタンドオフがタテを突き、五度のラックから巨漢ＦＷが次々とサイドを突進する。

最後はナンバー8のフィフィタ（釜石シーウェイブス）が、ロック佐藤剛（三洋電機）、久富、ナンバー8菊谷崇（トヨタ自動車）の腰高タックルをかわして先制トライを奪った。ああ〜。

この日のスクラムはトンガボールが一〇本で、日本が一一本。日本ボールでまともに出たのは一本もなかった。ジャパンは、適度な高さの姿勢で、ソフトに突っかける。これじゃ、平均体重一一二キロのトンガのパワフルＦＷに対峙《たいじ》できるわけがない。

八人の結束も甘い。

主将のフランカー浅野良太（ＮＥＣ）は言う。

「もっと経験が必要です。オプションを増やし、圧力を軽減できる策を練習していかないといけない」

なぜ、時にはダイレクトフッキングを使わないのか。はっきり言って、フッカーの左足フッキングは選択肢を小さくする。軌道修正すべきだろう。

遅れるチームづくり

ついでに、バックスはといえば、まるでのびたメンのごときである。一番外側まで回そうとの意図はわかる。でも、メンの細さ（パスのスピード）も硬さ（技術）も不足している。世界のトライ王、大畑が早々と負傷退場したのは誤算だった。初キャップの守屋篤（ヤマハ発動機）は戸惑った。

バックスのキックについては、ひどい圧力を受けているゆえ、その心理はわかる。突破やパスの攻め手を失い、ついキックで相手のカベを越したくなる。

また、ポイント（ダウンボール後の密集）を外につくっても、位置が悪いから、サポートが遅れる。ターンオーバー（攻守の交代）されるか、ボールに手を絡められてしまう。ハンドリングが悪く、メンにコシ（リズム）が出ないのだ。

ディフェンスは無残だった。さほど難しい攻めではないのに、トンガの紅生姜《べにしようが》パワーの前に破綻《はたん》した。フルバック安藤栄次（ＮＥＣ）の懸命の戻り、ロック北川俊澄（トヨタ自動車）のゴール前の押し戻しなどもあった。しかし……。

ファンは泣いた。怒った。「きさぁ、タックルせんか！」「きさぁ、しっかりスクラム組まんか！」。野次が飛ぶ。一六―五七の大敗だった。

試合後の会見は、エリサルドにとってハリのムシロだったろう。打ち切ろうとすると、記者から怒号が飛び交った。顔面蒼白だ。

「悪夢だった」と二度繰り返した。「チームの本当の力が白日のもとにさらされた。頭の後ろをぶん殴られたような気分だ」。そりゃ、そうだ。「もうバカになってやる必要がある。歴史ははじまったばかりだ」。これはちがう。W杯までたった一年余しかない。チームづくりは一年ほど遅れている。

最大の課題はゲーム運びの意思統一だろう。どんな具材（選手）で、どんなラーメン（スタイル）をつくるのか、だ。

寄せ集めからチームへ——イタリア戦

その日の夜。永田コーチとフロントロー陣はとことん飲んだ。腹を割って話し合った。

「ぶっちゃけて話そうぜ」と、相馬朋和（三洋電機）が切り出した。どうすれば八人のスクラムが組めるのか、互いが言いたいことを口にした。

永田コーチ、いわく。

「それまで遠慮していたわけです。まだみんながお客さん状態だった。それが変わった。本音をぶつけ合おう。ロックにも注文つけようと」

この夜が転機となる。ばらばらの寄せ集めから、やがて「チーム」へと変貌しはじめる。基本に戻った。日本の強みは低さである。ポイントに早く集まる。フロントローはより低く構える。ロックはひざを浮かし、前五人の息を合わせて放り込む。

バインディングにこだわる。フロントローは「もっとウエイトを、もっと早く」とロックに言った。相馬が思い出す。「なんとかしなきゃいけないと自覚が出た。とにかく固まって、日本は当たり勝たないと話にならない。スモウの立ち合いと一緒です」

二〇〇六年六月一二日。秩父宮ラグビー場。雨のイタリア戦である。

強力FWに圧倒され、終始、圧力を受けた。スクラムトライも献上した。イタリアのベルビジェ監督は「日本の弱点はスクラムの弱さだ」と指摘した。

でも、組み勝とうとの八人の意思は伝わってきた。必死に組んだ。工夫もした。スクラムの後ろにセンターをローバー（スクラムのそばに、ボールを投入するスクラムハーフ以外を置くことで、素早くボールを処理すること）で立たせ、ダイレクトで拾わせる。スクラム左をもぐらせ、ポイントをつくってボールを出す。

フッキングも右足のダイレクトを混ぜた。

スクラムのサインは原則三つ。

①マイボールで圧力を受ければ、右足フッキングで1番の股間を通し、6番と4番の間からダイレクトで。
②安定すれば、左足フッキングで1番の右足とフッカー右足の間を通し、4番の股間から8番へ。
③優位に立てば、ボールを残して、八人で前へ押し込んでいく。

自分たちで考えたスクラム

イタリア戦は①を活用する。

「相手が重かった」と山村はため息をついた。「でも、もう逃げちゃいけない。いいスクラムが二、三本はあった。バインディングとか、放り込み、ヒットのタイミングとか、八人で合わせるところから高めていきたい」

ヨーロッパのチームの常で、イタリアも3番が極端に内に組み込んできた。1番の尻が味方フッカーから離れると、そのまま押し崩されていく。あるいは相手の1番が内気味に入り、フッカーと3番の間を割っていく。

地味ながら、1番の相馬はうまく対応した。低く、バインディングを強めて尻をフッカーに寄せ、早めに突っかける。「意味あるスクラムが組めた」と相馬は得意顔だった。「ヒットできれば勝負になることを確認できた。やっぱり、低さ、速さで勝負です」

大きな変化は、自分らで考え、組みやすい形を通したことだ。フッキングを左から右に戻したことも、姿勢を低くすることになった。フロントローがロックに座る形もやめた。「ロックとの密着度を増やすためというなら、別にフロントローが先に低くなって、そこにロックを入れても一緒でしょ」と相馬は言う。

ジャパンは上半身でなく、下半身で組む。

「光が見えた」とフッカーの松原は笑う。「反省を生かし、先に突っかけた。ヒットスピードが上がった点と、押されてもボールがしっかり出せたという点は収穫です」

要するに、エリサルドの指示と選手の解釈には、ずれがあったようだ。でも目的は同じである。ＨＣの言うエッセンスを消化し、選手たちが自立したのだ。

永田コーチは代弁する。「ジャン＝ピエールは一つの提案を言っていただけです。選手が思っているほど、細かい注文もつけてはいませんよ」と。

健闘——サモア戦、オールブラックス・ジュニア戦

ジャパンはニュージーランドに飛ぶ。ホテルでは毎夜、永田コーチとＦＷ前五人が部屋に集まる。パソコンの映像を見ながら、「スクラム分析」を重ねた。

スクラム練習でも熱気が強まった。言葉が飛び交う。一度崩れたあとのスクラムで圧倒された反省から、組み直しの練習を取り入れた。より実践的に。「組み直しっ！」の声が飛ぶ。意図的に「ブレイク」と「セット」を反復する。

雨中のサモア戦（二〇〇六年六月一七日）、晴天下のオールブラックス・ジュニア戦（同六月二四日）と、スクラムはずいぶん、よくなった。

とくに宿沢広朗氏（早大、日本代表のスクラムハーフとして活躍。三井住友銀行入行後も日本代表監督、日本協会強化委員長、理事として日本ラグビーを牽引。二〇〇六年六月一七日に急逝。同銀行執行取締役。享年五五）逝去に伴い、喪章を付けて戦ったオールブラックス・ジュニア戦である。

日本ボールのスクラムは一〇本。ダイレクトを絡め、ほぼ安定した球出しから、試合のリズムをつくった。

八人の一体感がある。低く構える。素早く突っかける。見るからに、相手はいやがっていた。いいぞ、いいぞ。それがジャパンスタイルだ。

「ほれぼれするほど、よくなりました」と、永田コーチは言う。「フロントローからナンバー８まで、組んだときの背中がきれいに一直線だったんです。こう、ピシッと。後ろの押しを前に伝える姿勢でした」

スクラムでフロントローが必死に組むのは当たり前である。つまり、ロック、フランカーの意識が高まったのだろう。だから八人が固まりとなる。敗れはしたが、ジャパンFWは自信を持って帰国した。何かが変わった。逞しくなった。意識が変わった。

スクラム練習中、もうエリサルドは多くを言わない。永田コーチ、選手同士の声が出る。ロックの大野均（東芝）は変化をこう説明する。「結局、ロックはひざをつかずに構え、低い姿勢を保ち、プロップにつくやり方に戻した。日本流にアレンジしたんです」と。

つまり、エリサルドの意見を無視ですか、とストレートな質問が若手記者から飛び出した。

苦笑を返す大野。

「ジャン＝ピエールの言うことを難しく考えるところがあったかもしれない。自分たちでかみ砕いて、考えるようにしたんです」

失われたスクラムを求めて――フィジー戦

P5N最終戦のフィジー戦（二〇〇六年七月一日・長居陸上競技場）である。ナイター照明の下、久しぶりにスタンドが「ニッポン」コールで揺れた。熱戦を演出できたのも、安定したスクラムがあったからである。

序盤は少しふわりと組み込んでいたが、後半はビシッと八人で当たり、主導権を握った。

後半二三分、敵陣ゴールライン直前までモールをごりごりと押し込み、左ブラインドサイド攻撃から、ウイング武井敬司（NEC）がコーナーぎりぎりに飛び込んだ。三一分にはオライリー（三洋電機）が同点トライをあげる。一五—二二と引き離されたロスタイムにも、ほぼ全員がモールに参加して愚直に押し込む。

だが相手にボールがこぼれ、九〇メートル独走トライをゆるした。万事休すである。スクラムは改善され、ディフェンスもがんばっただけに、ノーサイド寸前、ジャパンに策があれば……。

フッカー松原は左足を痛め、途中で交代した。でも顔に満足感が浮かぶ。

「自分たちで言い出した組み方だから、自分たちで責任を持ってやっている。これでいったん解散というのが惜しい。もっとチームで成熟させたい気持ちが強いんです」

山村、いわく。

「危機感がFWを変えました。日本らしい組み方、低く、早くに戻ったのが、よかったようです。このままではまだ駄目でしょうが……。もっと強くなりたい」

時間との戦い

自分探しの旅というか、ジャパン探しのツアーだった。ハードな五連戦。勝利はなかったけれど、貴重な経験は積んだ。スクラムに自信が芽生えた。信頼も。

永田コーチは手応えをつかんだ。

「自分たちの体を生かしたスクラムを組めるようになった。パックも押す方向もばらばらだったけど、それが一つになりました」

ジャパンの再招集は二〇〇六年一〇月下旬、W杯アジア最終予選となる。それまで個々に己を鍛え、「魂」を磨かないといけない。

個の課題は「筋量アップ」である。筋力トレーニングでパワーをアップし、身体をでかくする。目標数値がある。ただ、体脂肪は少なくしなければいけない。

「つまり、デブにはなるなということです」と永田コーチは言う。

W杯を想定すれば、まだ力不足は否めない。メンバーの入れ替えもあるかもしれない。でも「八人でしっかり組む」との意識はできた。

ジャパンにとって、秋のW杯最終予選からが本番である。スクラム練習を重ね、いかにパワーアップしていくか。時間との戦いとなる。くどいようだが、ムッシュー・エリサルドは言った。

「スクラムはファイト（戦闘）です。そのスクラムを制さなければ、Ｗ杯での勝利はないのです」

前述のように、秋の到来のころ、エリサルドは、「役職兼務」を理由にとうとう解任されてしまった。ただでさえ、指導力が乏しいのに、こともあろうか、日本協会に無断で母国フランスのクラブチームのスポーツマネジャーになったのである。ムッシューの無責任さはともかく、日本代表の強化がスローダウンするのは間違いない。緊急措置として、太田治ＧＭをＨＣ兼務とした。

その太田ＧＭは「まずはスクラムから」と言い切った。プロップ出身ゆえか、スクラムへのこだわりは強い。一一月のＷ杯最終予選ではスクラム勝負を挑む。敵は韓国。

「一番のポイントはセットプレーです。とくにスクラムで圧倒したい。スクラムでプレッシャーをかけ続ければ、相手のダメージも大きくなるんです」

直後、秋風に乗って、朗報が届いた。日本代表ＨＣに、あの元ニュージーランド代表ウイングのジョン・カーワンが就任することになったのである。

二〇〇六年一〇月二六日。秩父宮ラグビー場の日本ラグビー協会事務所の玄関。来日したカーワンが突如、現れた。相変わらずの迫力である。オーラが包む。

「これは非常にエキサイティングなチャレンジだ。ジャパンスタイルをつくることが世界の舞台で闘争できる唯一の方法と信じている。まずは自分たちはやれると信じること。そう、このハートが大切だ」

四一歳の元怪物ウイングはそう言って、分厚い胸板を右手でとんとんと叩いた。スクラムもまた、ハートがかぎを握るのだ。

W杯二勝への夢がふくらむ。


ああ、強いジャパンのスクラムが見たい。HCが誰であろうと、ジャパンが勝つとき、きっとスクラムは押し勝っている。おそらく屈強なフロントローが恍惚とした笑みを浮かべている。

②太田治（日本代表GM兼HC）インタビュー

太田治（おおたおさむ）

〈一九六五年三月二三日生まれ。秋田県出身。プロップ。秋田工高―明治大―NEC。一九九一年第二回W杯、九五年第三回W杯に出場。NECの監督、副部長を経て、二〇〇五年から日本協会出向、日本代表GMに。二〇〇六年九月、エリサルド氏解任に伴い、HCを兼務。日本代表キャップ二七〉

二〇〇七年W杯に向け、日本代表をリードしていく。

朴訥《ぼくとつ》ながら、真摯な姿勢は、いつもは辛口のメディアからも慕われる。芯がぶれない。スクラムに対する思いは強い。だから、ジャパンの「スクラム復活」にこだわる。

八人で押す意識

――ジャパンスタイルとは。

「八人でしっかり組むスクラムですね。スクラムが課題の一つでした。まだ、いいボールが出てこない。全員で押してないですね。

たとえば、ナンバー8がサイドをケアして、頭をロックの間に入れていなかったり、サイドにいこうとして、頭を入れずに肩だけを当てていたり、と。

極端な話、プロップは押さなくていいんです。後ろの五人（ロックとフランカー、ナンバー8）が押せばいい。まだ八人で押すという意識が希薄ですね」

――どうすればいいのでしょうか。

「トップリーグでも八人で押す意識は低い。だから、コーチがうるさく言い続けないといけない。

ナンバー8もちゃんと押せ、八人で押せ、とこだわるしかない」

――ジャパンのスクラムの高さは。

「最初はロックの上にフロントローが座るイメージでした。

基本的には、日本人は低いところから上に組み込んでいく。構えて、ぐっと伸びる。ジャン＝ピエールはフロントローが乗って、セットして当たる。いわば二段階を指示しました。

日本人もサイズが大きくなってきた。ですから、乗っている形で上から下へ、というスクラムもありでしょ。ただ当たる瞬間にぐっと沈んで伸びないといけません。

いずれにしろ、低いところで組み込んでいきたい。ぐっとコンパクトに当たる」

――ポイントは。

「ひざのためを使うんです。そういうスクラムをつくっていきたい。

下から上へと、でかい体で上から下へとを比べたら、上から覆いかぶさるほうが強いんです。久富（雄一）、松原（裕司）、山村（亮）なら、大丈夫でしょ。

海外のコーチングのマニュアルを取り寄せてみました。ニュージーランドも、フッカーが低いところから当たりにいくパターンもあれば、上からがんと覆いかぶさるパターンもある。体型や力のフィットしたスクラムを組めれば、どちらでもいいんです。固まって、ぐっと組み込んでいけばいいんです」

――フロントローが座るイメージのメリットがよくわからないのですが。

「後ろの押しをより前に伝えようと思えば、理にかなっているんです。座ると、ぐっと乗るので。ただ、座っている感じですよね。体重はロックにかけていませんよ。

　八人でがつんと当たるということを考えると、座るイメージでぐっといくほうが力が前に伝わるんです。タイミングはまだ、まちまちですが」

声とタイミングと後ろの押し

――とくに何を強化しているのですか。

「対応力です。ジャパンは強くなると思います。練習で止まってなら、いいスクラムを組める。ポイントはロックです。大きいロックが必要でしょ。セットプレーが安定すれば、バックスのトライも生まれやすくなる」

――エリサルドHCが導入したフッカーの「左足フッキング」をどう思いますか。

「チャレンジですよ。スクラムのメカニズムの理屈から言ったら、左足がいいんです。フッカーの尻がこう傾くと、絶対、押しは前にいかなくなる。最初、ジャン＝ピエールから『左足』と聞いたときは驚きましたけど。彼が言うには、右足でフッキングしているのは日本だけだって」

――そんなことはないでしょ。選択肢を増やせということでしょうか。

「左足でもフッキングができれば、非常にいいということです。

　ただ、左足だとボールのコントロールが難しくなる。もう速いボールは無理です。コロコロと転がるでしょ。ゲーム状況やポイントで使い分けていくことになります。

　まずはスクラムを押すことです。そしていいボールを出すことです」

――ジャパンのフロントロー陣へ。

「スクラムのことは、永田（隆憲）コーチを通じて、話しています。技術はともかく、共通している課題はフィジカルのアップです。脂肪分ではなく、筋量で体重をアップしてくれ、と。ＦＷはまずは五キロアップです」

——チームとして大事なことは。

「声とタイミングと後ろの押しが、キーです。ジャン＝ピエールは、フランカーのつき方もうるさく言っていた。尻に肩を当てて、両手で足を持て、と。

声は大事です。ヒット、ナウ、イチ、ニッ、サンです」

——二〇〇七年Ｗ杯の目標はまず二勝です。スクラムとしての目標イメージは。

「初戦のオーストラリア戦でしっかりスクラムを組む。マイボールは一〇〇パーセント確保です。相手ボールはプレッシャーをかける。そのため、逆算して、レベルアップを図っていっています」

アイルランド戦の悪夢

——太田さんの現役時代の話を少し、お願いします。思い出の試合は。

「一九八九年のスコットランド戦です。スクラムは押しまくった。ＦＷがまとまっていた。大八木さん以外は必死で押してましたね。ははは。藤田さん、田倉も強かった。

あのときは、フロントローから、八人で組もうぜ、と言い続けていた。でも先輩はなかなか言うことを聞いてくれない。

フランカーの梶原（宏之）、中島（修二）は大学の後輩なので、ロックが押さないなら、フランカーで押してくれ、ラトウ（ナンバー8）で押してくれと言っていました。

あのときのＦＷはサイズもあった。フロントローは一〇〇キロぐらいあったんじゃないでしょうか」

――スクラムで苦い記憶は。

「九五年の南アフリカでのW杯、アイルランドとの試合（二八―五〇）で、ジャパンのスクラムは崩壊しました。当たった瞬間〝いける〟と思ったら、第二波がすごかった。相手のロックとバックローの押しでジャパンのスクラムはふっ飛んだ。お～い、桜庭（吉彦）って、叫んでいました。

あのW杯は最悪でした。大敗したニュージーランド戦（一七―一四五）より、屈辱だったのはアイルランドの試合ですよ。ジャパンの意思統一が足りなかった。八人で組むことも、押してやろうということも。あの悪夢をぬぐい去るためにジャパンのラグビーをやっているようなものです」

――ジャパンのフロントロー陣って個性的ですよね。

「僕らのころは強烈だった。試合そっちのけで、とにかく一対一の勝負で負けたくないんですから。スクラムで負けたくないんです。そういうこだわりがあったし、体を張る人がいた。

九一年W杯では、僕は下っ端だったけど、大八木さん、林さん、藤田さんがいて、外国人と比べてもヒケをとってなかったし、コンプレックスなんてなかった」

――太田さんも強かったですよね。

「天狗になっていたのかもしれないけれど、相手が強いと思ったことはなかった。気をつけていたことは、首元かな。ここは絶対、スペースを空けなかった。こっちから入る感じで、相手の首を取る。当たりが一番大事でしょ。

1番なら、あとは左手の使い方かな。頭と肩ががつんと当たる。相手とのバインドを深く取ることで、突っ張れる。すると、トイメンは前に出てこられない」

〝なにくそ〟という気持ち

――ふたたび、いまのジャパンです。ニュージーランド遠征（二〇〇六年六月）でようやく、見られるようになってきました。どこが伸びたのか。

「永田コーチが、ジャン＝ピエールの意向を聞きながら、選手とコミュニケーションをとってきたので改善されました。一番はタイミングのところですね。仕掛けです。早くセットして、体重を前に乗せて、低くまとまっている。そこが非常によくなった。意識して、後ろの押しをしっかりもらい、体重をかけていくんです。

あと、ナンバー8が確実に頭をロックの間に入れるようになりました。

そしてＦＷ第三列のバインドの肩の位置と、手の位置。オライリーはできているときと、できていないときがありましたけど……。レフリーの声にも慣れてきたんでしょ。この春の経験がすごく自信になったと思います」

――戦う姿勢も出てきたのでは。

「そうなんです、みんな、〝なにくそ〟という気持ちが出てきました」

――スクラムが強いフロントロー三人は。

「今なら、山本（正人）、松原、山村の一列でしょうか。山本は掘り出しものです。強い。サイズもあります」

一番の思い出といったジャパン×スコットランド戦の監督を務めた宿沢広朗さんが二〇〇六年六月、心筋梗塞で急逝した。享年五五だった。

話が宿沢さんのことにおよんだ。「僕は……」と声が湿り気を帯びる。

「もう昔の試合なんですけど、僕は、スコットランドに負ける気がしなかった。宿沢さんは、勝つぞ、勝つぞ、勝つぞって、ずっと言い続けた。その戦法、戦術がしっかりしていたこともあるのでしょうが、宿沢さんは、勝利を選手に信じ込ませたんです」

果たして、二〇〇七年W杯の開幕戦前、ジャパンの選手は同じような心境になれるのだろうか。

「ジャパンはまだまだ、強くなります。スクラムなんて、半分以上も伸びしろがあります。もっと強くなります。もっと……」

第3章　スクラムはなぜ崩れるのか？——コラプシングの謎を解く

スクラムの崩壊とレフリングは別もの

スクラムはなぜ崩れるのか？　レフリーの笛の理由はナニ？

素朴な疑問である。じつはこれ、奥行きがずいぶんと深い。スクラムには、誰も足を踏み入れることができない、当事者同士の駆け引きがある。

どっちが組み勝っているのか、どっちが崩したのか。そんなこと、スクラム経験のあるフロントローしかわからない、ともよく聞く。

でも、それでは、素人ファンはつまらない。よりラグビーを楽しむために、大胆不敵にも、この通説に挑戦する。

「コラプシング」——。つまりスクラムを崩すという反則はどのようにして起きるのか。

あえて言えば、スクラムが崩れるという現象と、コラプシングの反則と判断するレフリングは別ものである。二〇～三〇パーセントは一致していないだろう。

すなわち、スクラムが崩れた場合、崩壊の理由に関係なく、レフリーは誰かを罰することになる。スクラムの固まりの右側か左側、いずれかのサイドから、見た目だけで判断する。選手に「誰がワザと崩したの？」と聞くことはない。

時には肩と腰のラインの上、下で見る。時には、ひじの上げ下げ、ひざの崩れ具合で「犯人」を断定する。無慈悲にも、である。

スクラムのメカニズム

まず、スクラムがなぜ崩れるのかを考える。そのとき、どうしてもスクラムのメカニズムについて触れないわけにはいかない。

「力の拮抗した者がぶつかれば地面に落ちます」

かつて酒場で哲学者然としたFWはこう、漏らしたという。

たしかに一理ある。スクラムは八人の力の凝縮である。トップレベルとなれば、八人の総重量は一トンにそう遠くない。その八人同士が、相撲の立ち合いよろしく、ガシッと組む。肩の筋肉が盛り上がる。力が拮抗《きっこう》すれば、いずれは下に潰れる。

でも、とスクラムのメカニズムに詳しい山本巧・防衛大助教授は反論する。早大ラグビー部の主将時代（一九八六年度）、ＰＫ（ペナルティーキック）で明治相手にスクラムトライを狙いにいった勇気ある元プロップである。

「力が拮抗して、バインディングをきちんとし、接点がずれなければ落ちない。下方に力が加わったとき、落ちるんです」

人には基底面積という想像のスペースがある。床に立ったときの肩幅、両足の前後の間の地面の部分をいう。そこに重心が入っていれば人は倒れない。外れるとバランスを崩す。

スクラムの際、フロントローの重心は基底面積の外にある。不安定となる。だから、互いのチームで支え合う。たとえば机を中央で二つに切断し、元の形に寄せ合わせている状態みたいなものである。

ただＦＷは重い。一チーム、単純に八〇〇キロとした場合、計算上、組み込んだ瞬間、フロントローには一・五トンの力がかかる。もはや頸椎《けいつい》の構造的限界を超えている。

力をスクラム内でうまく吸収したり、効率よく相手に伝えたりして消費させているわけだが、組み損ねると接点にひずみができる。アンバランスに力が伝わり、一部のフロントローの体に偏《かたよ》って吸収されてしまうと、腰や首、背筋に障害を被《こうむ》ることになる。

「肩や頭、頸部の接点がずれたり、つっかい棒の役目となる足がずれたりすると、スクラムは崩れることになります。とくに接点の力の方向はまっすぐでないと危険です。上や下にいくと、必ず崩れます」

崩した犯人は？

力の伝達を考える場合、フロントローの姿勢は大事である。背中を伸ばし、頭から首、胴、腰、尻へ、まっすぐのラインをつくらなければいけない。頭は首より、首は胴と腰より、胴と腰は尻より、やや高く、である。

足の運びや筋肉の収縮で高さやラインをコントロールする。フロントローのひざの開きの角度が一一〇〜一三〇度のとき、最大の力を発揮することが実証されている。

「接点構造がある以上、安定させるということは相対的なものでしかない。互いのフロントローの接点での努力と、ＦＷの足場の努力、バインディングが安定をつくっています。足を運ぶ技術は大事です」

衝突時にスクラムを安定させるため、足を肩幅で前後にずらして低い構えからぶつかる。衝撃力はどうしても体にも吸収されてしまう。腰に蓄積されると、椎間板ヘルニアになるのだが……。

「スクラムが崩れる理由は簡単です。実際は接点では必ず隙間が生じる。不安定となる。崩れるケースは、どちらかが下方に力を加えるか、その力を支えている足がすべるときです」

山本助教授は笑う。

「スクラムが崩れたとき、なぜかはフロントローにはわかりますよ。笛が鳴ると、みんな〝あれっ〟て首をかしげますが、組んだ人間はわかっているはずです」

コラプシングの判定

スクラムの判断は難儀である、とレフリーたちはため息をつく。トップレフリーである日本ラグビー協会Ａ級レフリーの下井真介さんも言う。

「正直、スクラムにはすごく神経を使います。ゲームのリスタートはきっちりやりたい。リスタートがうまくいけば、選手も流れに乗っていけますから」

スクラムは一試合に二〇～三〇本程度である。でも、このスクラムの明確な判断、判定が、ゲームマネジメントにつながることになる。

フロントロー経験者は大概、「組んだことがない限り、スクラムは理解できない」と考えている。ある意味、そりゃそうだ、と思う。でも、じつはちがう。スクラムにミステリーはない。コラプシングにしてもそうだ。理由はすべてである。

レフリーはそれを視覚的に判断し、ルール（ＬＡＷ）を適用し、ロジカルに説明しなければいけない。

スクラムに関しては、ざっと二〇の条項がルールブックにはある。スクラムが崩れ（コラプスし）たら、ケガ防止のため、すぐに笛を吹かなければいけない。

フロントローが体をひねった（ツイストした）り、落とした（ロワイアーした）り、あるいはスクラムを崩したと見られる行為をしたら、ペナルティーを与えないといけない。たとえば、ひざをついたり、手をついたり……。相手とつかみ合うフロントローの腕が下に曲がっていることは、引き落としや押し落としがあることを示す。

スクラムの駆け引き

まずスクラムの際、レフリーはコールする。「マーク」とスクラムの中央を足で示し、両チームのフロントローに正しい距離を保って向き合わせる。「クラウチング・アンド・ホールドゥ」。発音のよしあしはともかく、そう発声することになる。

クラウチは「腰を落とす」、ホールドは「静止」の意味だ。つまり、「腰を落として、止まりなはれ」と言っている。で、「エンゲージ」と声をかける。「結婚する」ではなく、「組む」の意である。このエンゲージは「組め」という指示ではなく、「組んでもいい」という合図である。

勝負は組む前からはじまる。組む際の「ヒット」は大事である。相撲の立ち合いと一緒である。どのチームも早めに組み込み、相手によりウエイトが伝わるよう、自分たちの優位な形をつくろうとする。だいたい、「エンゲージ」の「エ」の瞬間、あるいは「エ」の直前に組み込むことになる。

この駆け引きは面白い。

たとえば、二〇〇五年一〇月八日、トップリーグのサントリー×神戸製鋼（秩父宮ラグビー場）を見てみよう。

序盤、神鋼は二つの反則をスクラムでとられた。レフリーは数々のビッグゲームで笛を吹く下井さんだった。

反則のうち一つは、サントリーに仕掛けられ、攻撃側の神鋼が組み直そうと少し下がったためである。不利な体勢のまま組むことを避けたかったのだ。試合後、神鋼主将のフッカー松原裕司は言う。

「僕らはレフリーに合わせ、エンゲージのコールで組もうとしていた。なのに、相手がちょっと早かったんです。呼吸を合わせ、低く構えた瞬間、エンゲージのコールより早く組んできたんです。笛が鳴ったとき、相手のペナルティーかと思いましたからね」

サントリー側の言い分はこうだ。神鋼は「クラウチ&ホールド」のあと、「セット」と声を掛ける。直後、レフリーの「エンゲージ」の声と同時にどんと組んでくる。その神鋼のリズムを崩すため、早めに突っかけたのだと。

サントリーの理論派の左プロップ、元日本代表の長谷川慎はそう説明した。

「そりゃ、下井さんのコール通りだと、相手に組み込まれてしまう。こっちのリズムで組もうとすれば、早め早めになるのは仕方ない。早めに組んでも、下井さんは何も文句を言わなかった。だから、ずっと早めのリズムでいきました」

もう一つ、神鋼はスクラムを崩したとしてコラプシングのペナルティーをとられている。神鋼の右プロップ、清水秀司がスクラムから頭をワザと抜いたと判断された。

「あれはコラプシングじゃないでしょ」と、トイメンの長谷川は小さく笑う。「あれは清水さんが顔を上げすぎたからでしょ。でもそれは、僕がうまく頭と首、肩で絞めて清水さんの頭を突き出したからです。ふふふ」

う～ん、なるほど。では、ついでに聞く。崩れたとき、ペナルティーをとられないためのコツは。

「手を下に置かない、ひざをゼッタイに浮かしておくことです。弱いやつは低く組みにいこうとして手をつきにいくけど、あれはこちらの思う壺なんです。ひざがぺたっと地面に落ちて、レフリーへの印象が悪いでしょ。だから、崩れるときは、絶対、自分のひざは浮かしておくことです。向こうが落ちたら、こっちはひざを上げて、〝全然落ちていないよ〟とアピールするんです」

ルールの適用

世界のラグビーを統括する国際ラグビーボードのレフリーガイドラインにはこう明記してある。

〈スクラムが崩れたら、同じスクラムを二度以上、組み直すのではなく、誰かを罰すること〉

つまり、スクラムの組み直しは極力、避けるということである。ゲームの進行を重視するということだ。何度も組み直すとゲームがつまらなくなる。

たしかに試合中の組み直しの数は年ごとに減っている。でも、無理に反則をとる必要があるのだろうか。

下井さんは言う。

「無理にはとらない。どうしても、判断できないときはありますから。どんぴしゃでスクラムが落ちたら、どちらか簡単には決められません」

では、スクラムはなぜ崩れると思うか。しばし、熟考する。う～ん。

「どっちかが組み負けた結果じゃないですか。組み負け、組み直しをしようとするためじゃないですか」

崩れたとき、どこをとくに注意するのだろうか。レフリーは同じ講習会を重ねているため、だいたい、同じ考えを持っている。

「フロントローの肩と腰の位置に注意します。あとは押すアングルと、ひじですね」

内押しになりがちな左プロップ

下井さんはトップリーグのNEC×リコー（二〇〇五年九月二五日、秩父宮）も笛を吹いた。前後半一つずつ、守備側のNECがコラプシングの反則を二つとられた。

NECの左プロップ、久富雄一は説明してくれた。

「もちろん意図的に崩すつもりはありません。一つは自分が落としたと見られ、もう一つはチームとして崩したと……。尻がずれて、左に力が抜けてしまったんです」

レフリーのガイドラインには〈フロントローの身体の向きはタッチラインと平行でなければならず、内向きに入り込んではならない〉とある。まっすぐ押さんかい、と。

ただ、右肩だけで接触する左プロップと両肩で組む右プロップが接触する場合、左プロップは内側へ押さなければ不安定となる。

とくに相手の右プロップが味方フッカー側へ押した場合、どうしても左プロップも内側に入らざるをえなくなる。フットポジションも左足が右足よりやや前に出ている。バインディングが弱まり、尻がフッカーと離れた場合、その内押しの傾向は強くなる。

右プロップと左プロップの大きな違いは、相手との接点が「両肩」か、「右肩だけ」かである。右プロップは両肩で相手と接するため、おのずと大きな重量を背負う。力の逃げ場がない。そのため、強靱な肉体が求められる。まさにプロップ（支柱）であり、ゆえにチームで一番、チームメートからの信頼を得ることになる。

左プロップは右肩だけで押していく。その際、左腕の使い方がポイントとなる。トイメンの右腕を左腕で浮かし、揺さぶり、力のバランスを崩す。

左プロップには技巧派、攻撃的なタイプの選手が多い。左プロップが敵の右プロップの懐にもぐり込めば、まずチームは押し負けることはない。

レフリーの夏のキャンプでは、「トップリーグの1番（左プロップ）は完全な内押しとなっている。要注意」との申し合わせがなされた。

ゆえにシーズンに入ると、フロントローのアングルが曲がっていると判断され、反則をとられるケースが続発することになった。

フロントローの肩のライン

トップリーグの東芝府中×セコム（二〇〇五年一〇月一日、秩父宮）では序盤、守備側の東芝がコラプシングをとられた。これは右プロップの笠井建志が内に入ったと見られた。セコムの左プロップ（1番）、山賀敦之は一七三センチ、一〇三キロである。対する一八四センチ、一一八キロの大型の笠井が言う。

「最初、きっちり組めていなかったんです。ちょっと受けて、相手の1番に下にもぐり込まれてしまった。体を開いてしまったのか、僕が引いたと見られたんでしょ。レフリーの見解なので仕方ありません」

ただ厳密に言えば、当たり負けて押されただけである。反則ではない。

「笛を吹かせないためには、右肩をもっと絞って、しっかり相手と合わせて組むことが大事なんです。個人として、意図的に落とすことはしません。いい姿勢が取れなかったら、ぱっと回すことはありますけど」

セコムは、右プロップの左手をフッカーの右手の上で組む「オーバー」、東芝は右プロップの左手をフッカーの下で組む「アンダー」だった。

左プロップは必ず、右手をフッカーの左手の下で組む（アンダー）ので、右プロップが「オーバー」の場合、フロントローの肩のラインは右プロップが少し前に出る格好となる。

したがって、両者のフロントローのラインが横一列にきれいに一致するのは難しかったのである。

スクラムの押しというものは、だいたい、左側から右へと動いていくものだから、右プロップが出るということは、スクラムを押しやすくなる。いわば攻撃的なスクラムだ。ただ、押されると、フロントローのラインが横一線でなく、互いの体の密着が甘いため、崩されやすいという欠点がある。

だからだろう、右プロップの「アンダー」が主流となっている。八人の結束を重視するなら、フロントローの肩のラインを横一線にし、胴、尻を横と密着させるほうが、理にかなっているというわけだ。

試合中の修正

両プロップに挟まれる位置に立つのがフッカーである。両腕のバインディングで両プロップをコントロールし、スクラムの高さ、方向を定めることになる。相手にヒットする場合、そのタイミングを図るのも、フッカーの務めだ。

強いスクラムのＦＷには必ず、いいフッカーがいる。まさに「フック（かぎ、留め金）の人」である。

東芝のフッカー、日本代表の塚越賢は首をかしげる。

「プロップが内に入っているかどうか、レフリーはアングルに敏感すぎるのではないでしょうか。互いに駆け引きしているのですから」

海外はといえば、フロントローの方向が曲がっているというアングルオフサイドはまず、とられない。右プロップと左プロップのサイズがちがうし、互いに首を取り合い、まず一対一で押し勝とうとする。アングルなんてぐちゃぐちゃとなる。

「自分は海外でアングルオフサイドをとられたことがない。海外は3番がでかくて、よく内側に押してきます。だから、相手の3番が内にきたら、自分も1番を引っ張りながら味方の3番にぐっと寄って、3番がふられないように立て直すしかないんです」

強いチームは、この「修正能力」がある。

前述の試合、東芝は左プロップから強くヒットし、フッカーの塚越が右の笠井を右前に押し出すようにした。結果、スクラムは落ち着いた。

「ま、スクラムは一列、あるいは八人のトータル勝負ですから。スピードあるヒットで、いかにロック、ナンバー8、フランカーの押しを前へ乗せていくか、です」

また、スクラムが不利な体勢になれば、さりげなく組み直しにもっていく。意図的にスクラムの位置を前後させて、当初のスクラムの設定位置からずらす。そうなると、スクラムの位置を元の設定位置に戻すため、一端、両ＦＷともブレイクせざるをえなくなる。

不利な体勢でも、マイボールのスクラムなら焦ってボールを入れる必要がないが、相手ボールだと、我慢する必要がある。

わざと崩したとレフリーに判断されたら、コラプシングとなる。うまく組み込んでも、互角だと、ガタッと崩れてしまうこともある。

スクラムを崩さないためには。

「ぽんと当たって伸びることです。最初に決めてしまえば、相手も落としようがない。もし落ちたら、相手の上に乗るようにします」

崩す意思

一方のセコムは、フロントローが小柄なので、低くまとまってパァーンと組み込む。肩を絞ってもぐり込む。

前述の山賀は、小声で打ち明ける。

「じつは当たり負けたら、ぱんと落とします。駆け引きの一環です。ナイショですけど、押されるぐらいなら落とします」

一般論として、スクラムが潰れると、体格の小さいほうがコラプシングをとられることが多い。「だから、レフリーを味方にします」と山賀は主張する。

「そのため、僕はどんどんレフリーにアピールします。例えば、〝僕はまっすぐ組んでいるじゃないですか、内側なんか、絶対にいきませんよ〟って。コミュニケーションは大事です。レフリーを尊重します。時には試合中、プライベートなことも話しかける。レフリーがどこかの小学校勤務だったら、〝どこそこに住んでいるのですか〟と、その学校の話題を持ち出す。家族がいるなら、〝お子さん、お元気ですか〟と。レフリーもやっぱ人間ですから、情が僕に移るでしょ」

誤解を恐れずに言えば、コラプシングではどちらかのフロントローに崩す意思があるのだ。経験則として九〇パーセントはある。ただ意識の程度の問題があるゆえ、レフリーがスクラムを崩した犯人を明確に指摘できるのは二回に一回程度であろう。両チームのフロントローが崩さないよう意識し、足を動かし、我慢し続ければ、数秒、十数秒はまず崩れることはない。

コラプシングは守備側に起こる

要は、どうすれば、それをレフリーが的確にデシジョンすることができるか、だ。

ＩＲＢのスクラム指導担当者、トム・ジョーンズ氏は「足を見ろ！」「ひじを見ろ！」と言う。

「下へ引き落とそうとすると、どうしても足が下がる。左か右へ、ずらす。ステップアウトする。コラプシングを避けるためには、足の位置を修正しようとする」

二〇〇三年に来日したニュージーランドのトップレフリー、ケルビン・ディーカー氏はたしか、日本のレフリーセミナーで「守備側を注意しろ」と言っていた。「コラプシングは守備側に起こるものだ」と。

「選手はスクラムではマイボール時にボールを出したいと思い、相手ボール時には出したくないと思う。よって、コラプシング等の反則は、主にボールを保持していない側によって起こるものです」

落ちる姿勢

レフリーたちはスクラムのメカニズムの理解を深めるため、勉強会を開き、意見交換する。トップリーグのチームの夏合宿ではスクラム練習にも付き合う。

日本代表で名フッカーとして鳴らした東芝の薫田真広監督は、トップレフリーの講習でこう質問したことがある。レフリーは「相撲の行司」か「陸上のスターター」かと。

「陸上のスターターと言う人がいたんです。そりゃ、ちがう。コールにしても、相撲の立ち合いのように、フロントロー同士の目が合ってばちっと組めばそれでいいじゃないですか。両者の呼吸が肝心なんです」

崩れたとき、レフリーはどちらに反則を出すべきなのか。両チームのスクラムの真ん中に立てばいいとアドバイスする。「下がっているほうが落とすんです。組み勝って落とすやつはいないでしょ」と笑う。

練習では「落ちる姿勢を考えろ」とうるさく指導する。反則をとられないためには、まず相手の上に乗ることだ。崩れないためには、「バインド」と「足」「ひざ」が大事である。

「足首の柔らかさも大きいですよ」

レフリーへ。

「実際、自分たちで三人対三人のスクラム練習をしてみたらどうですか。それでフロントローの考え方を理解してほしい。実際に組めば、落とす側のことを実感できるでしょ」

でも、レフリーはまず、スクラムを組むことはない。だから本当のメカニズムまではわからない。心理は理解できない。多くのフロントロー経験者はそう考える。

「要はレフリングのレベルを上げてもらって、選手はどこまでレフリーの判定に妥協するかでしょ」

むろん、レフリーは過酷なポジションである。ただ、間違った判定を重ねると、選手のフラストレーションがたまる。非ロジカルな場合はもっと悪い。試合がぶち壊れる。レフリーがロジカルで正しい判定をすると、互いの選手にリスペクトが芽生える。グッドゲームにつながる。

何はともあれ、われわれファンもスクラムの駆け引きやメカニズムを理解すれば、試合が百倍楽しくなるのは間違いない。

③下井真介（レフリー）インタビュー

下井真介（しもいしんすけ）
〈一九五七年九月一七日生まれ。日本ラグビー協会公認レフリー。都立石神井高—東京学芸大。東京都杉並区立馬橋小学校勤務。一九九八年よりA級レフリー〉

スポーツとは、プレーヤー、コーチ、そしてレフリーで育てていくものだ。レフリーはゲームのパートナーであり、演出者である。決して、取り締まり専門の警察官ではない。ともにゲームをつくるのである。

とかくレフリーは批判を受けやすい。損な役回りだ。「でも」と、日本のトップレフリーの下井真介さんは言う。「ゲームをうまくマネジメントできたときはサイコーですよ」と。

JR阿佐ヶ谷駅前。雨上がりの夕方。会社帰りの雑踏のなか、小学校勤務の下井さんは自転車に乗ってやってきた。まるで銭湯帰りのおじさんのように。

二階の喫茶店でコーヒーを飲む。ビッグゲームのときとはちがい、柔和な顔で「スクラム談義」となったのである。プレーヤーもよく理解できない、「コラプシング」についてである。よくぞ語ってくれた。

ペナライズしたらちゃんと説明する

——スクラムのペナルティーって難しいですか。

「そりゃ、もう。一番、神経を使います。できればリスタートはスムーズにやりたい。スクラムの組み直しは避けたいですから。リスタートがうまくいけば、選手は乗ってこられる。もしペナライズしたら、いかに選手にちゃんと伝えるか。マネジメントに気を使います」

――変なコラプシングが続くと、選手がかっかするときがありますよね。

「とくにフロントローの三人と三人の六人は、すごい駆け引きをしています。それぞれ言い分もあるでしょ。こちらとしては、極力、選手のフラストレーションがたまらないようにしてはいます。ペナライズしたら、ちゃんと説明する。姿勢がこうなって崩れていたので、笛を吹いたと。

試合の序盤だと、タッチジャッジとコミュニケーションをとりながら、逆サイドを見ておいてくれと頼むこともあります。本来はタッチジャッジに権限はないですけど、マイクを通して、話し合うこともあります」

――試合前にも何かしますか。

「両チームと話をするとき、フロントローにはだいたい注意を呼びかけます。タッチジャッジがいるので、スクラムの逆サイドもちゃんと見ることはできますよ。だから、ちゃんとスクラムを組んでください、と。

たとえば、タッチライン際だと、タッチジャッジに、わたしの逆サイドを見ておいてくれ、と言うだけで、選手への牽制になります」

――コラプシングで一番、注意する部分はどこですか。

「トップリーグは1番の内押しですね。夏の合宿で北海道・網走にいったときも、チーム関係者と話しました。まあ、たしかにフットポジションから内側に押す方向がいくこともある。でも尻が割れちゃって、内に押すのは反則なんです。プロップはまっすぐ押してもらわないといけません」

声に合わせてもらう

――レフリーの声もスクラムでは重要です。

「マーク」とポイントを指示することも。

「試合前のブリーフィングでは、それぞれのチームが相手のことを言ってくる。誰々は組む前に動きますから、よく見ていてくださいと。間合いのことも言ってくるときがある。でもレフリーのコールは決まっています。どちらのチームにも偏ることなく、レフリー主導でコールしないといけません」

——なんとコールしているのですか。

「まずポイントを〝マーク〟したあと、〝クラウチ・アンド・ホールド〟、そして〝エンゲージ〟と言います。

選手のリズムで組んでいるという話がありますが、それはちがいます。ちゃんと〝ホールド〟で静止してもらってから、〝エンゲージ〟と声をかけます。〝静止しないとエンゲージはかけないよ〟と試合前に言っていますから。エンゲージ前に組むと、アーリープッシュです」

——相撲の立ち合いと一緒ですね。レフリーは行司役ですか。

「まずは両チーム、しっかり止まってもらう。いまは、ほぼ止まりますよ。選手の勢いに負けて止まらせないと、アンフェアになってしまう。とにかくレフリーの声です」

——大観衆でレフリーの声が通らないときとかありませんか。

「コールのかけ方で、ゴメンネというのもある。試合前のブリーフィングのときも、声が小さかったり、タイミングを取りにくかったりしたら、遠慮せず言ってくれと言っています。それは文句じゃない。だから、ペナライズすることはありません。どちらか片方に聞こえて、もう片方に聞こえないで組んだら、非常に危険ですから。

また、コールの前に、両方がいい形で組み合うなら、プレーしたほうがいいと思う人もいるでしょ。でもわたしはこちらの合図に合わせてくれと言います」

――昔、レフリーはコールをしていなかったのでしょうか。

「昔はなかったですよね。フッカーのタイミングが合ったら、組んでいた。レフリー主導よりも、昔のほうがよかったかもしれない。いまは〝エンゲージ〟の組み合っていいよ、の合図で組みます。最初のクラウチは〝沈んで〟ですよね。クラウチングスタートのクラウチですから。

インターナショナルのレフリーの英語は自然ですけど。日本では意味が理解されていないときもある。トップリーグではさすがにないけど、高校生の試合では、選手が混乱するときがある。

高校は、〝クラウチ〟、〝タッチ〟、〝ホールド〟、そして〝エンゲージ〟の四段階ですよね。レフリーがクラウチ、タッチ、ホールドと言って、〝ちょっと待って〟と言ったら、がつんと組んだという話もある。高校生の場合、単なる掛け声で、四つ目の声で組むと思っているんです、たぶん」

両チームがきちっと組んでいるのに落ちる場合もある

――スクラムで崩れた場合、どこを見ますか。

「まず肩と腰の位置です。頭や肩が落ちているんじゃないか、注意します。ちゃんとクラウチして、つまり沈んで組んでいるかどうかです。

ポッピングアップは、相手が嫌がって頭を抜いたのか、相手の頭を抜くように上へ押しているのか、注意します。あとはバインドですね。しっかりバインドしているか、ひじがちゃんと上がっているか、です」

――ひじが下がって、スクラムが崩れるとダメですか。

「そのときは笛を吹きます。アングルと、ひじの問題は微妙です。フロントローは互いの駆け引きで、当たり負けたら、サーッと引いてしまうときがある。これをどう見るかです。

　アーリープッシュかどうかも問題です。まずコールより早いとダメです。レフリーは自分のコールに早いか遅いかで線を引く。ブレがあると選手も混乱するでしょ。どんぴしゃが一番です」

——１番のステップアウトは。

「マイボールでステップアウトはしないでしょ。ヤンボールでステップアウトしますよね。ボール出しを遅らせるためです。微妙なときは、同じことをまたやったら笛を吹くと、選手に注意します。トップリーグの選手だと、次はもうやりません。早めに判断基準を選手に示すのは必要なことだと思います」

——スクラムの攻撃側と防御側、どちらをマークしますか。

「攻撃側の１番がスクラムを落とすことはまずないでしょ。ボール投入のトンネルをキープしないといけないから。いずれにしても、防御側の反則が多い。

　ゲームの流れも考えます。もしスクラムを落とすとすれば、攻められているときとか。あと敵陣か自陣か、状況も大事です。スコアも時間も頭に入れておかなければいけない」

同時に落ちたら決められない

——スリップした場合は。

「足が滑って崩れた場合は笛を吹きません。ただ微妙ですよね。組んだ瞬間、ストンと落ちるのと、押し合いしながら落ちるのと。両側が同時にぽんと落ちたら、どちらかにペナライズするのは難しいですね」

――スクラムが崩れたとき、どちらかにペナルティーを与えるというレフリーのガイドラインがあります。組み直しは避けろと。

「でも、どうしても判断できないときはあります。どんぴしゃで落ちたとき、やっぱり決められない。角度の問題があればいいんですけど、両チームがきちっと組んでいるのに落ちる場合はあると思うんです。組み直しも仕方がないですよ。

ま、これもマネジメントの問題です。ペナルティーをとる場合と、組み直しの場合と。だいたい警告しておいて、三度目でペナライズする場合が多いようです」

メカニズムを理解して、ビジュアルで判断する

――よくレフリーはフロントロー心理がわからない、と指摘されます。

「トップレフリーの研修をやったとき、薫田（真広）さんらを講師に招いて、フロントロー心理の勉強をしたことがあります。一瞬崩れると思っても、強いチームには持ち上げるというか、復元力があるという話を聞いて、〝へえ〜〟と思いました」

――結局、どうやっても、フロントローの心理はわかりませんよね。

「フロントローを経験していないと、どっちが先に落ちたかを判断するのは難しい。メカニズムを理解して、ビジュアルで判断するしかない。そして1番がこうこう、3番がこうこう見えたとはっきり説明する」

――ミスジャッジはありますか。

「どちらかに反則の笛を吹いたけど、あとで映像を見ると、両方かな、と思うことはあります。とにかく決め付けはいけないと思います。レフリーも反則をとりたいのではなく、リスタートをきちんとしてほしいという願いがあるのです」

――失敗談は。

「ずいぶん前ですけど、スクラムの組み直しをやたらやったことがあります。花園ラグビー場での社会人の試合だったと思います。一回のスクラムで必ず、二回、三回の組み直しがあった。しかもペナルティーをとると、またスクラムを選択する。一〇〇回はいかなかったけれど、相当数のスクラムを組みました。ファンがあきれて、途中で帰ってしまった。苦い思い出です」

――何がスクラムの笛で大事ですか。

「選手からの信頼でしょうか。コミュニケーションは大切です。正しく判断し、しっかり吹く。きちんとチェックしてあげる。肩の位置とか、足の位置とか、ひざの角度とか……」

――最後に。スクラムはなぜ、崩れると思いますか。

「難しい質問ですね。いずれかが組み負けた結果じゃないですか。組み負けた結果、組み直しにしようとして崩すのではないでしょうか」

明治のスクラム

大学でスクラムといえば、明治である。大相撲のごとく、大学ラグビーの歴代スクラム番付をつくれば、東の横綱は明治で決まりだろう。そして明治といえば、「忠さん」こと故・北島忠治なのだった。

明大ラグビー部の創部は一九二二（大正一一）年だ。そのとき、相撲部だった忠さんは「助っ人」として練習試合に駆り出された。小柄ながら押し相撲が滅法強かったという。『八幡山春秋～北島忠治89年の軌跡』（ベースボール・マガジン社）によると、その後、忠さんはラグビー部に入部する。ポジションはフッカー。とにかくスクラム練習に打ち込み、スクラム二時間、フッキング二時間半という練習を毎日続け、スクラムハーフの「ボールイン」の声が出なくなったというエピソードが残る。

卒業後、監督となった忠さんの転機は一九二八年（昭和三）年。ウエールズ・カーディフ連隊の来日である。霜解けのグラウンドでまっしぐらにスクラムを押され、忠さんは「ＦＷがスクラムで押されては試合にならん。ラグビーの原点はスクラムの押し」との信念を揺るぎないものにした。

忠さんはいち早く、明治ＦＷをセブンからエイトに変える。七人から八人にしたのだ。「押すラグビー」「前へ」が明治ラグビーの背骨となったのだった。

しかも、忠さん自身が小《こ》兵《ひょう》力士だった反動ゆえ、巨漢に憧れた。やがて「重戦車ＦＷ」が誕生する。忠さんは一九九六年、天に召された。享年九五。

「〝ボールを見ろ〟これがおやじの教えだった」。忠さんの薫陶《くんとう》を受けた明治の二〇〇六年度ＨＣ、藤田剛はそう話す。「おやじは〝スクラムを組んだらボールを見ろ〟〝首をかしげろ〟それをずっと言っていたんだ」

つまり、フロントローは左側から投入されるボールを見ることで、首と右肩がぐっと絞られる。これで前に出れば、相手の首を殺し、右斜め前に絞り込んでいくようになる。これが基本だというわけだ。

藤田には消えない記憶がある。明大三年のとき、八〇歳を超えた北島監督が突然、「どら」と杖をおき、実際、スクラムを組んで見せたことがある。「こう組んで、くっと首をかしげたらいいんだ」。神々しい光景だった。

「びっくりした。八〇いくつで実演するんだから。周りは怪我しないよう、大変だったけど。でもおやじは、スクラムの中でぐちゃぐちゃする必要はない。首をかしげ、肩と後頭部をくっと押さえるだけで、がちっと押さえることができる、と」

首をかしげる。簡単そうで難しい。そのためには背筋、首、足腰と体全体の筋力を鍛えないといけない。姿勢も大事だ。あとは八人でライブで組み、結束を強めないといけない。八人でまとまるのだ。

忠さんの意思は明治ＦＷのこだわりとなった。化け物のような重戦車ＦＷが結束し、押し込んでいった。「ゴール前一〇メートルに入ったらスクラムトライを狙え」が明治の常識となった。

でも歳月は残酷だ。重戦車ＦＷも死語となりつつある。切ない。ノスタルジーではないけれど、あの明治ＦＷはどこにいったのか。

早明戦

さて、二〇〇五年一二月四日の早明戦だ。

寒波到来、冷たい雨の中の伝統の一戦となった。芝はぬかるみ、ＦＷの力量がよりものを言う。八人の平均体重は早稲田が九九・六キロ、明治が九八・九キロだった。数字にさほど意味は感じないけれど、早稲田が重いとは……。隔世の感がある。

明治ボールのスクラムは前半八本、後半一本の計九本だった。押し込まれ、一つもまともなボールを出せなかった。ターンオーバーを三度も許した。レ・ミゼラブル。あぁ、無情だ。

完敗である。おまけに早稲田にゴール前のPKでスクラムを選択されるわ、スクラムトライを狙われもした。関西なら「どあほ。ジャージが逆やで〜」の野次が飛ぶところだ。

組んだ瞬間、もう負けていた。フッカーの上野隆太が首を取られ、右プロップの狭間辰弘は懐にもぐり込まれていた。左プロップの川俣直樹は尻がフッカーから離れた。

フロントローの戦いは、ひとことで言えば、「首」の取り合いである。それぞれが頭と肩、胸の三点で相手の首を絞めにかかる。首を取れば優位に立ち、相手の懐にもラクにもぐりこめる。逆に首を取られれば、肩口の自由を失い、力の伝達ができなくなる。

3番の狭間は言う。「自分らが全然、まとまってなくて。八人でまとまろうと言ったんですけどダメでした。相手のフッカーの圧力が自分のほうへきて……」。悔しさがよみがえる。

「僕が相手の1番と2番に挟まれるわ、こちらの1番が内に押されるわで……。相手の3番がすごく内に組み込んできて、うちの1番があおられていた」

その1番の川俣はこうだ。「相手3番が内にきていて、対応できなかった。ヒットはできるんですけど、相手ロックの二次の押しがすごく強かった。いつも通りのスクラムが組めなかった。相手の3番に対応できなくて、それで、それで、自分が割れちゃったんです」

つまり、八人の結束力の差ということだ。ちなみに狭間も川俣も高校ジャパン。力はあるのだろうに……。狭間は泣いた。「恥ずかしい。情けない。悔しい」と。

早稲田のスクラム

逆に早稲田フロントロー陣は風呂上がりのようなニコニコ顔だった。完勝？　という声に右プロップの畠山健介は「そうですね」と笑う。「でもエス・ティー（ST）を想定した練習をしていたし、STがほしかったなあ」。はぁ、ST？　ショートトラック？　サマー・タイム？　何のことかと思いきや、「スクラムトライ」のことだった。左プロップの前田航平（現サントリー）は「基本通り。しっかり組んで伸びて、それだけです」と言う。

フッカー青木佑輔（現サントリー）は豪語する。「相手フッカーの首周りがルーズだった。組み勝っていることもあり、押す方向を変えたり、回したり、好き勝手にできました。相手のフッカーはまだ若いんでしょ。いや〜、ラクでした。いきたい方向にいけました」

青木は四年、トイメンの明大フッカーの上野は二年。たった二学年差でも、経験の差は大きいのだった。

いまや強力スクラムは早稲田の看板である。監督の清宮克幸（現サントリー監督）は「ラグビーはスクラムだ」と言い切る。

昔も決して弱くなかった。でもサイズが比較的、小さかった。理論＋サイズ＋練習の結果がいまの強いＦＷである。

早稲田はポイントに早くいき、低く、小さく構える。八人でパックを固める。パックの基本は掴む「バインド」というより、体を密着させる「ボンド」である。だからフッカーは手でジャージを握らない。手の平で強く引き寄せる。

レフリーの掛け声でヒットする。「先手」。これにかける。構えで左プロップは右足を若干前、右プロップは両足フラットと指導される。相手ボールだと「ヒット、ワン、ツー」、マイボールだと「ヒット、イチ、ニ、サン、シ」と足を動かし体を伸ばす。

なぜ、コールが違うのか。小山義弘スクラムコーチは説明する。「マイボールだと、どうしても受けに回るからです。ヒットしたあと、足の運びを徹底させるのです」

早稲田は姿勢、突っ込みの練習に時間を費やす。「当たり前ですけど、基本がすべてです。相手の真正面に立って、ヒットし、まっすぐ押す。そして伝統といえば、八人でしっかり組むという点です」

早慶戦

二〇〇五年一一月二三日の早慶戦でも、早稲田はスクラムで圧倒した。

これまた、ひとことで言うと、当たり勝ちである。早稲田はファーストスクラムでアーリープッシュのＦＫ（フリーキック）をもらい、二つ目ではコラプシングをとった。慶應１番の宮崎豊が落ちたとジャッジされた。

左プロップの宮崎は言う。「相手３番に内にこられ、組み込まれてしまった。どんと当たって、微妙なアングルチェンジで落とされた。ワセダのスクラムは基本的に３番が内に入っていくので、僕も内へいくと、こちらがペナルティーをとられてしまうんです」

なるほど。レフリーからは３番はよく見えない。１番の宮崎が組み遅れ、尻がずれると、レフリーには１番が内に落としているように見えるものだ。

じつは春の早慶戦では早稲田は押されていた。逆に慶應１番に内に組み込まれ、慶應３番にもフッカー側にねじ込まれたからだった。そこで早稲田は対策を立てた。

まず１番、２番で慶應３番を挟み、そして３番が慶應１番の頭を殺し、まっすぐ押す。ポイントはヒットとフロントローのパックである。

通常、スクラムのポイントは３番と言われるが、対慶應を考えると、とくに１番の突っかけがカギを握るのだ。

早稲田フッカーの青木は言う。「前田（1番）がすごくがんばった。作戦通り、前田がしっかり寄ってきてくれた。だから、自分も出られたんです。前田から攻めるというイメージがあったんですけど、今回は自分を支えてくれる感じでした。前田から前に出るというか、僕に寄ってくるという感じです」と。

慶應は3番の左手はフッカーの右手の上、つまりオーバーで組む。前述のように、押し込んでいる場合はいいが、差し込まれると脆《もろ》い。結果、慶應1番もはじき出される格好となった。

ふたたび慶應1番の宮崎。「僕はほとんどトイメンと組ませてもらえなかった。どんと当たって、アングルが変わると、僕の前には誰もいなくなる。僕の前はカラです。ちょっとすかされるような感じで誰もいなくなるんです」

いわば早稲田フロントロー三人に対して、慶應は2番、3番の二人で対抗した格好だったのだ。

慶應の3番の平田一久はため息をつく。「むこうの3番の畠山が内に結構、入ってきて、うちの1番がはじかれちゃった。うちは二人でワセダの三人と組むような感じになった。ず〜っと、左からプレッシャーを受けていた」

典型が前半終盤のスクラムだった。相手ゴール前の慶應ボール。早稲田にぐいと押し込まれ、ボールがこぼれる。ブレイクした前田に拾われ、３番畠山健介がつなぎ、最後は青木がインゴールに飛び込んだ。

なんと、スクラムを支えるフロントローが演出し、流れを決めるトライを奪ったのだ。羨《うらや》ましい限りだ。

慶應のスクラム

慶應とて、スクラムにはこだわりがある。慶大ＦＷの格言が「花となるより根となろう」である。プライドがある。慶應日本一の一九八五年度、プロップだった橋本達矢は、だから「試合中、怒り狂っていた」という。二〇〇五、〇六年度ＦＷコーチ。「ケイオーがスクラムで負けて、勝った試合はない」と言うのだ。

慶應のスクラムは伝統的にねちっこい。真っ向勝負というより、左右に崩したあと、ぐいぐい押し込んでくる。

慶應の伝統の押しは「ヨーヨー」という。ヨーヨーのように右や左にいったりきたりするからだ。まず組んだ瞬間、右斜めに押し込み、すかさず左へ押すアングルを変える。そうして相手のフロントローを崩して、ダーッとまっすぐ押す。

慶應といえば、地獄の山中湖合宿だろう。夏、毎日スクラムを二〇〇〜三〇〇本組んで、姿勢と「魂」を磨くのだった。

自分の経験で言うと、慶應の1番と2番の間に隙間なんてなかった。1番の右肩が2番の左肩の下に隠れ、極端に内にねじ込んでくる。ありゃ、ステップアウトだ、といつも感じていた。

スクラムの規則では、〈フロントローの身体の向きはタッチラインと平行でなければならず、内に入り込んではならない〉とある。1番が足を左にステップアウトし、腰をずらすということは、結局、身体の向きが内側に曲がることになる。つまり、反則なのだ。

慶應スクラムのかぎは1番（左プロップ）が握る、と好漢橋本は言う。「1番が押せなかったら勝てない。右にずらして、まっすぐ押すんです」

突飛ながら、大相撲の歴代横綱にたとえると、明治は北の湖、早稲田が朝青龍、そして慶應が「黄金の左」の輪島と笑うのだった。

同志社大のスクラム

では、西の横綱はどこかといえば、同志社である。京都産業大学も個々がよく鍛えられているが、長い歴史で見ると、やはり同志社だろう。

同大のスクラムの伝統とは？　かつて名フッカーとして鳴らした二〇〇五、〇六年度FWコーチ、弘津英司は言う。「その年の選手によって、ベストのスクラムを創り上げることです。組み方、基本のベースはありますけど、いいところをどう汲み上げるかです」

特徴がないのが特徴ということか。同志社の練習をのぞくと、フロントロー出身のOBがよく集まる。「それが伝統といえば伝統」と弘津は言う。

で、実践的な練習で強化していく。基本はライブで組み合う。試合を想定し、ポイントを動かしながら組んでいく。時間も、四〇分で水を入れ、さらに四〇分、組み続ける。「場所や時間を意識させます。たとえば、右サイド（攻撃）でいくなら、右の3番を上げるとか。スクラムのポイントはフッカーです」

二〇〇五年一二月三日。花園ラグビー場。関西リーグの順位決定戦の決勝、同志社×大体大（大阪体育大学）。

スコアは快勝でも、同志社はスクラムで苦しんだ。一〇本のマイボールのうち八本もナンバー8の深沢泰山がサイドをついた。右と左で四本ずつである。コラプシングを一つ、とられた。

戦術上、悪くはない。ただ、スクラムで圧力を受け、左右の押しとサイド攻撃が効果的に絡んでいなかった。ナンバー8が右サイド攻撃を仕掛けるなら、スクラムの右側の3番が前に出たほうが、勢いに乗りやすい。ディフェンスの相手フランカーの出足も鈍る。左サイド攻撃を仕掛けるなら、逆にスクラムの左側の1番が前に出たほうがいい。

でも、同大は圧力を受け、スクラムの右側が下がっているときにナンバー8が右サイド攻撃を仕掛けては潰された。つまり、「いかに攻めるか」ということと、FWの意思統一がなされていなかったのだ。

主将の中村嘉樹は反省する。「スクラムワークが悪かった。ヒットが合ってなかった。プレッシャーを受けた」

胸中には「打倒！　関東」がある。「もっと八人でまとまって、しっかりヒットしないと関東（の大学）に対抗できません」

大学選手権に入って、どんどん結束していくのが例年の同志社パターンでもある。

スクラムセッション

スクラムは組めば組むほど強くなる。できれば、ヨソの大学と組んだほうがいいだろう。大学選手権直前の二〇〇五年一二月一一日。木枯らし吹く、師走《しわす》の釜利谷グラウンド。関東学院大学と法政大学の珍しい「スクラムセッション」が行われた。

ひたすらスクラムだけを組む。意地がぶつかる。八人の肉の塊がぶつかる。三本、五本、湯気が立ち始める。

「臨機応変」が関東学院大のキーワードである。ニュージーランドや豪州のコーチから、いいところを盗み、ブレンドしていく。3番の笹倉康義（現リコー）は言う。「スクイーズで沈んで八人で出ていく。カントーはFWから前に出ていくチームです」と。

FWコーチの駒井隆一によると、フロントローには自分で前に出るなと指導する。後ろ五人の押しで出ていけ、と。ちなみに早稲田は「ロックから放り込め」、明治は「フロントローが引っ張っていけ」と教える。

伝統は？　と聞くと、小さく笑った。「しいて言えば、ラクなFWの練習ですか」

スクラム練習は週に一日か二日で、二〇本程度である。他校なら、一週間に三日程度、日に四〇～五〇本だろう。

でも、騙されてはいけない。レギュラー獲りをかけ、練習後の自主練習は延々、続いているのだった。

はいはい、カメ、馬

どこの大学にも共通の基本練習がある。

四つん這いになって、スクラムの姿勢でひざを浮かし、のこのこと前に出ていく。時には背中に楕円球を載せ、あるいは人を乗せて。

呼称が面白い。「はいはい」「カメ」「馬」と、それぞれちがうのだ。愛嬌あるネーミングと裏腹に辛くて苦しい。明治は「カメ」である。重戦車ＦＷ復活も、じつはこのカメにかかっている。

忠さんが天国から舞い降りたら、きっとこう言うだろう。明治のＦＷはダイエットなどせんでいい。メシをもっと食え、と。難しく考えたらいけませんな。スクラムは「ただ前へ押せ」と。

目を閉じると、国立競技場の大声援がこだまする。「メイジっ、メイジっ！」

あぁ、重戦車ＦＷや何処《いずこ》に。ふたたび押しまくりの明治のスクラムが見たいのだ。

④橋本達矢（慶應ＦＷコーチ）インタビュー

橋本達矢（はしもとたつや）
〈一九六三年七月二二日生まれ。慶應高から慶應大に進み、プロップで一九八五年度に日本一の座に就いた。卒業後、みずほ銀行に就職。〇五年から、一学年上の松永敏宏監督のもと、ＦＷ統括コーチ、フロントロー担当を務める〉

日本ラグビーのルーツ校は慶應である。一八九九（明治三二）年、英語教師として来日していたエドワード・ブラムエル・クラーク氏と、その友人の田中銀之助氏の手によって慶應義塾に日本で初めてのラグビーチームが誕生した。

以後、慶應は日本ラグビーをリードしていく。スクラムにおいても独自性を発揮し、さまざまなシステムを考案してきた。よく「魂」と形容されるが、もちろん「知恵」もあるのである。

慶應のスクラムはいつも独特だった。自分の体験上、嫌だった。ねちっこかった。

その典型が日本一となった一九八五年度のスクラムである。フロントローが橋本達矢、五所紳一、中野忠幸の三人だった。

橋本は〇五年から、松永敏宏監督に請われ、ＦＷ統括コーチとなった。知性派である。卒業後は銀行マンとなり、数字の世界で格闘してきた。

仕事の合間に、有楽町の帝国ホテルのカフェで落ち合う。場違いな「スクラム談義」は熱を帯びたのだった。

フロントローはもっとフラットに

――〇五年の伝統の早慶戦。早大が快勝しました（五四―〇）。スクラムはどうでしたか。

「ワセダの強さは本物でした。惨敗でした。僕が春に就任したとき、うちはスクラムは押されるものだという認識だったんです。ナンバー8が6番と4番の間につくんですから（通常は4番と5番の間。スクラムが押されるという前提でダイレクトフッキングを行うと、必然的にボールが4番と6番の間のコースを通るため）。それはちがうだろう、と強化してきました。でも一年だけではワセダの強さにはかなわなかった」

——なぜですか。

「1番（宮崎豊）が前に出られていない。引っこんで、トイメンの畠山（健介）に自由に動かされていた。最低、フロントローとフッカーは、フラットかそれ以上じゃないとまずい。

1番ってフッカーとアンダー（1番の右手がフッカーの左手の下）ですよね。つまりフッカーの下にいる。3番はオーバー（3番の左手がフッカーの右手の上）です。で、1番がふつうに引っ込んだまま組んでしまった。

フッカーが相手の3番と当たっているんだから。それではスクラムは勝てない」

——勝てるスクラムは。

「フロントローがもっとフラットになる。フッカーの前に1番が相手の3番と当たるようにして、内に崩していかなきゃ。それが全然、できていなかったんです」

——ワセダは。

「ワセダはフッカーが両方、オーバー（両手が1番右手、3番の左手の上）じゃないですか。ぴしっとフロントローがフラットに組んでいる。後ろの体重がぐっと乗っている。完成度が高かった。八人としての突っかけ、まとまり、組み方、すべてで慶應とは差がありました」

——慶應は強いとき、1番が強いですからね。橋本さんの現役のときのように。

「1番の足はフラットです。基本はスクワット。一番力が入る形ですね。そして1番と2番の間の隙間をなくす。まとまるため、バインドを意識する。寄せ方は、1番の右肩がフッカーの脇の下に重なるような感じでしょうか。肩をだぶらせ、押していく。肩の出し具合がポイントです。(早慶戦は)ロックの押しも弱かった。要するに、八人がパワーを発揮できる状態になっていないんです」

伝統と特徴

――慶應の伝統とは。

「慶應がスクラムで負けて勝った試合などありません。スクラムですべてが決まる。セットプレーでイーブン以上じゃないと勝ち目はない。まずは魂、気迫でしょうか」

――スクラムの押す方向は独特ですよね。

「真正面からは押しにいってはいない。最初、右にずらして、まっすぐ押す。右にいくことで、相手の正面に出られる。で、崩して、まっすぐ押す。相手のダメージが大きくなります」

――慶應には伝統の「ヨーヨー」という言葉がありますね。

「ヨーヨーのように右に左にというイメージでしょ。まず右、そして左に。左右に揺さぶりながら押していく。ただ3番が内に向き過ぎるのは危険を感じます」

――唐突ですが、慶應のスクラムを大相撲にたとえると。

「若乃花かな。兄弟横綱のお兄ちゃんです。貴乃花ほどのテクニックはない。それとも、昔の輪島ですか。黄金の左の。つまり慶應のスクラムは左、1番がかぎだと思います。1番が押せなかったら勝てない」

——構えの特徴は。

「あまりない。ワセダほど低く早くセットはできない。明治ほど上から潰しにいけない。技のワセダ、力の明治、魂の慶應と言うでしょ。慶應は何でも、ヨソのいいものを取り入れて、必死に強くするしかないんです。形がないだけに、こだわりがない。時代とメンバーに合わせます。あえて言えば、魂です。見る人に感動を与える。だからタックルとスクラムです。この二つはセンスというより、鍛えれば何とかなりますから」

——バインドの特徴はありますか。

「フッカーはジャージをつかんで、手首を返します。ジャージに指をひっかける感じです。突っ張るわけじゃない。手首を返し、より外れにくいようにする。フロントロー三人ともそうです。ロックは股間パックです」

——姿勢は。

「上半身は地面と平行にしないといけない。ちょっと上にいっても、下にいってもよくない。スクワットの姿勢をそのまま倒して、地面に対してやっている感じですか」

シリトリ練

——伝統的な練習は。

「台押しが基本練習です。ふたりが台で、ひとりがスクラムの姿勢で押す。しんどいですね。

最後はゴールポストに尻を当てて、スクラムの姿勢をとるんです。ポストを『世界一のロック』と呼びます。ロックの位置にポストが入る。両足でポストを挟む格好になります。それで一対一で組むんです」

——ライブのスクラム練習は。

「五対五を大事にしています。移動スクラムの練習ではゴールラインを意識して組ませます。必ずラインを背にするチームと、向かうチームがいる。ゴールラインを背にしたチームは守り切る、押しているチームは押し切る。つねに五メートルスクラムを意識するんです」

――慶應の夏の山中湖の合宿は〝地獄〟と形容されます。スクラムの本数は一日二〇〇～三〇〇本とか。

「ははは。スクラムの本数は多いですね。数えたことがありません。もし一億円くれると言われても、あれは二度とやりたくありませんね。あの夏合宿はいやです。

三時間ぐらい、スクラムを延々と組んでいる。だいたい午後練習のメニューが三つですから。モールを押す練習とルースといわれるラック練習、そしてスクラムです。僕ら、シリトリ練と呼んでいました。モール、ルのルース、スのスクラムと。はははは。

ひどいときはバックスの練習が終わっても、グラウンド周りでスクラムを組み続けていた。移動スクラムです。グラウンドの周りを組みながら、回っていく。悲惨です。

練習が終わると、もう真っ暗。車のバンがゆっくりグラウンドを回りながら、倒れている選手を収容していくんです。ま、死人は出てないと思います。ははは。昔ですよ、昔。いまはない。そんなこと言ったら、学生がこなくなりますから」

――聞くだけでめまいがしてきます。他にも伝統の練習はありましたか。

「あと『ゴロゴロ』です。ボールを転がし、セービングで拾って、起きてはでかいタックルマシンにぶつかるんです。それを永遠にやる。体力練習、根性練習ですね。寝て、起きて、当たる。それがＦＷの基本ですから」

フロントロー三人の突っかけが半端じゃなかった

——ところで橋本さんは一九八五年度、日本選手権でトヨタ自動車にも勝ちましたね。創部以来初めての日本一です。スクラムはどうでしたか。

「相手のプロップは八角（浩司）さん、池田（洋七郎）さんですから、ジャパンです。僕は3番の池田さんを押せた。スクラムは慶應ペースでした。

僕が三年生のとき、トヨタにはひどく押されていたんです。五メートルぐらい下がっていた。たぶん、そのときのイメージでくるから、こちらを弱いと思ってくる。試合前、相手は笑っていた。なめていた。だから、いけると思った。

情報戦でも勝っていました。1番の八角さんは崩しながら押してくるので、ペナルティーをとれる。中野（3番）はそれでいける、と読んでいました。僕は池田さんの懐に入れば、いけるんじゃないかって。落ちたら、レフリーはコラプシングをとってくれるだろうと。意図的にこちらは体をちゃんと伸ばした状態で落ちようとしました。見事にはまりました」

——トヨタは再三、スクラムを故意に潰したとしてコラプシングの反則をとられ、混乱しましたね。プランもありますが、慶應のスクラムも強かった。なぜ。

「三年生の秋から社会人の胸を借りました。サントリー、リコー、東芝府中（現東芝）にスクラムを組みにいった。四年生の春には東芝府中とイーブンに組めるようになっていました。

とにかく（われわれ）フロントロー三人の突っかけが半端じゃなかった。三人が三人とも、突っかけでスクラムの勝敗が決まると思っていました。

トヨタ戦は最高のスクラムが組めました。トヨタの一番の強みがスクラムだった。それに真っ向勝負を挑んだ。人生最強のスクラムでした」

——最近、慶應は低迷しています。復活のかぎはスクラムですか。

「慶應のＦＷに受け継がれている言葉で『花となるより根となろう』というのがあります。花はトライです。根っことなるのがスクラムです。ＦＷのプレーです。根っことなるプレーがあって、初めて花が咲く。もうじき咲くでしょ」

第5章　一・五メートルルールで失われたもの

秋田工業高校

高校ラグビーとはノスタルジーである。花園のひたむきなプレーに、それぞれが、「あのころの自分」を思い出す。生駒おろしの寒風は痛かった。

高校ラグビーから「スクラムトライ」が消えてもう一五年も経つ。なのに、なぜだろう、秋田工のスクラムトライが脳裏から消えない。

なぜ、押しちゃだめなのか。ずっとそう思っていた。で、高校ラグビーのスクラムを考えるなら、どうしたってまずは秋田工業高校だろう。

二〇〇五年師走某日。さ、大雪の秋田へ。

「積雪八〇センチ」。秋田の後輩からの電話にびびりながら、山沿いの秋田空港に降りる。吹雪がひどい。

バスに乗ると、車内放送がはじまった。「おらが秋田は美人のでどこ……」。道路脇には雪をかぶった日本酒の看板がならぶ。「美人を育てる秋田米」との真っ白の広告塔もある。同行したカメラマンは冗談っぽく言うのだった。「じゃ、スクラムを育てるきりたんぽ鍋っ、ですか」と。うまい。

ついに秋田市内の保戸野《ほどの》金砂町《かなさまち》に到着する。あぁ、麗《うるわ》しの秋田工高、ひと目見たいとの長年の夢がついに実現した。ご存じ、ラグビー部は名門中の名門である。

創部が一九二五（大正一四）年。歴史書によると、「戦争中も練習を休まなかった唯一の学校」とある。全国制覇が最多一五回。二〇〇五年度で、なんと六一回目の花園出場と相成った。

その脈打つ伝統が「タックル」であり、「スクラム」である。

校庭に回れば、一面、雪で真っ白だった。「コンツワッ」。りんごほっぺのラグビー部員が頭を下げ、ずぼっずぼっと音をたてながら、グラウンドへ入っていく。

横殴りの吹雪だ。長靴姿の柴田久寛監督がふと、漏らす。「スクラムとタックルだけはどこにも負けたくない」。理屈ではない。意地なのだ。秋工のアイデンティティなのだ。

柴田監督もＦＷ統括コーチの二田勉も日本一を経験している。二田コーチは、一九八五（昭和六〇）年の優勝主将でフッカー。「魂のスクラムを指導している」とこだわる。

七〇人余の部員が雪のグラウンドをぐるんぐるん回る。午後四時。もう日没で薄暗くなる。照明が点灯する。雪上のスクラム練習に移る。ＦＷの固まりがぶつかり、白い湯気が濛々《もうもう》と上がるのだった。

「すったげ、押すで」

「あっちゃむぐだけ、やれっ」（相手の顔や体があっちの方向を向くぐらい、やれ）

雪国だから、そりゃ、部員は我慢強くなる。冬は厳しい寒さに耐えなければいけない。屋外は足元がおぼつかない。腰を落として、歩くことになる。自然と足腰も丈夫になろう。

秋工のスクラムの強さとは。

「小さくても下から突き上げる。基本的なことで申し訳ないですけど、パックをしっかりする。フロントローは指先一本まで。そう、親指をジャージの中に突っ込んで体を抱え込みます。低く固まって、ぶつかり、首を取ってずらして、突き上げます。とにかく低さを徹底します」

秋工のフロントローは体重で勝つのではなく、テクニックと姿勢で勝つ。ヒットする瞬間にいったん沈み、下から突き上げる。もちろんベースにあるのは個人の強靭さである。

まず「ひざと首」を鍛える。スクラムの構えの姿勢を永遠に繰り返す。

ひざの基本練習は「馬」だ。スクラムの姿勢をして、背筋を伸ばして、ひざをゆっくり上下する。ふだん一〇〇回五セットがノルマと、二田コーチは言う。

「これだけはいまも昔も変わりません。とにかく、繰り返ししかないですね。全体練習が終わってから、個人練習では必ず、やっています」

ひざで相手の首を取る

雪に覆われる冬場は室内練習となる。ＦＷはマットでの〝ブリッジ〟を繰り返し、首周りをひたすら鍛えるのだった。スクラムの基本は姿勢、繰り返しになるが、とくに「ひざと首」なのだ。

「ひざで相手の首を取れ、と教えます。ひざを柔らかく、ひざから絞り込んでいく感覚です。相手の首を取るためにはひざからいくんです。ぐっと入って、絞めていく」

凍ったグラウンドの練習。まずはフロントローが三人ずつ、ぶつかる。耳が切れるように痛い。ひざを伸縮させながら、ウエイトをかけ合う。きっちり基本の形をつくる。

やさしいＯＢが背中に乗る。ひざの裏、ふくらはぎの上に乗る。時間が経つと、ひざが笑いだす。ぶるぶる震える。ひざが崩れる。やさしいＯＢがフラッグ棒の尖った先っぽでひざを突く。血がにじむ。

「いやいや。そんな厳しいのは昔の話です。いまはやさしく、スパイクのポイントでやるぐらいです。ポイントの跡がつくぐらいです」

サッチュウ先生

夜。とある酒場に秋田のラグビー仲間が続々集まった。秋田工高ＯＢもいる。テーブルにはきりたんぽ鍋、ハタハタがならぶ。外は雪、ああ、至福の晩餐である。

焼酎、ビールのお代わりが重なると、「秋工のスクラム談義」に花が咲いたのだった。

「伝統の押しは〝はっふっふ〟だ」との声が飛ぶ。えっ、ふっはっは？

「ふっはっはでなく、〝はっふっふ〟。〝は〟で当たって、〝ふ〟で相手の首を取り、〝ふ〟で押し込む。〝はっふっふ〟、これが奥義《おうぎ》です」

なぜ、強いのか。

これはもう、「スクラム練習の数が尋常でないから」で一致する。「スクラム命、タックル命」。これが八〇年におよぶ秋田工ラグビーの背骨なのである。

「昔はな～」と秋工ＯＢがゆったり口を開く。「サッチュウ先生がスクラムの上であぐらをかいててなあ」

サッチュウ先生とは、戦後の秋工ラグビー部を支えた元名監督、故・佐藤忠男さん（〇六年一〇月逝去。享年七八）のことである。ちなみに早大ＯＢでもある。

スクラム練習の五人対五人のとき、サッチュウ先生はその背中に飛び乗り、あぐらで座っていたそうだ。選手は組んだままの姿勢を続ける。時間が経つとぐらぐら揺れてくる。下にずり落ちると、サッチュウ先生は「な～んだ」と笑いを漏らす。で、スクラム・アゲインとなるのだった。

サッチュウ先生の指導秘話、『精魂尽して颯爽たり』（秋田　魁《さきがけ》新報社）にはこうある。

〈スクラムには、どこのチームも、強化に意を傾ける。押すか、押されるかで、チームの心理状態に大きく影響する。押して出すボールに対しては、味方の選手に出足がつき、次のプレーを鋭く仕掛けられる〉

〈スクラムの強弱は、個々の強弱もあるが、ＦＷ八人のバインディングで、力を結束して押す〉

〈私のポジションは第一列のフッカーだった。スクラムでは少しでも有利な体勢を得ることと、相手にプレッシャーをかけるために、強烈なぶつかり合いをした。その上で個々に首の取り合いと、低く構えて相手を押し上げる秘術を尽くした〉

「サンバンは栄光の背番号だから」。秋工のバックスのＯＢがふと漏らす。長嶋茂雄のことではない。秋田工の歴史において、右プロップの「3番」は、常にチームメイトの絶大なる信頼を得ていた。

店を替わる。吹雪が勢いを増す。

足元がおぼつかない。酔いが回ると、誰彼なしに言い出した。

「一・五メートル。あれが高校ラグビーをダメにした」

「ルール改正が秋工ラグビーの強さを半減させた」

そうなのだ。いまや高校ラグビーにスクラムトライは存在しない。はっきり言って、改悪じゃないのか。

スクラムの高校特別ルールができてから、秋田工は高校日本一の座から遠ざかってしまった。ああ寒さが身に沁《し》みる。

「一・五メートルルール」の導入

歴史をひもとく。

一九九一（平成三）年九月、「一・五メートルルール」は導入された。

高校、高専以下の試合に対し、特別競技規則第二〇条「スクラム」の「注」として、「スクラムで一方のチームが一・五メートル以上前進したときは元の位置で組み直し、最初にボールを入れたチームがボールを入れる。一・五メートル以上の前進を繰り返す行為は、危険なプレーである」とうたわれた。違反すると、ＦＫの反則となる。

なぜ一・五メートルか。これは、フロントローからロックの位置までということである。

このルール採用は、重傷事故防止のためであった。まだ筋力が備わっていない中学生、高校生たちが首の取り合いをし、スクラムを強引に押し続ければ、危険度が増す。

スクラムが崩れた際、首、腰を痛めるケースがある。時には命に関わる。ゆえに安全のため、スクラムの執拗な押し合いをなくしたのだ。

「一・五メートルルール」は、ＩＲＢの一九歳未満標準規則に準じたものだが、日本では「世界の強豪に勝つために必要なものはランニングラグビー。安易なＦＷ重視の姿勢をただす意味でも、このルール変更は合致している」（堀越慈・元日本協会ルールコミッティー委員長）という意味合いもある。

ただ、いまだに頑《かたく》なに守っているのは、日本と賠償問題に過敏なウエールズ、スコットランドぐらいである。他国では有名無実化している。スクラムの押しはラグビーという競技の根幹だからである。

スクラムの押しが制限されても、スクラムの最初の一押しの重要性は変わらない。弱いＦＷはスクラムでトライを取られなくなっただけで、一・五メートルは押されるのだ。圧力は受ける。

ルール上、組み合う際は、「双方のプロップは相手の上部に軽く触れ、組み合う前に静止する」とある。しかも、日本だけは「まず前五人が組み、残り三人があとから加わる」と妙なくだりをつけた。すなわち、ヒットするな、ということである。う〜ん、これでは強化のプラスにはならない。

「でも」と、高校ラグビーに詳しい関西ラグビー協会B級レフリーの織田信次さんは説明してくれた。

「最優先されるべきは、安全にスクラムを組めるかどうかです。だから、四段階とし、バインドの確認や目線を上げるなどに注意を払い、エンゲージの瞬間に落ちて重傷事故が起きないように努めます」

四段階とは、クラウチ（下げる）、タッチ（触る）、ホールド（止まる）、エンゲージ（組む）である。大学、社会人のクラウチ&ホールド、エンゲージの三段階とはちがうのだ。

「笛を吹く場合、アングルとか、一・五メートルであるとかに注意をしますが、とにかく安全にしっかりと崩れないようなスクラムを組むことが最優先です」

ちなみに、この「一・五メートルルール」が導入された最初の全国高校大会を初制覇したのが、啓光学園（大阪）だった。スクラムで押されても、モールの威力で頂点に駆け上がったのである。

花園大会

二〇〇六年が明けた。

元旦。改装中の近鉄東花園駅を降り、高校ラグビーのメッカ、花園ラグビー場へと歩く。

焼きそばソースの焦げる香り、たこ焼きのにおいが漂《ただよ》ってくる。入り口には「青春スクラム」との看板がある。あぁ、なんだか血湧き肉躍る。

入場料は一般が一〇〇〇円。高校生三〇〇円、中学生二〇〇円。とっても、やす～い。高校生、中学生の兄弟が、五〇〇円玉ワンコインで一日中、観戦できる。でも食堂の「タックルうどん」は六〇〇円だった。このアンバランスな高さはなんなのだ。

で、全国高校ラグビー三回戦。秋田工は大工大（大阪工業大学高校）に完敗した（七―四三）。

スクラムは両チーム合わせてたった九本だった。秋田工は組み込んでいたけれど、何本か、めくり上げられた。二本目のスクラムでは、1番の菅原貴也くんが内に押し込んだとして反則をとられた。

ほぼ互角だった。でも押せなかった。サイズと経験値の差か。強いスクラムと勝つスクラムはちがうのだ。スクラムで重圧をかけて防御網を崩すというゲームプランが壊れた。

ショックの二田コーチは総括する。

「大工大のカチ上げるスクラムに戸惑ったようだ。経験のない組み方に対し、対応できなかったということです」

三日。準々決勝。

その大工大は、啓光学園の五連覇の夢を打ち砕いた（二九―一二）。

スクラムは一八回だった。大工大ＦＷは強くてうまい。ゴール前のスクラムではワンプッシュで相手ボールをターンオーバーし、マイボールでは左右に揺さぶった。

それにしても、である。スクラムでは二、三メートル押す場面もあった。「一・五メートル」というのはあくまで目分量、動き出すとレフリーが「ストップ、ストップ」と声をかける。押しすぎても、アゲインである。

このほかの準々決勝では、伏見工（伏見工業高校）が長崎北陽台をロスタイムに逆転した（二四―二〇）。スクラムで終始プレッシャーをかけ、最後にＦＷの足を止めた。

大会最重量、ＦＷ平均体重九三キロの東海大仰星は大分舞鶴を押し潰し（五五―七）、桐蔭学園も平均体重九二キロの強力ＦＷが茗溪学園を圧倒した（二七―八）。

この日はすべて、スクラムで優位に立ったほうのチームが勝利をおさめた。やはりスクラムはチームの強さのバロメーターなのである。

準決勝

五日の準決勝。大相撲で言えば、もう三役のぶつかり合いだ。どうしたって力勝負となる。その典型がスクラムなのだ。

第一試合が桐蔭学園×大工大。

スクラムでは、桐蔭がＦＷ平均体重七キロの差を生かした。重いだけでなく、フロントロー陣がうまくて強い。

スクラムのターンオーバーが二度、あった。見事だったのが、前半終了間際の敵陣のスクラムだった。ワンプッシュで相手ボールを奪取した。

「いこう」。チャンスと思えば、桐蔭フッカーの伊藤八一が両プロップに短く声をかける。

「勝負どころでは、プッシュするつもりでした。体重だけでなく、集中力でも上回っていた。大工大はふだん、押されることがないから、慌てたみたいですね」

１番の横谷祐起は序盤、原田隆司レフリーから「内に入るな」と指導を受けた。修正する。

「首だけ意識して、バインドを固めて、低くしました。固まって、押しました」

３番の広畑光太郎。「最初のスクラムで押せたので、勝つ自信がありました」。ほんと、強い。一・五メートルルールに触れる。「正直、やめてほしい。途中で押すのを止めるのは、じつはつらいんです」と笑うのだ。

　地味なスクラムの押しが、ロスタイム、ラストワンプレーでの逆転勝利を呼んだのである（二二―一〇）。

　かたや、大工大のフッカー河野慎は「こんなの初めて」と茫然自失だった。「1番、3番を外側にうまいようにもっていかれた。ばらばらにされた。組んだ瞬間、上からガツンとこられ、キープするとすごい圧力がきました」

　もう一つの準決勝が、伏見工×東海大仰星である。

　伏見工が風上の前半に奪った三トライを守り切った。スクラムで相手の圧力を封じ、東海大の反撃をかわした（一五―一〇）。とくに後半終盤のゴール前スクラムのがんばりは凄かった。

　伏見工1番の服部高明は相手に勝っていた。左ひじでうまく相手の懐を広げ、首をねじ込んでいた。首筋に氷バッグをあてながら服部は言う。「でかかったけど、敵じゃなかった。首を取っていたので、もっと押せました」と。

　その東海大3番の増尾友甫は「完敗」を認めた。「相手がうまく、大事な場面では押させてもらえなかった。芝もすべって……。まったくダメでした」

伏見工業高校

二〇〇六年一月六日。シカが公園を跋扈《ばっこ》する奈良を訪ねる。駅からタクシーで一五分。奈良女子大のグラウンドへ向かう。伏見工の決勝前日の練習を見るためである。

寒風の中、伏見工業の選手が走り回っていた。決勝前の緊張感が張り詰めている。周囲にはメディアの人間が二〇～三〇人、立っている。

よくよく見ると、私の尊敬する山口良治総監督が仁王立ちしていた。しばらくチーム状態を聞いたあと、「伏工のスクラムとは」と聞いた。

「うちはスクラム、強くないやろ」

山口さんは笑った。

「スクラムはやっぱり、ＦＷの筋力がしっかりしていないといかんやろ。姿勢もきっちりしていないと……。そして〝絆《きずな》〟だな。仲間への思いやりが固いパック、我慢する力を与えてくれる。最後は気持ちの問題だと思うよ。うちはキズナだ」

伏見工業といえば、人気ドラマ『スクール☆ウォーズ』のモデルとなったチームである。〝泣き虫先生〟こと、ラグビー部を長年指導してきたのが、元日本代表の山口良治さんだった。若狭農林高校でラグビーを始め、日体大時代に才能が開花した。闘志のフランカー、名ゴールキッカーで鳴らし、一九六七年、日本代表入りした。「大西ジャパン」の核だった。一九七四（昭和四九）年に伏見工に赴任し、荒廃した学校を熱血指導で立て直した。学校に「誇り」を持たせ、ついにはラグビーの名門校に育て上げたのだった。スターの平尾誠二（神戸製鋼ＧＭ）らを擁し、一九八〇（昭和五五）年度に、全国初制覇を遂げる。高崎利明監督は、そのときのスクラムハーフでもある。

ランニングラグビーを追求し、安易に大型ＦＷで勝利を求めるチームづくりには異を唱える。「じゃあ、バックスは立っているだけじゃないですか」と。

この二〇〇五年度の大会で四度目の高校日本一へと駆け上がることになる。過去には、平尾のほか、大八木淳史（同大─神戸製鋼）、細川隆弘（同大─神戸製鋼）ら有名選手を多数、輩出している。

「信は力なり」。この言葉を信条とし、山口さんは目標を失いつつある若者に立ち向かってきた。生徒のことを思っては、すぐに泣く。「体から流れる汗と涙が、子どもたちを成長させると思う」。そう漏らしたことがある。

山口さんは準決勝の後、生徒に向かって、こう言った。涙声だった。「おまえたちは全国の公立高校に勇気を与えた。目指したラグビーは間違いではなかった」と。

強さの秘密

伏見工のスクラムの強さを支えているのは、基本と練習である。

基本は姿勢。まずは、ひとりでスクラムの形をつくる「地ずり」と呼ばれる強化練習で、ひざ、足腰を鍛える。

二〜三週間の夏休み練習では、午後、フロントローとロックのＦＷ前五人にはスクラム練習だけが課せられる。五人セットを五、六個つくり、移動しながらライブスクラムを組んで回る。炎天下、選手は泣きながら組み続けるのだ。「首の皮もめくれてきますから。悲惨です」

伏工の特徴は1番と3番を特定しないことか。両方、やらせる。

1番と3番は似て非なるものだ。組み方がちがう。押し方がちがう。肩や首の使い方が微妙にちがう。

「駆け引きを覚えさせるためです」と、ＦＷコーチの松林拓さんは説明してくれた。「スクラムは肩の利かせ方と首の取り方です。力のかけ方です。サイズがないので、ひざを柔らかく使って、首とひざで『U』の字を描けるようにします」

巨漢フロントローへの対策は。

「肩と耳をつけて、浅い位置で組む。そして相手の後頭部にくっと乗るんです」

ＦＷ前五人は補強トレーニングを課せられる。首、背筋、足腰の強化……。ふだんから、スクワットは必須である。

体を鍛え、ガンガン、組ませる。ＦＷ一辺倒のラグビーには背を向けるが、「ＦＷのプレーの基本はスクラム」と断言する。モール、ラックの姿勢もスクラムのそれと同じである。だから、ロックをスクラムのフロントローの位置に入れることもあるし、フランカーにロックのポジションでスクラムを組ませることもある。

「スクラムが強いチームがやはり、強いんです。バインドと姿勢、辛抱です。スクラムで勝って日本一！　がいいですね」

決勝

二〇〇六年一月七日の決勝戦。

伏見工×桐蔭学園。

伏見工はスクラムで強さを発揮した。組み勝った。1番も3番も相手の首を取り、約七キロのＦＷ平均体重差をはねのけた（三六―一二）。

最初の伏見工ボールのスクラムは前半一二分、敵陣二二メートルラインあたりだった。がっちり組み込むと、左に回し、先制トライにつなげた。

伏工フッカーの東秀樹は言い放った。

「相手が重いのはわかっていました。根性です。でも首周りや体幹が弱かった。首を取って、外へ外へ組んでいった。バインドが割れないよう、意識して固まって押せた。人生サイコーのスクラムが組めました」

後半の終盤。桐蔭ボールのスクラムを立て続けにあおった。ワンプッシュがどんぴしゃだった。桐蔭フッカーの伊藤は嘆く。

「相手の首がうまくて強くて……。技術の面でむこうが上でした。当たった瞬間、ぐいっと上に上げられたんです。初めてです。伏工には、重さより、うまさを感じました」

奮闘した伏工３番の小笹哲矢、いわく。

「相手は足腰が強かったけど、上半身が弱かった。これはいける、と。組めば組むほど八人がまとまっていった感じです」

伏工１番の服部は「もっと押したかった」と言った。「だって、僕自身はあまり押せなかったんです。僕個人の勝利とは、スクラムの勝ちと試合の勝ちですから。スクラム、押せなかったから、半分の勝利ですか。今日は東と小笹のおかげです」

赤いマグマのごとき、伏見工の結束スクラムは熱かった。チームワークの象徴が日本一のスクラムである。

山口さんは生徒たちの手で四度、宙に舞った。泣くぞ、泣くぞ。やっぱり泣いた。

「仲間を信じ、勝利を信じてくれた子どもたちにただ、ありがとうと……。すばらしい子どもたちとの出会いは、本当に指導者冥利《みょうり》につきます」

たしかに高校には「一・五メートルルール」がある。もし非力《ひりき》なFWならば、スクラム以外の強化に時間を割《さ》いたほうがいいというのはわかる。地方大会では、組んだ瞬間、「引け～！」と下がるケッタイな高校もある。

でも、やはりスクラムは重要なのだ。高校日本一の松林コーチはいたずらっぽく笑ったものだ。

「スクラムの弱いフロントローだと、大学にいって苦労するでしょ。大学だって困るでしょ」

そりゃそうだ。日本ラグビーのためにも、高校時代のスクラム強化は大事なのだ。

押すか押されるか。ラグビーの強化か普及か。ハムレットじゃないけれど、それが問題なのである。

⑤二田勉（秋田工ＦＷコーチ）インタビュー

二田勉（ふただつとむ）
〈一九六六年四月三〇日生まれ。フッカー。一九八五年、主将として秋田工高を高校日本一に導く。東北電力勤務。秋田工高のＦＷコーチ〉

高校ラグビーといえば、どうしたって秋田工業である。目を閉じれば、雪の花園ラグビー場、紺白の横縞ジャージのスクラムシーンが浮かぶ。

創部が一九二五（大正一四）年。まさに北国の風雪に耐え、輝かしい伝統を築いてきた。全国大会出場が六一回（二〇〇五年度時点）、優勝一五回を誇る。

その一つ、一九八五（昭和六〇）年の優勝をフッカーの主将として経験したのが、二田勉さんである。電力会社業務の合間、二〇〇五年度から、ＦＷ統括コーチとして「秋工復活」に尽力している。

二田さんは就任時、ラグビー部ＨＰにこう書いた。「秋田工業はスクラムとタックルで歴史をつくり上げてきた。魂のスクラムを指導したい」と。そう。秋工の伝統とは「スクラム」「タックル」なのである。

二〇〇五年の真冬。大雪に覆われた秋田を訪ねた。練習後、大きな銭湯の懇談スペースで「秋工スクラム」の真髄を聞いた。ほっかほかの湯煙を見ながら。

スクラムで一歩でも前にいければ勝てる

——秋工のスクラムとは。

「命をかけるものです。全員がすべてをかける。ＦＷだけじゃなく、チームのコンセプトも強いスクラムです。勝つスクラムです。だから、練習でも一番取り組んでいます。時間ではなく、精神的なものです」

――なぜ、スクラムにこだわるのでしょうか。

「伝統を別にして、啓光学園、大工大、国学院久我山などは、ほとんど中学生のトップ選手が上がってきます。でも秋工はちがいます。ハンドリング、ラグビーの判断能力もすぐれている選手と対等に勝負できるのは、スクラムしかないんです」

――でも、いま高校では一・五メートルしか、スクラムを押せません。それに命をかけるのは……。

「ははは。ちょっとギャップを感じますか。でもちがうんです。押すということは、ラグビーでは大事なんです。

スクラムは戦闘ですから。戦っている姿勢として、そこでやられちゃえば、もうダメなんです。ＦＷがどれだけ命を張っているのかを後ろに見せれば、チームとして精神的優位に立てるんです。

実際、スクラムで一歩でも前にいければ勝てる。スクラムで一歩押せば、ウイングの位置なら何メートルでも前にいける。戦いと一緒でしょ。前線で死にもの狂いで一歩出れば、全体がラクになれるのです」

下から上に突き上げる

――秋工スクラムとはどんなスタイルですか。

「体が小さくても突き上げる。基本的なことで申し訳ないですけど、まず1番がパックをしっかりする。指一本の先っぽまで力を込めます。ジャージの中に親指を入れてつかむ。必ず、やる。それで抱え込みます。

そして、3番を前に出します。パックはアンダー（3番の左手がフッカー右手の下）です。

基本は一緒。相手の首を取って、ずらして前に出る。ただ首を取りすぎると内に入ってしまう。ロングアングル（スクラムをまっすぐではなく、意図的に誤った方向へ押すこと）で、すぐ反則をとられてしまう。これが、日本ラグビーをダメにすると感じていますが……。

要は勝つか負けるか、小さいやつが大きいやつに勝つには何かをしなければいけない。体を鍛えます。そして一番の早道は相手の首を取って突き上げることです」

――構えは。

「とにかく低さを徹底します。スクラムで低さは大事です。最初は姿勢だけを何回も繰り返します。

いわば、馬の姿勢ですね。両手をついて、スクラムの姿勢を取る。どこでも共通じゃないですか。馬って背筋を伸ばし、おなかが出ていますよね。その馬の姿勢を繰り返す。この練習だけは今も昔も変わりません。

一年生の基本メニューなら、人を上に乗せ、一〇〇回の上下を五セットですかね。外で練習するときは必ず、やります」

――その他は。

「まず三人対三人の形をきっちりつくります。組んでいるとき、背中やひざの上に乗る。ひざの柔らかさが一番、大切ですから。一本目と二本目はフツーにスクラムを組んで、人を上に乗せます。

スクラムの基本はやっぱり姿勢です。ひざを強くする。相手の首を取るのも、ひざの動きで首を取れ、と教えます。感覚的なものなんですが。ひざから絞る。首を取るためには、ひざからいくんです。ぐっと入って、絞めていく。だから、ひざが柔軟じゃないとうまくできません」

一・五メートルルール

――強いスクラムのポイントは。

「とにかくバインドです。やはり重量で勝つんじゃなくて、テクニックと姿勢で勝たないといけない。

相手に勝つには、下から上に突き上げる。ヒットする瞬間、ぐっとダウンして、下から入るんです。まずフロントロー三人でダウンする意識を持ちます。ヒットしたあとも、『シンク』とフッカーが必ず声をかける。シンクの声と同時にさらに低くなって、相手にプレッシャーをかけていく。

イチ、ニイ、サン、そしてシンクでぐーっと沈む。いまは一・五メートルしか出られないけども、相手ボールを一瞬で取る、ということを目標にしています。ワンプッシュで、ボールを取りにいくスクラムです」

――一・五メートルルールの影響は大きいですね。

「安全面はわかります。でも、日本のラグビーをダメにしている部分もある。コラプシングも曖昧《あいまい》です。基本的にスクラムの強いほうが優位になっているのに、反則をとられるのはおかしい。弱いほうがわざと引いているケースもあります。

ロングアングルもそうです。3番が、相手の1番に首を取られたとき、わざと内にいけば、レフリーは1番のアングルの反則をとりますよ。

ラグビーは戦うものです。ルールでなんとか勝とうとし、戦う姿勢をなくさせている。根本的に戦う姿勢を失いつつある。それは声を大にして言いたい」

足腰の強さの秘密

――秋工の選手は伝統的に足腰が強い。なぜですか。

「二つの理由があります。

まず、冬場は雪が積もって、やることがなくなる。ハンドリング練習ができないので、雪の上をずっと、走っています。山や公園をただ走る。わたしの現役のときはボールに触らず、そういうことだけをやっていました。

　そして、我慢強さがあるからです。秋田の精神的なコンセプトです。何に対しても、常にひたむきにとりくむ。

　スクラムも同じです。相手より早くポイントにいって、低く構える。そんな単純なことを何回も何回も言い続けます。それはできることですから」

——秋工の低くまとまったスクラムから、規律を感じますね。

「できることは必ずやる、です。たとえばグラウンドを大切にする。秋工には『あ・そ・ぼ』という言葉があります。あいさつ、そうじ、ボール磨きです。他の高校より、そういったことは厳しいですね。

　じつはラグビー部だけは、ピンバッジがあります。銀色のラグビーボールの形と、秋工の校章がついています。ま、プライドです」

忘れられない日

——ところで現役時代、キャプテンで高校日本一になったんですね。その年はどんなスクラムでした。

「スクラムに関して言えば、わたしには一日だけ、ラグビー人生のなかでどうしても忘れられない日があります。優勝した試合ではなく、夏合宿のときです。

　わたしの同期は一年生のとき、五〇人ぐらいいて、退部者が相次いだ。最後は二五人ぐらいです。フロントローがひとりもいなくなったので、三年になって、フランカーからフッカーに替わりました。

　スクラムは秋工の看板です。妥協なし、です。夏合宿にはＯＢがかなりきます。土日になると、四〇〜五〇人くる。もうみんな、マンツーマンです。練習が終わらない。慣れないフッカーです。徹底的にしごかれました。

　ある一日。きつくて、気が遠くなった。涙がぼろぼろと出てくる。三人対五人、五人対八人のスクラム練習が続く。キャプテンですから、泣きながら、最後までやりました。

　やっと練習が終わって、部室でうなだれていました。スパイクのひもを外しながら、友達にこぼしました。〝おれ、恥ずかしいけど、泣いてしまった〟と。そしたら、そいつも言った。おれも泣いたんだと。なぜか、あの日は一生忘れられない。宝物みたいな一日です」

　――猛練習で強くなったのですか。

「はい。秋の国体の決勝で天理高校に負けました。これじゃいかん、これじゃ全国制覇はできない、ということで、『打倒！　天理』と書いた紙を部室の壁に貼って再スタートしました。

　みぞれやあられが降って、グラウンドがぐちょぐちょになっても、スクラムを組みました。全体練習が終わっても、一時間ぐらいは組んだ。スクラムで勝たなきゃ、天理には勝てない、と必死でした」

　――全国大会は。

「準決勝の熊谷工戦でスクラムトライを取りました。決勝が相模台工業。相手はバックスがよかった。スクラムは優位に戦うことができました」

　――いまはコーチです。秋工復活は。

「秋工の伝統はスクラム、タックルです。それをずっと言い続けることが大事です。こだわることです。

魂のスクラム、魂のタックルです。スクラムはひざで突き上げる。基本に徹し、相手に勝つか負けるかです。

スクラムマシンと組めば、強い弱いがあります。でも本番では勝ち負けです。相手に勝つか、負けるか、どう対処するかです。秋工のスクラムは勝たないといけないんです」

第6章　おとなのスクラム、駆け引きの妙

新日鐵釜石のフロントロー

おやじの背中、を考える。

ラグビーマンのそれは普通の人とはひと味ちがう。トップリーグの試合会場に足を運べば、頼もしい背中がゴマンとあるのだった。

とくにフロントロー陣の凜々《りり》しい後ろ姿は誇らしく、ベテランのそれには〝わび・さび〟が漂っている。人生の深みがある。強いプロップは背中を見れば、だいたいわかる。

記憶に残る「背中」がある。

あのラグビー史に残る金字塔、日本選手権七連覇（一九七七～八五年）を遂げた北の鉄人、新日鐵釜石のフロントローの背中である。

「ホラさん」こと故・洞口孝治の背中は大海のように広大で、左プロップの石山次郎のそれ

は、真綿のような筋肉に覆われていた。

誰が何と言おうと、史上最強のフロントロー陣は彼らである。強いのに強引ではない。王者なのに傲慢ではない。

遠い昔の早稲田の学生時代、東伏見のグラウンドで、たまたま彼らの練習の相手をさせてもらい、「おとなのスクラム」とはこうなのだと畏怖《いふ》した覚えがある。

新日鐵釜石ＦＷは、姿勢が崩れても押されることはなかった。巨体がひん曲がっても後退しない。相手スクラムの押しをどんと受け止めていた。

鍛えに鍛え抜かれていたのだろう。寡黙なオトコたちのスクラムには、重圧に耐え抜く、ストイックな哲人の面影があった。

〈荒波の絶えず砕ける岩頭のごとくあれ〉——。ピンチに耐え続けるその姿に、ローマの哲人皇帝、マルクス＝アウレリウスが語る「理想的人物」のイメージを浮かべたものだ。

「スクラムは嫌い」

二〇〇六年二月某日。雨の東京。ＪＲ新宿駅西口の高層ビルのカフェで、憧れの石山さんに会った。

石山さんは、日本代表でも活躍した名プロップであり、釜石のフロントローを語るとき、忘れてはならない人である。

一九五七年、石山さんは秋田の農家に生まれた。ラグビー界では無名の秋田・能代工業高校から、一九七六年、新日鐵釜石に入社した。

入社時は体も細かったが、バーベルを使った筋力トレーニングをチーム内でいち早く取り入れた。努力の人、研究熱心な人だった。向上心の固まりだった。

現役引退後は社業に専念し、新日鐵の東京事業所の所長を務めている。オフィスは新宿駅西口の高層ビルの一角にある。

ネクタイ姿のサラリーマン、気取ったねえちゃんたちが行き交う中、ブルーの作業服姿の元鉄人は存在感があった。四八歳。髪には少し白いものが混じる。

「たぶん、わたしの話は参考にならないだろうと思います」。朴訥な風情で、そう切り出した。「そもそも、スクラムが嫌いだったんです。押したり押されたりとか、よく息詰まるスクラムの攻防とか言われますけど、それが一番嫌いなんです」

誤解することなかれ。日本代表のプロップまで務めたオトコがスクラムを否定することはない。ただスクラム談義の不毛をおっしゃっているのだった。

正直なのだ。大きな相手とスクラムを組むのは苦痛である。どんなに強くなろうとも、練習はラクではない。押されることが許されないゆえ、鎧《よろい》のごとき分厚い筋肉をつけ、「必死の覚悟」で鍛錬したのである。

スクラムトライは狙わない

石山さんは「不思議なプロップ」だった。後ろから押す左フランカーの高橋博行さんによると、組んだ瞬間はぐにゃぐにゃしている。でも、腰がぴたっと決まると、テコでも動かなくなったそうだ。

その話をぶつけると、「その通りです」と石山さんは愉快そうに笑った。「相手と当たって、まずは『いい居心地』を探すんです。そのためには、下げてみたり、ねじってみたり、相手の嫌な所を探し、相手の押しが止まってしまう形をつくるんです」

極意は「いきあたりばったり」という。剣術でいえば、無勝手流か。あるいは〝適応〟か。じつはこれが一番強い。でも難しい。

「それで上半身を固めて、腰を動かさない。あとは後ろの力を生かすため、じっとしているんです」

もちろん、そう対応できるのも強靭な体があればこそだ。体の柔らかさ、全体的なバランス、強い背筋がものを言う。

「わたしもホラさんも、みんなが抱いているイメージとはちがいます。われわれには爆発力はない。でも、ガンとくれば対応できる。ワンパターンしかできないスクラムの風潮を打ち破ったんじゃないかなと思います」

　歴史書によると、釜石はスクラムトライを一度も狙わなかったとの記述がある。なぜ。王者の美学か。

「いや、ちがいます。美学のようなカッコいいものをわたしたちは持ち合わせてはいなかった。苦しいから、いかないだけでした。スクラムトライを狙うほど苦しいことはないのに、簡単にスクラムトライを狙うサインを出すな！　と心の中で反発していました」

　要するに現実的なのだ。スクラムに労力をかけるより、ボールを展開してトライを取ったほうがいい。だから、スクラムでは安定した球出しに徹する。それがラグビーという球技の妙味なのだった。

　石山さんにとって、理想のプロップは一九七〇年代後半から八〇年代前半に活躍したフランス代表のパパランボルトだった。スクラムは滅法強く、展開力を兼ね備えていた。

「スクラムを何気なく、当たり前にこなしながら、フランカー顔負けの機動力でボールを持って走り回る姿に憧れていました」

　だから、釜石プロップは展開力があった。よくよく観察すれば、ハンドリングもうまかった。

一三人つなぎのトライ

Ｖ７の社会人決勝、伝説の「一三人つなぎのトライ」では、石山さんも、洞口さんも柔らかいパスで絡んだ。

一九八五年一月六日、東京・国立競技場。相手が大学の有力選手を補強した神戸製鋼だった。王者の衰えがささやかれたものの、試合がはじまると、釜石が主導権を握った。

その後半二〇分すぎである。神鋼必死の反撃で釜石は自陣深くに攻め込まれた。ラックからナンバー８の千田美智仁さんがボールを出すと、スクラムハーフ坂下功正さんから名スタンドオフの松尾雄治さんへ渡る。あたかもメロディーを奏《かな》でるように、バックス、ＦＷがボールをリズミカルにつないでいく。

ウイングの永岡章さんから石山さんがボールをもらう、ＦＷの氏家靖男さん、洞口さんが続く。当時は滅多に見られなかったＦＷのパスプレーに観客がどよめく。

最後はフルバックの谷藤尚之さんがボールをポスト下に置く。なんと延べ一三人の手を渡った。「ＦＷ、バックスが一体でつないで取ったから価値があるんです」。スタンドの大漁旗も誇らしげにはためいた。

当時の新日鐵釜石は、「タッチフット」というランニング練習で、ＦＷにもバックス同様にパス技術を磨かせていた。だから、石山さんも洞口さんも、走ってつなぐ展開についていけたのだった。

押せないのはロックの責任、押されるのはフロントローの責任

ところで、資料を調べると、釜石にもスクラムトライのサインがあった。「よんじゅうご」とコールした。「45」、つまり４番と５番のロックを意味するものだった。スクラムトライはロックの押しがポイントとなるからだった。

そこに釜石のスクラムのコンセプトがうかがえる。スクラムを押すのはロックの仕事である。スクラムを押せないのはロックの責任、押されるのはフロントローの責任と。

関係者の話を総合すると、Ｖ１かＶ２の頃に一度だけ、スクラムトライを狙ったようだ。

「でも、そこで無駄に体力を消耗してもしょうがない。他の手段でトライを取ったほうがいい。最高のトライと思うのは、スクラムから頭を上げたら、バックスが展開してトライになっていたというもので……。そうなると、何かＦＷは得をしたような気がしていたものです」

釜石の浮沈を語るには、やはりスクラムのことは外せない。「支えるスクラム」から「押すスクラム」に転換し、釜石は常勝時代を迎えることになる。釜石ＦＷの基本は、押すスク

ラムなのである。

釜石の当時の練習は密度が濃かった。相手陣二二メートルライン、一〇メートルライン、ハーフウエーラインとポイントを移動させながら、一〇本、二〇本連続でスクラムを組んでいく。時には五人対八人で組み、余分に負荷をかけながら、スクラムを強化していったのである。

とっさの対応力

スクラムが勝敗を決めることは多かった。たとえば、Ｖ７がはじまる一九七九年の日本選手権。相手は大学チャンピオンの日体大だった。

この年の日体大は強力ＦＷを売り物にしていた。強かった。釜石ＦＷは最初のスクラムでずるずると一〇メートル近くも押されてしまう。コラプシングの反則をとられた。

スクラムを支える釜石のフロントローは、左のプロップが石山さん、フッカーが和田透さん、右のプロップが洞口さんだった。「まずい」と石山さんは心で思った。

とっさに分析する。「日体大の右プロップが右腕でわたしの左腕をねじるように絞ってきていたのです」。それで背中が丸くなって、押しが相手に伝わらなくなっていた。つまり変則的な組み方に体勢を崩されていたのだった。

二本目のスクラム。「このままやられてたまるか」。石山さんは左腕を張り出して、ねじ込もうとする相手の右腕の絞りに対抗する。和田さんは和田さんで、洞口さんは洞口さんで考え、対策を練る。日体大の落としながらずらし、ぐいと押し込んでくるスクラムに対し、それぞれが立つ位置を「数センチ」横にずらしたという。

直後、釜石ＦＷがスクラムを圧倒しはじめる。もう釜石ペースだ。試合は二四―〇で圧勝した。

試合の翌朝、石山さんは目が覚めると、左腕が動かなくなっているのにびっくりした。「スクラムの攻防による筋肉痛」だったのだ。

「スクラムゼロの試合がサイコー」

一度だけスクラムで自分から仕掛けたことがあります、と石山さんは打ち明ける。

それは、Ｖ７を決めた、一九八五年一月一五日の日本選手権、対同志社大戦のことだった。松尾雄治さんの引退一色に彩《いろど》られた試合だが、勝敗の流れを決めたのはスクラムの地味なワンプッシュだった。

釜石は前半、同大にリードを許した。だが後半、相手ボールのスクラムを二つ続けて奪取する。これでＦＷが主導権を握った。

このとき、石山さんは布石を一つ打った。わざと背中を曲げて落ちるスクラムを組んだのだった。「疲れてきたんだと思わせるため、息遣いをぜえぜえ、荒くしてね。えへへへ」

スクラムが潰れる。組み直しとなる。学生のフロントローは油断したのだろう、同大の圧力が弱くなる。ボールを入れた瞬間、石山さんは押した。

「背筋一本ですね。背中がちょっと曲がったところから、一気に跳ね上げたんです。後ろの連中が〝あ・うん〟の呼吸で反応してくれました。頼りになるのは左腕と背中です」

背中に歴史あり、なのだった。

「わたしはスクラムにおいて絶対的な力はありませんでした。しかし、プロップは押されることは許されない。そのために少しでも楽になる方法ということで後ろの力を利用しながら、背中をまっすぐにするとか、相手の首や肩の力を包み込んでしまうという〝手段〟を身につけました。それがフロントローの最低条件の仕事なんです」

試合でスクラムを組んでいるとき、何を考えて組んでいたのか？

「早く終わればいいなあって。スクラムゼロの試合がサイコーでしょ」

爆笑が渦巻く。

石山さんはふと、遠くを見つめた。コーヒーをひと口、飲む。

「ホラさんはどんなこと考えていたのでしょうか。スクラムの話をしたかったなあ」

ホラさんこと洞口孝治さんは、一九九九年六月、大都会のど真ん中で心臓発作に倒れ、天に召された。釜石Ｖ７から一四年の歳月が経っていた。洞口さんはこう言っていた。

「ＦＷは頭だよ。頭」と。

三洋電機×クボタ

いまの社会人トップレベルのスクラムの駆け引きも、石山さんの現役時同様、凄まじい。しかも、よりテクニカルになった。

「まっすぐとは、背骨が……」

そう切り出したのは、三洋電機の右プロップ、相馬朋和だった。こう続く。

「背骨がタッチラインと平行であるということです。相手の背骨の向きに左右されることはないんです」

二〇〇五年シーズンの三洋の躍進の理由は、スクラムの安定にもある。二、三年前は弱かったけれど、ニュージーランドのスクラムドクター、マイク・クロン氏の指導を受け、パワーアップしてきた。

クロン氏の持論はこうだ。フロントローは後ろからのパワーを伝える存在だ。その分、完璧なプッシングポジションを保てなければ、パワーの多くは失われる。それが「パワー・スクラム」のカギであり、八人全員が機能する条件である。

そして、うるさく「まっすぐ組め」と指導する。相手がどう回ろうが、あおってこようが、フロントローはまっすぐ組む。八人で固まる。

二〇〇六年一月二二日、秩父宮。マイクロソフト杯一回戦のサプライズは、三洋電機×クボタだった。トップリーグ二位の三洋が敗れた。

スクラムではコラプシングを一つとった。でも、それほど押せなかった。クボタに巨漢ロック、一二〇キロの赤塚隆がいたからだ。

相馬は嘆く。「完全に相手を浮かせ、フッカーも〝死に体〟だったのに、スクラム自体が下がらなかった。ロックが重かった。向こうは八人、いや前五人がまとまっていた」と。

クボタ３番の金子創は左手をフッカーの右手の上で組む「オーバー」。つまりやや前に出る格好となる。そこから内側斜め下に組み込んだ。三洋１番の背骨は時折、曲がった。

フッカーの萩原要が胸を張る。「僕らはちっちゃいんで、とにかく八人のまとまりとヒットにこだわった。ヒットに集中し、ナンバー８までボールを持っていけば、あとは何とかしてくれる」

そうなのだ。スクラムでも、ナンバー８の元豪州代表、トウタイ・ケフの存在は大きかった。彼なら、との信頼感が、結束をさらに強めた。

神戸製鋼×東芝府中（秩父宮）は、神鋼の完敗だった。苦難のシーズンが終わった。スクラムは重圧を受けた。ヒットと八人のまとまりで負けた。神鋼フッカーの主将松原裕司は言った。「根本的な体力の問題があった。単純に個人の筋力アップができれば、八人のスクラムも強くなる」と。

東芝×NEC

マイクロソフト杯準決勝。二〇〇六年一月二九日。秩父宮。事実上の決勝戦と言われたのが、東芝府中×NECである。

この両者は三週間前、トップリーグで対戦し、NECが快勝していた。スクラム戦で揺さぶり、東芝の球出しを狂わせた。

直後、東芝は反省から、スクラム特訓に取り組んだ。二時間、一〇〇本以上も生スクラムを組んだ。ヘッドキャップをつけているのに、フロントローの耳は充血する。首筋は赤くすり切れた。

「壮絶でした」と、左プロップ高橋寛は教えてくれた。「限界に近づくと、まとまりがでてくるんです。ただ、後ろの押しを伝えようと背中を伸ばし、パックを固めるようになる。押す方向も一つになります」

で、東芝はマイクロソフト杯のNEC戦、スクラムではヒット勝負に出た。間合いを取り、がつんと組み込む。ダイレクトフッキングも絡めた。

東芝フッカー、松尾大樹は言う。「とにかくスクラムを回されないように意識しました。（NECは）横にいくような感じで、引っ張っていくんです。ちっちゃい駆け引きがあって……。だから、回されるのはわかっていたので、早くボールを後ろに送って、出すしかないかなと考えていました」

ボールを出しては、ナンバー8のホルテンがサイドを突いて、モールをつくった。ついでに言えば、ダイレクトフッキングで1番の高橋は足の位置を変える。「当たって、左足を一つ分、広げるんです」。ボールが自分の股下を通りやすくするためだ。

東芝3番が笠井建志。

「自分はちょっと相手にコントロールされるときがある。トイメン（久富雄一）は体もあるので、先に当たることを意識した。僕がきちっと前に出れば大丈夫なんです。相手が姿勢を取る前に、自分の姿勢をつくったんです」

相手のフロントローの横への動きを阻止するため、「首を決めるんです」とも言う。「僕が首を決めて、前に出て、相手の1番を動きにくくする。そうすれば、うちの1番の高橋が相手の懐に入ってくれる。こちらが楽になるんです。まあ、八人でより結束して組んだほうが勝ちです」

ＮＥＣは回す際、３番が斜め後ろに下がりながら、１番がステップアウト気味に内側に押してくる。ヒットで差し込まれる。ＮＥＣフッカーの網野正大は言う。「前回ほどスクラムをコントロールできなかった。間合いを詰められ、うちのペースでヒットできなかったからです」

ＮＥＣにとっては、痛恨のミスもあった。前半一七分。ＮＥＣはナンバー８の箕内拓郎がスクラムにボールを投入する。ナンバー８の位置に入ったスクラムハーフから、ボールをもらいサイドを突くサインプレーだった。

タイミングが合わず、スクラムを押し込まれた。ターンオーバーされた。「僕が組み直そうと思ったとき、ボールを入れちゃったんです」と網野は言う。

練習であまりやっていないものが試合でうまくいくわけがない。つまりコミュニケーションミスだった。

東芝×サントリー

マイクロソフト杯決勝。二〇〇六年二月五日、秩父宮。東芝府中にとって、ポイントの一つがスクラムだった。サントリーの揺さぶりにどう対処するか、だ。

トップリーグの試合ではケガで欠場していた左プロップのベテラン長谷川慎が復帰する。百戦錬磨の三四歳。強くてうまい。尻を割ることなく、巧みに内へ押してくる。

では、どうするか。基本的にはNEC戦と同様である。球出しのタイミングを早くする。マイボールでは当たり勝って、ダイレクトフッキングで球を出すのである。

結局、マイボールスクラムは一三本だった。うち八本、約三分の二はダイレクトでかき出した。「省エネスクラムの勝利です」と、フッカー松尾はおどけた。

「バンと当たった瞬間、ボールを入れてもらった。むこうがグッと仕掛けてきても、もうボールは出ているんです。ディフェンスのときは押しますけど、アタックのときは少しでもラクにいこうと」

たとえば、前半一四分の二つ目のトライ。基点はゴール前右の五メートルスクラムだった。重圧をかけることなく、すかさず左に出し、最後はナンバー8のホルテンが飛び込んだ。

おそらく、押し合っても互角の勝負になっただろう。だが東芝は体力の消耗を避け、ダイレクトからナンバー8絡みのオプションを多用した。

「笠井がシンさんに押されても影響はない。こちらは押されながら、ふーっと力を抜いてブレイクするんです」（松尾）

ダイレクトで出すと、持ち出したナンバー8が相手スタンドオフを引きつけ、結果として、ラインの外が余ることもある。

　この日はヒットがすべてだ。立つ位置で間合いを空けたい東芝と、詰めたいサントリー。面白かったのは、前半終盤の二つのスクラムである。

　いずれもサントリーがゴール前のチャンスでＰＫを得、スクラムを選択した。一本目はサントリーが押し込み、二本目は東芝にあおられた。

　何が違ったのか。

　東芝3番の笠井は言う。「ヒットです。最初は当たり負けたので力を少し抜いた。二つ目は当たり勝った。当たって、右肩を絞って、まっすぐいけたわけです」

　長谷川は悔やむ。「マイボールもぜんぶ、押していこうと言っていたんです。その意識を八人に浸透できなかった」と。

　サントリーとしては、長谷川とフッカー山岡俊で東芝3番の笠井を崩したかっただろう。

　その山岡、いわく。

「当たりから、むこうにコントロールされた部分があった。最初に当たることができれば、シンさんと僕のふたりでスクラムをコントロールできる。でも、僕らが左右に揺さぶり、プレッシャーをかけるのがわかっていたんでしょ。もうちょっとキープしてくると思っていました」

つまり、サントリーは肩透かしを食らわされた。東芝の作戦勝ちだったのだ。

ノーサイド。試合後のファンクションパーティー。松尾は長谷川と部屋の片隅で語り続けた。

「うまく組まれたな。なぜ」「そちらが、いいように回してくるのはわかっていましたから。オプションもたくさん、用意してました」「………」

社会人のスクラムは、凄まじい駆け引きが面白い。技術、体力だけでなく、読みや心理戦もある。プロップは組んでナンボ。だから経験がものを言うのだ。


ところで。

石山さんに確認したい話が一つ、あった。

Ｖ７のシーズンに釜石は準決勝で東芝と引き分けている。運命の抽選を終えた洞口主将はロッカー室へ戻ってきた。しばし、暗い顔で無言だったと当時の雑誌では伝えられている。本当はどうだったのか。

「そうです。最初に結果を言ってくれればよかったのに、黙ってて……。で、表情を変えずに〝次の試合、おれらがまた、出ることになったから〟って。ぼそぼそと」

そのとき、ホラさんの広大な背中には、東芝への「申し訳なさ」と「喜び」が入り混じっていたそうだ。背中の小さな震えから、静かな闘志を感じたものだった。

「わたしも、情けないやら、うれしいやらで。これで決勝にいくための気持ちの充電ができたと感じました。心に火がつけば、決勝では勝てる、と思ったんです」

かくも、おやじの背中は雄弁である。

⑥薫田真広（東芝監督）インタビュー

薫田真広（くんだまさひろ）
〈一九六六年九月二九日生まれ。フッカー。岐阜工高―筑波大―東芝。九一年、九五年、九九年Ｗ杯に出場。日本代表キャップ四四。〇二年度から東芝監督〉

強い社会人チームには必ず、強い意思を持つ監督がいる。チャンピオン東芝の薫田真広監督もそうである。選手からは「親方」と畏怖されている。

現役時代、三度のＷ杯に出場した元日本代表の名フッカー。とくにスクラムワークがうまかった。九五年Ｗ杯では主将として屈辱のニュージーランド戦も経験した。

負けるのがとってもキライである。九一年Ｗ杯への飛行機の中で、シナリ・ラトウと飲み比べとなり、機内の缶ビールをすべて飲み干した。北米遠征の帰国便では、アンドリュー・マコーミックと競争となり、赤ワインのハーフボトルを「気がついたら、ひとりで一五～一六本、飲んでいた」というのだ。

もっとも、一見豪放だが、ラグビー界では緻密な理論派としても通っている。スクラム理論は誰もが認めるところだ。

アタッキングしやすいスクラムを組む

――スクラムの意義は。

「ラグビーにおいて、スクラムは重要なリスタートの手段です。押す、押さないより大事なことは、いかに相手にプレッシャーをかけ続けるかということです。アタッキングしやすいスクラムを組むかということです」

――スクラムを組む際、大事なポイントは。

「まあ、バインドと足、ひざの角度でしょ。足首の柔らかさも、すごく大事だと思います。うまく組めないやつは足首がだいたい硬い。曲がらないやつは組めないですよ。だってスパイクのポイントが多く芝生にかかるほど安定するでしょ」

――東芝では足首を柔らかくするトレーニングもあるのですか。

「ふだんから足首を柔らかくするよう、努力させています。うちのトレーナーに柔らかくなるメニユーを選手にさせるよう、指示しています。とくにフッカーはスクラムを止めたり、コントロールしたりしないといけない。足首が硬いと体を折れない。ヒットできない」

――薫田さんも柔らかいのですか。

「僕、体がめちゃくちゃ硬いんです。前屈では手が地面につかないほどです。でも職業病じゃないけれど、右足の足首だけ柔らかいんです。スクラムのコントロールは自在です」

ナンバー8が前七人を勢いよく押し込む

――東芝のスクラムの特徴は。

「構えたとき、ナンバー8が体ごとつかないで、ヒットのときに勢いよく押し込むことでしょ（110ページ参照）。基本的に、ナンバー8が前七人を引っ張ることで、その七人が体重を前にかけられる。ヒットするスピードが出ます。ナンバー8が力を緩めた瞬間、ばしっといけるんです。でも日本人ナンバー8だと腕力がないので難しいかもしれません」

――つまりヒット勝負ですか。

「そう、八人で組むことと、ヒットするスピードが勝負どころです。当たり勝って、ナンバー8がすぐにつく。要は優位に立ったスクラムの力を逃さないようにすればいいんですよね」

スクラム強化法

——東芝府中のスクラム強化法は。

「スクラムのルーティン（基本）はそれぞれのチームにあるはずです。これは絶対、守らないといけないというものです。バインド一つとっても繊細なものです。

　たとえば、フッカーがバインドする位置も、ジャージをつかむ深さによって、肩の位置がずれたりする。バインドでは、ジャージをうまく使いながら、ヒットするときにしっかり肩を入れる。絞る。ロックの頭が入る位置を確認する。

　うちはナンバー8が構えで後ろに引っ張るので、ロックがいかに早くバインドして尻を浮かすかがポイントです。フランカーがしっかりバインドするかも大事なんです」

——ふだんのスクラム練習は。

「三人対三人の次は六人対六人のスクラムを組みます。前五人とナンバー8の六人です。五人対五人の練習はやりません。三人対三人、六人対六人をそれぞれ二、三本ずつ組んで、八人のスクラムは一時間ぐらいやります。多いときは一〇〇本ぐらいですか」

——時々、凄まじいスクラム練習をしますよね。ライブで。

「ある程度メンバーをいじったりしたとき、どのパックがいいかを確認するためです。時には数を組むことも大事なんです。数多く組むことで、理解できることもあります」

駆け引き

——コラプシングはなぜ起きると思いますか。

「一つは両チームのタイミングが合わないことでしょ。どちらもレフリーの声の〝エンゲージ〟の

〝エ〟の前に組もうとするから、よけいに合わないですよ。それと、チームによって、近くとか、離れてとか、間合いの駆け引きもありますから……。タイミングが合わないときは落ちます。

組み負けたり、姿勢が悪かったりしたら、落としちゃえ、というチームもあるんじゃないですか。いまのうちにはないですよ、僕が現役のときはワザと崩したこともありました。ふふふふ」

——駆け引きの延長みたいなものですか。

「スクラムはぜんぶ、押す必要はないんです。相手を押してプレッシャーをかけないといけないところ、スクラムをコントロールして、ディフェンス、アタックしやすいところ……。ま、組み負けたら、一回引いてみようか、とか。チームによっていろいろでしょ。組み負けたら、自分でバインドを離すところもあるでしょ。大きく組み負けたら下がる。崩壊させる。ま、自分がいい状態じゃなかったら、落とすこともある」

本当に大事なのはひざ

——コラプシングの笛は微妙ですよね。

「正直言って、疑問を感じるときはあります。トップレフリーにフロントロー経験者が何人いるかだと思うんです。ゼロですよね。スクラムを組んだことがない人が、スクラムのメカニズムをわかるんでしょうか。スクラムに関して、本当にわかって笛を吹いているかというと、それは無理だと思います」

——では、改善策は。

「レフリーに判断のレベルを上げてもらって、僕らがどこかで妥協することだと思います。われわれはフロントロー出身ですから。プレーしている選手は（笛に対して）〝なんで〟とか〝しめしめ〟とか思っているでしょ。それに対し、文句を言ってもしょうがない」

――反則をとられないためには。

「一つは相手の上に乗ることです。つまり落ち方です。もし自分たちがスクラムを崩したとしても、最終的に相手の上に乗ることによって、落ちていないと見せることができる。僕は練習で〝落ち方を考えろ〟と指導します。

　組んでいるときは、いろんな駆け引きがあります。どうしようもなく、スクラムを落とさなきゃいけなくなったら、しょうがないから、相手の上に乗るんです」

――レフリングでいえば、かつて、薫田さんはレフリーの講習会でスクラム指導をされたんですよね。

「両チームのスクラムの真ん中に立って、中心点からどちらに落ちているかを見れば、崩したチームがわかると思いますよ、と話しました。下がっているチームがスクラムを落とすんです。ヒットして、組み勝っているのに、落とすことはありえませんから。

　もう一つ、レフリーは相撲の行司ですか、陸上のスターターですか、と質問しました。スクラムは相撲の立ち合いと一緒です。立ち合いのように、（コールの前でも）フロントロー同士の目が合って、いいタイミングでばちっと組めれば、いいんじゃないかと思うんです。でも、そういう発想がない。

　フロントロー同士はちゃんとわかるんです。タイミングが合わないから、引いたり、下がったり、駆け引きをするわけです。

　それと、自分たちでスクラムを組んでみたら一番、わかるんじゃないかと思う。いつも言うけど、レフリーは組まない」

――崩させないためには。

「一つはスクラムの入り方が大事でしょ。バインディングとか、組み方とか、ルーティンとか一杯あるでしょうけど……。

入る前の気持ちというのは、体のコア（芯）に力が入ってないとダメだと思います。漠然と組もうとしたらダメです。

スクラムだけでなく、ラグビー全体に言えるんですけど、コアや体幹にどれだけ力を入れられるかが勝負です。

あとはひざですか。本当に大事なのはひざです。組んだあと、ひざを五センチ下げるだけで、力の伝わり方が全然ちがいますから」

体幹の強さ

――スクラムが強い選手とは。

「本当にスクラムが強いやつはヒットするスピードがあります。あとは組んだ瞬間にどれだけ伸びられるかです。ひざをどれだけ下げられるか。そのときに大事になるのが、関節の柔らかさです。

ベンチプレスはそれほど必要じゃないかもしれない。いや、フロントローだけはやっぱり、ベンチプレスも必要かな」

――パワーですか。

「それと胸板の厚さです。姿勢が伸びたときに胸板で相手を押さえつけることが大事です。

ポイントは、自分が深く入り、相手には浅くしかもぐらせないことです。肩の関節と絞り方と胸板で相手を殺すんです。

力はさほど必要じゃない。テクニックで、なんぼでもコントロールできます」

――体のサイズは。

「東芝はそんなに大きくないですよ。高橋（寛＝プロップ）は一七五センチか、一七六センチしかない。塚越（賢＝フッカー）もそうです。でも高橋も塚越も体幹が強い。当然、背筋力もあるでしょ。

東芝には、体幹を鍛えるトレーニングが一杯あります。でかいバランスボールを使ったり……。低くて、ぐいと伸びられるやつが強いんです」

大事なのは数を組み込むこと

――薫田さん自身のスクラムの思い出を。

「僕は大学に入って、フッカーになったんです。高校ではナンバー8だった。高校代表もバックローで選ばれて、ふたを開けたらフッカーだったんです。じつは高校一年生のとき、フッカーを半年間していました。だからフッキングはできたんですよ。

正直言って、僕のときの筑波大のスクラムは強かった。明治をめくり上げていたし、早稲田にも勝っていました」

――いつフッカーの力が伸びました。

「いろいろな人とスクラムを組んで経験をしていくと、自然と体に染み付いていくものです。フッカーは両プロップとの呼吸もあるでしょうけど、大事なのは数を組み込むことだと思います。何年、何十年、一緒に組めば、しゃべらなくてもわかるようになります」

――フッカーから見て、1番と3番の性格のちがいはありますか。

「1番はどこでも超攻撃的な性格をしています。3番は人がいい。文句を言わない。じっと耐えるタイプが多いですね。

フッカーとしては、1番は誰になっても攻撃的だからいいんです。3番といかに付き合うかが大事です。フッカーも攻撃的です。よく試合では1番同士が対角線で文句を言い合っていますよね。僕がいたら、参戦しますけど。ははは」

第7章　汗と涙と笑いのプロップ人生劇場

ザ・プロップ

スクラムのバインディングのような拳の形の聖火台から、すーっと炎が消える。トリノ冬季五輪の幕が閉じた。その同じ日の二〇〇六年二月二六日、日本選手権のファイナルがあった。雪ではなく、冷たい雨が降りしきるなか、東芝府中とＮＥＣが引き分けた。死闘だった。

二〇〇五年度のラグビーシーズンが終わる。寂しい。とてもさびしい。

中国の于武陵の詩、「勧酒《かんしゅ》」（井伏鱒二訳）にこうある。

〈このサカズキを受けてくれ
どうぞナミナミつがしておくれ
花に嵐のたとえもあるぞ

さよならだけが人生だ〉

スクラムだけが人生だ、そう漏らしたのは、幾多のプロップたちである。テクニカルだけでなく、心のひだの裏側を、理屈でなくわかり、人そのものを愛している。

二〇〇六年三月某日。東京・赤坂のホテルで〝ザ・プロップ〟とビールを飲んだ。サントリーの「スクラム王長谷川ノンオイラー慎さん」である。

なぜノンオイラーかというと、体脂肪を落とすため、食事のオイル抜きをしているからだ。まず天ぷらものは食べない。焼肉屋にもいかず、鳥肉のささみを食べ、プロテインを飲みまくる。

「体脂肪、一五パーセントを目指しています」

この人、四歳からず〜っとフロントローだった。母親がラグビーファンだったから、京都ラグビースクールでラグビーを始めた。「ま、物心ついたきから、スクラムを……」。当年三四歳だから、じつに三〇年もスクラムを組んできたことになる。

左プロップとしては、日本の第一人者である。理論派で通る。ラグビースクール、中央大学、サントリーの社会人一年目はフッカーだった。でも京都・東山高校の二年余だけは、左プロップをやった。そのとき、先輩から基本を叩き込まれた。

「スクラムの強さというのは、足の位置や背中の張り具合とか、いかに自分の一番いい姿勢を覚えるかなので、僕は高校時代にそれを習得したと思います」という。

筋力トレーニングも好きだった。体は頑丈だった。「まあ、実家が魚屋さんだから、骨が丈夫だったんでしょ」と笑う。

一九九七年、日本代表となった。九八年のパンパシフィックリムでは右プロップの中村直人（現サントリーＦＷコーチ）、フッカー薫田真広（現東芝監督）と組んで、カナダや香港からスクラムトライを奪った。一九九九年、二〇〇三年とＷ杯にも出場し、世界の強力プロップと戦った。

ウエールズ、フランスに組み勝つ場面もあった。毎試合、毎スクラム、押しにかかるのが、慎さんの信条である。

「スクラムは自分にとって、絶対に譲《ゆず》ったらあかんものです。相手が少しでも気を抜いたら、いつでも押せる自信はあります」

安定したスクラムがあってこそ、いいラグビーができると信じている。

スクラムのことを聞けば、「なご〜うなりますよ」と哄笑するのだ。言葉にも含蓄がある。

どんなプロップが理想かと問えば、スクラムが強くて走れるプロップになりたい、と慎さんは答えるのだった。

誰も覚えてないだろうが、二〇〇五年シーズン、トップリーグのサニックス戦（熊本）で、絶妙のハンドオフからなんとトライを挙げた。

　そのときの言葉が振るっている。

「四年に一回はトライしますよ。トリノオリンピックイヤーですから」

　人を愛し、スクラムを愛する。ラグビーはスクラム、スクラムは出会いなり、がモットーである。

　というわけで、最後はフロントローの内奥《ないおう》をのぞく。テーマが「プロップ人生劇場」である。

日本選手権決勝のスクラム

　まずは試合にちょっと触れる。ナビゲーターが慎さんである。

　二〇〇六年二月二六日。秩父宮ラグビー場。日本選手権決勝は東芝府中とＮＥＣの対戦となった。スクラムは前後半九回ずつの計一八回だった。

　フロントロー陣は互いに手の内をわかっていただろう。今シーズン、三度目の対戦だったからだ。互いに駆け引きを楽しむ。

　乱暴に言うと、トップリーグではＮＥＣ、マイクロソフト杯では東芝府中、そしてこの試合はＮＥＣが優位に立った。立つ位置の間合いとヒットでペースをつかんだ。

なぜか。ＮＥＣのフッカー、網野正大は試合後、言った。

「マイクロソフトカップでいい体勢になれなかったので、今日は近めでヒットできるよう、ポイントから半歩前に出るイメージで構えました。間合いが近いほうがいいですから。前三人のパックを早く強くして、です」

東芝フッカー、松尾大樹はこうだ。

「やられました。すごく寄られました。わかっていたんですけど、雨もあって、間合いをうまくとれませんでした。正直、やりたかったことがやれなかった」

最大の見せ場は、終了間際の攻防だった。電光掲示の数字はロスタイムを刻み、「45：26」となっていた。

基点が東芝ボールの五メートルスクラムだ。

東芝が攻め込み、ＮＥＣがゴールを背負う。赤と緑ジャージのＦＷの固まりがぶつかり、白い湯気が濛々と上がった。

スクラムにボールが投入される直前、ＮＥＣナンバー８の箕内拓郎が、サイド攻撃を警戒するため、右にすーっと離れ、スクラムハーフの辻高志と入れ替わった。

東芝は気がつかず、サイン通りにナンバー８のバツベイが左にもぐり、モールを形成しにいった。ウイングのオトがモールに入り、ＦＷがむらがる。イッキの押しに出る。

意地のモールと執念のタックルの激突。壮絶だった。押し切れないとみると、東芝は球を出し、つないだ。

が、最後、スクラムハーフ吉田朋生がインゴールノックオンを犯した。ノーサイドの笛が鳴る。

このシーンでの疑問は、なぜ、東芝はスクラムでワンプッシュをしなかったのか、ということだ。

東芝の左プロップ、高橋寛は正直だった。「じつはナンバー8が離れたのがわからなかった。もうモールのことしか頭になくて……。ちょっと視野が狭かったかな」

東芝の右プロップ、笠井健志は弁解する。「そりゃ、僕が出て、スクラムをコントロールしたほうがいいでしょ。でも日本選手権の決勝で五メートルも押し込むことはできませんよ」

いやいや、スクラムトライを言っているのではない。ワンプッシュすれば、相手のフランカーの足が一瞬、止まる。次の展開がラクになるのだ。

ここで慎さん、登場。どうでした、と問えば、「う〜ん」となる。

「スクラムにこだわりがなかった。最後の一本はその典型かな。チームの戦術かもしれないけれど、僕だったら、いけはせんかっても、一度、押させてくれ、と言いますよ」

ヨソのチームだから、僕が口を挟むことじゃない、と遠慮しながらも、顔は寂しそうだった。「だって、海外とやるとき、押していかないと、敵になめられるでしょ」と、話題は突如、日本代表にまで飛ぶのだった。

　東芝の高橋、笠井は日本代表でもある。なのに……。東芝はどちらかというと、スクラムの押しに固執しない、いわばディフェンススクラムである。当たった瞬間、低くなるため、プロップが脚を少し引く。

「言い方悪いですけど、見ていて、つまらないスクラムでした」

　決勝で、もう一つ目についたのは、ＮＥＣスクラムのサインプレーである。後半の序盤、二度、箕内がボールを投入し、網野がフッキング、ナンバー8の位置に入ったスクラムハーフ辻高志が持ち出す。

　一度目は辻のパスが乱れ、二度目はフッカー網野がフッキングを空振りした。「僕はボールを入れてくれるだけで十分なんですけど……。スクラムハーフがもう次のことをいろいろと考え、慌ててしまうから……」。タイミングが合わなかったのだ。

　じつはこのサインプレー、前述のように、マイクロソフト杯準決勝の対戦でも使って失敗し、ターンオーバーされていた。

慎さんは言う。「NECは勝っているんだから、マイボールで小細工をする必要はないでしょ。なぜ優位性を効果的に使わないのか、わかりません」

ささやき作戦

この日、スクラムに一番こだわっていたのは、NECの三六歳、右プロップの東考三だった。得意は「ささやき作戦」である。

ファーストスクラムの際、「たかはし〜」とトイメンに話しかける。「今日決勝だし、いいスクラム組もうな〜。正々堂々、まっすぐ組もうな〜」と。

まず言葉で優位に立つ。スクラムが落ちれば、「たかはし〜、ちょっと内に入っているよ。もっとまっすぐ組まないと崩れてしまうよ」。組み勝てば、「おっ、たかはし〜、いまのいいじゃない、いまの、いまの」と。

東は、必ず相手を名前で呼ぶことを心がけている。「名前で呼ばれると、はっと反応するもんなんです」

その高橋はぼやく。「東さんは、や〜なタイプですね。口でどんどん言ってくる。離せや、とか。待て、とか。結構、口タイプ。自分はもう、シカトです」

慎さん、いわく。「ま、いろんな、プロップがいます。基本的に黙って組んでいる3番は強いですね。しゃべる3番は強くない」。ただ例外はあろう。

自分と組んだとき、東は無口だったと笑う。「手の取り合い、頭の入れ合い、間合いの取り合いと、拮抗すると、しゃべっている暇がないんじゃない」

そんな慎さんも言葉を駆使するそうだ。

例えば、日本代表の右プロップ山村亮（ヤマハ）には、組みながら皮肉を言い続けた。

「おまえ、ほんま、成長せえへんな」「なんで、これでジャパンなんや」「全然、強うならへんな」と。

「言葉も駆け引きの一つでしょ。プロップって、心理的な上下関係も大事なんです」

プロップの合コン

そういえば、こんなこともありました、と思い出す。いつかのサントリー×神戸製鋼の試合だった。サントリーの3番に交代で中村直人が入った。そのとき、トイメンの神鋼1番の中道紀和が軽口をたたく。「おっ。スクラムマシンがきたぞ」。中村がムキになる。「スクラムマシンって言うな！」と。

「もうスクラムのけんかじゃなくて、子どもの口げんかです。それを受けて、僕が参戦し、中道とけんかしました。試合中、ずっとです。〝おまえ、落としてるやろ〟、〝ちゃうわい〟

と」

　フロントロー同士の言い合いで、そばのロックが噴き出すこともある。

「僕、口で精神的に相手を参らせてしまう。結構、言葉が陰湿なんで、全国のプロップに好かれてないと思いますよ」

　じつはこれ、謙遜である。慎さんは多くのプロップに愛されている。他のチームとの〝合コン〟をよくやる。

「でも残念ながら、女性はひとりもいません。ぜんぶ、オトコです。み～んなプロップです。飲んでいても、スクラムの強弱の力関係って出るんです。僕もスクラムの強い人にはあまり言えませんでした。ははははは」

　プロップだと概《おおむ》ね、1番が口達者で、3番は口数が少ない。

　そもそも1番と3番って、どうちがうのか。1番はスクラムで左側が空き、3番は両肩で相手と組むことになる。

　慎さんによると、1番はテクニシャンが多く、3番は身体的に強いやつがなる。組み方としては、1番が持ち上げる、3番は落とし気味に組む、と慎さん。「だから、3番は落としてナンボでしょ。強い3番というのは、スクラムで当たった瞬間、肩が浮いてないやつだと思うんです」

元自衛隊員のプロップ

また3番は辛抱型か。苦労人が多いようだ。前述の東考三もまた、がんばり屋である。しかも波乱万丈。だって、ラグビーを始めたのが二二歳からである。元自衛隊のパラシュート部隊である。かっこいい。

どうしても話を聞きたくて、千葉・我孫子のＮＥＣオフィスに押しかけた。オフだというのに、鹿児島出身の三六歳はスマイルで対応してくれる。

高校時代は野球部で捕手だった。地元鹿児島の国分自衛隊でソフトボールをやっていた。習志野自衛隊へ移り、空挺師団に入った。そこで楕円球と出会う。

降下訓練では、八三メートルの塔から落ちる。ぐーっと持ち上げられる際、はるか舞浜の東京ディズニーランドがよく見えたそうだ。「おっ、シンデレラ城。あれはビッグサンダーマウンテンと」

ジェット機からも何度も飛び降りた。地面まで一分三〇秒ほどか。「それはもう、気持ちよかったですよ」

訓練は半端じゃなかった。腕立て五〇〇回、一時間のランニング、延々と続く着地訓練……。

着地の基本動作が、「五点着地」である。まず両足の裏を前後にずらして着け、その瞬間上体をひねる。次にひざを屈《かが》め、お尻を着け、最後に上体を着ける。失敗すると大けがをする。「体のバランスと集中力が大事です」

なんだかスクラムと共通するではないか。

二二歳当時、体重が七〇キロだった。ラグビー部に入る。最初はウイングである。一年後、フランカーにコンバート。ある日、スクラムの姿勢、「カメ」を一時間続けるよう指示された。ひざががたがた震えながらも、がんばり通した。先輩が怖かったからだ。すると、翌日、プロップ転向を命じられた。「機関銃で撃たれた感じでした。いや、バズーカ砲かな」

ひたすら体づくりに励む。ジムにも通う。バーベルを担ぎ、マシンと格闘した。最初「六〇キロ」ぽっちだったベンチプレスがなんと「二〇〇キロ」までになった。東京都パワーリフティング大会で優勝したこともある。

二八歳のとき、周囲の反対を押し切り、ＮＥＣに移籍した。「なんでもいいから、有名になりたかったんです」。チーム練習が終わると、ひとりウエイト強化に取り組んだ。帰宅がよく、深夜零時をすぎた。

ラグビー歴は浅い。「だから技術があるわけじゃない。パワーだけは負けないようにしたんです」。結果、いまの筋骨隆々たる体ができあがったのだ。

スクラムは「国防」とどこか似ている、と言う。絶対、引けない。「突っ込め精神です。最後は突撃です」。試合前のロッカー室、あるいはスクラムを組む際、「頭の中で突撃ラッパが鳴っている」と笑う。

そういえば、日本選手権の決勝、東芝ナンバー8のホルテンが米兵に見えたそうだ。ひえ〜。なるほど。タックルは凄まじかった。

はっと、気が付いたら、三六歳。充実の日々だった。夢はと問えば、桜島のごとき笑顔が爆発した。「四〇歳までスクラムを組みたい。ジャパンに入りたいですね」

お笑い系プロップ

東のイチオシのプロップが山賀敦之（セコム）である。

一七三センチ、一〇三キロ。ユーモラスな体型で、いつもぴちぴちのオールドスタイルのラグビーパンツを履いて試合をする。もう、どうしたって、お笑い系だけど、スクラムは滅法強い。

東のインタビューの翌日、原宿のどでかいセコム本社ビルを訪ねる。人懐っこい笑顔、軽妙な語り、なぜだろう、こちらまで愉快な気分になる。

春風が吹くと、三一歳の好漢の紺色スーツの上着がまくれる。裏地のネームのところに

「花嫁募集中」と赤の刺繍がある。「電車とかで誰かがチラッと見てくれないかなと。夏のスーツには携帯番号を縫っています。そんなドラマみたいな運命的な出会いを考えちゃう。はっはっは」

やんちゃな目をクリクリさせる。効果は？「まったくないです」

スクラムの話に戻す。プロップ同士の攻防は面白い、いや、奥が深い。山賀はＮＥＣ戦の前夜、トイメンの東に携帯メールを飛ばすそうだ。

〈あした、よろしくお願いします。僕たち、ふたりだけの世界をファンにアピールしましょ〉と。

「先手必勝です。はっきり言って、誰も興味はないと思うんですけど。騙し合いというか、スクラムの駆け引き、真剣にやってますよ」

こらっ、入ってくるな。まっすぐ、まっすぐ。落とすな……。試合中、激しいやり取りが続く。

山賀流の攻略法は、口で相手のやる気をかわし、時には相手プロップの短パンをつかむ。反則だと言われると、「一回だけ、これだけって」。時にはフランカーをつかむときがある。レフリーに注意されると、「あれ、3番と思っちゃった」と謝る。

埼玉県浦和市出身。朝霞西高でラグビーをはじめる。当時六八キロ、身長はいまと同じ一七二センチだった。

「ちょっと色白でぽっちゃりしていた。おまえ、太っているからプロップと先生に言われました」

弱小校ゆえか、練習はラクだった。センスがないから、パワーをつけるしかないと考え、筋力トレーニングばかりやっていた。

「ウエイトやりすぎて、授業のとき、腕が震えて、鉛筆が持てませんでした」

高校二年のとき、県予選の埼工大深谷戦でスクラムをメチャクチャ押された。この屈辱から、一念発起。猛練習に打ち込み、県下では敵なしの強力プロップとなった。

高校生活は楽しかった。仮装大会では必ず優勝、とくに女性の水着姿で平泳ぎの岩崎恭子（バルセロナ五輪金メダリスト）を真似したときは、爆笑を誘った。文化祭の「学校で一番面白い奴コンテスト」では三年連続ナンバーワン。テレビの「鶴ちゃんのプッツン5」に出演し、ジミー大西を笑いで食ったこともある。

帝京大に進み、ラグビー生活が一変する。猛練習と厳しい規律の下、毎日、「すみません」ばかりを口にしていた。「泣きながら、スクラム組んでいました」。でもウエイトトレーニングだけは続けた。三年生の夏合宿。七本目から一本目に抜擢される。「サプライズなんてもんじゃなかった」

大学卒業の際、芸能プロダクションのマネジャーになりたいと思ったが、入社試験で全滅する。ならばと、ラグビーを続けることにした。年々、パワーと自信がついてきた。

スクラムには真面目だ。じつはスクラム日記をずっと、つけている。「五箇条みたいなものがある。ひざをためる、首を決める、ヒットをするとか。相手やレフリーの特徴も書いています」。試合直前、ロッカー室で必ず見ることにしている。

愛読書がラグビー専門誌の「ラグビーマガジン」。選手名鑑の写真撮影にはこだわる。花を耳にさしたり、妙なポーズをつくったり……。度が過ぎて、協会から厳重注意を受けたこともある。

「ラグマガの年鑑写真と、スクラムだけには命をかけています」

夢を問えば、これまた「四〇歳まで現役プロップ」だった。

こんなことがあった。オフ、山賀はＮＥＣの飲み会に乱入し、東ととことん飲んだ。深夜、上野の飲み屋街の路地裏で酔っ払ってスクラムを組んだ。下はアスファルト、革靴で。

「山ちゃん、いっちょ、やろか」

「おっ。いいですね」

「これだよ、これ。いいスクラムだ」

新星

プロップの新星といえば、前田航平である。早大連覇の立役者となり、現在はサントリーでレギュラーポジションを争う。日本代表候補にも抜擢された。いわば「シンデレラボーイ」だ。

一九八三年八月生まれのまだ二三歳。代表候補の連絡を受けたとき、「ドッキリカメラだろう」と思った。「ほんと、冗談だと思ったんです。日本協会のＨＰで確認し、あれ〜と叫びました」

そりゃ、そうだ。まだプロップとなって、四年余である。早稲田実業高校時代はバスケットボール部に所属していた。三年夏の予選敗退後、ラグビー部にちょっぴり入った。

早大入学時、体重が九〇キロちょいだった。ガタイはよかった。だから、コーチ陣から、とくに鍛えられた。スクラム姿勢の練習の際、「過呼吸」となったこともある。「体がしびれ出して、ヤバイと思ったら、目の前が真っ暗で見えなくなりました」

清宮克幸監督から「増量指令」を受けた。「一一〇キロになると世界が変わるぞ」と。一日四食、意地で食べた。胸焼けで眠れない夜もあった。

むろん、筋力トレーニングも強化した。体重が増えると、当たり負けしなくなった。大学選手権のあたりから、何かが変わった。「スクラムを組みながら、考えられるようになったんです」。余裕が生まれたのだ。

　プロップの醍醐味とは。

「他のポジションの人にはスクラムは組めない。僕らの特権です。あらゆるテクニックを駆使し、一センチ、一ミリのせめぎ合いをする。面白いです」

　でも、まだプロップとしては、ひよっ子である。

「近場の目標はジャパンのキャップを取ること。遠い目標はサントリーのレギュラー定着、日本一。そしてＷ杯のスクラムで押し勝つことです」

　スクラムとは人である。小手先でやろうとすると、重さにやられる。要は、総合力、人間力である。


　最後に。

　山賀のインタビュー前、彼のピンク色の携帯電話が鳴った。東からだった。

　前日、カラオケの持ち歌を聞いたら、東は答えを迷っていたのだ。山賀が申し訳なさそうに言う。

「東さんの持ち歌、石原裕次郎の『わが人生に悔いなし』ですって」

　わざわざ、電話をかけてくるなんて。この律儀さはなんなのだ。

もう一つ。第六章で触れたかつての名プロップ、石山次郎さんの原稿でこんなことがあった。

ゲラを見せたところ、これだけは修正してほしいと言われた。何かと思ったら、「うふふふ」という記述を「えへへへ」に変えてほしいということだった（372ページ参照）。そうじゃないと、空気がうまく伝わらないと。

このナイーブさはどうだろう。プロップとはかくもデリケートなのだ。

まるであの宮沢賢治の感性と同じではないか、と独りごちた。

〈雨ニモマケズ
風ニモマケズ
雪ニモ夏ノ暑サニモマケヌ
丈夫ナカラダヲモチ
……〉

僕らはスクラムを組むのだ。

⑦長谷川慎（サントリー）インタビュー

長谷川慎（はせがわしん）
〈一九七二年三月三一日生まれ。プロップ。一八〇センチ、一〇五キロ。京都七条中—東山高—中大—サントリー。四歳からラグビーを始める。いまだ第一線でスクラムを組む。九九年、〇三年W杯出場。日本代表キャップ三六〉

大きな空が広がる。

二〇〇六年夏。北海道の網走である。ひんやりとした空気が流れる。陽光が北の大地を照らす。焼けた芝のにおいがする。

「アライブです」。三四歳の長谷川慎は、汗をぬぐいながら、サントリーの今年のチームスローガンを口にした。

アライブ。生き残る。すべての局面で生き続ける。チームの勝利に貢献し続ける。そんな意味である。

チーム最年長の「スクラム王」は、夏合宿のトヨタ自動車、ワールド、三洋電機との練習試合に、一軍メンバーとして先発出場した。どんとスクラムを組んだ。

まだ強い。スクラムを組ませれば、たぶん、日本一だろう。日々、己の「技」と「体」と「魂」を磨く。「僕、スクラム成金ですから」とひとりごちる。

「やる気はあります。いまは日本代表のプロップをいじめることに生きがいを感じていますから。ははは。いい挑戦です」

ほっかいどう。でっかいどう。せみの鳴き声をBGMとし、スクラムの話を聞く。ふっふっふっふ。乾いた空気が笑い声で揺れる。

なんとも幸せではないか。スクラムの第一人者と、北海道でスクラム談義なのである。

スクラムにもっとこだわれ！

――今日はスクラムのことを。

「一番思うのは、先の（二〇〇三年）W杯前、予選突破するには、まずはスクラムの安定と言われた。アメリカ戦はいかれたけれど、あとは、僕的には大丈夫だった。でも帰ってきて、W杯のスクラムのレビューやコメントが一つもない。良いか悪いかじゃない。スクラムに対して、あれこれ言われるのは、日本では戦う前だけなんです。長期的には言われない。それが、なぜか不思議なんです」

――最近のジャパンのスクラムは。

「昨年（二〇〇五年）のスペイン戦、ファーストスクラムで思いっきり押されましたよね。聞いたら、フッカーが左足のフッキングをしたという。そうじゃないだろう、と。スクラムって、左足のフッキング練習の前に、やることが一杯ある。

互いにどこをバインドで持ちたいか、どの方向へ押したいか、そこをきっちり合わせないとロクなスクラムにならない。

左足のフッキングなんて、時間があるときにやればいいんです。

なんで素直に選手がやるんだろう。スクラムにもっとこだわれと言いたい」

――最近のプロップには不満が。

「スクラムに執着するやつが少ない。いろんなことをしたいタイプが多い。

走るのも、国内ならいいですよ。でもランニング重視のプロップを選んで、ジャパンは何度テストマッチで失敗しているんだろう。国内で楽しむ分にはいいですけど、海外ではそんなことはできない。

僕らのときは、格上のチームにスクラムで勝つにはどうしたらいいのか、いっつも考えていた。話をしていた。薫田（真広）さんにはいろいろと教えてもらいましたし。

海外のチームとやった経験のあるやつがしっかり、ジャパンのスクラムを伝えていかないといけない。継承せないかん」

——海外のスクラムは変わりましたか。

「ニュージーランドやイングランドが日本人みたいなスクラムを組むようになった。昔は力任せだったのに、いまは低い姿勢を取って、ひざを曲げて、きちんと構える。

アルゼンチンは昔から、しっかりパックして、ひざを折って、首を使って上を向いて、組んできていたけど、他の海外チームもそれをやり始めたら、日本はダメになる。由々《ゆゆ》しき事態でしょ」

——実際、海外チームに完敗しています。

「結局、みんな忘れてしまう。たとえば、二〇〇四年、スコットランドとウエールズにスクラムで圧倒されたことをもう忘れていますよね。スペイン戦で圧倒されたことを忘れています。

ふだんから、僕らは世界につながるスクラムを組む必要がある」

1番と3番のちがい

——で、1番と3番のちがいを。

「スクラムはどうしても1番が優位だと思う。ちょっと回れば、九〇度のペナルティーをとってくれる。3番の両肩にはウエイトがかかる。3番で強いやつが本当に強いやつでしょ。

ふつうに組めば、1番のほうが絶対押せる。だから、1番は狙いにいったら勝てるポジションです。フッカーと一緒に相手を挟んでいけばいい。

1番はいろんなテクニックを使える。

3番は身体的に強いやつで、メンタルも根本的に強いやつだと思います。

簡単に言うと、1番は持ち上げる、3番は落とす感じでしょうか。3番は落としてナンボみたいな。

強い3番というのは、当たった瞬間、肩が上にいってないやつだと思うんです。両方の3番の肩が上がっている試合なんて、さみしいものです」

――トップリーグで一番強いプロップは。

「いまなら池谷（陽輔＝サントリー）やな。ちょっとやったら強くなるかな、というのは、もっといる。だけど、みんな、もっとスクラムで勝負せなあかんでしょ。ジャパンの山村（亮＝ヤマハ）にも言ったんです。もっと勝負しろと。山村はほんと、体もあるし、経験もある。でも、誰が、これから彼を育てるの。ただテストマッチに出すだけじゃ、強くはなりません。もったいないと思います」

スクラムでけんかするやつは仲がいい

――言葉も駆け引きの一つですか。

「スクラムで勝って、言葉をかける。それで次に組むときには優位に立てます。スクラムは、勝った負けたがはっきりわかりますから。その時点で力の上下関係が出ます。

ま、自転車と一緒ですね。一回、優位なスクラムを組めたら、ずっと組めます。コツを覚えたら、こっちのものです。

もちろんスクラムは八人で組みます。でも1番と3番とフッカーが勝たないと、絶対に押せない。自分の頭の置く場所がわかって、ある程度、間合いがわかって、インプットされたら、ずっと押せます」

――プロップ仲間って関係が濃いですよね。

「スクラムでホンキでけんかできるやつがいなくなってきた。浜辺（和＝近鉄）とか、小口（耕平＝リコー）さんとか。あるいは東（考三＝NEC）さんとか。スクラムにこだわっている人がいい。スクラムでけんかしているやつは仲がいいですね」

毎試合、すべてのスクラムを押しにいく

――ところで、今年でラグビー暦、三〇年目ですか。

「四つから、ず～っとフロントローです。物心ついて、ラグビーやっているなと思ったら、フロントローでした。もし他のポジションの楽しさをわかっていたら、プロップがいやになったかもしれませんが。フロントローが僕のスタンダードです」

――いつからプロップですか。

「坂田（正彰＝フッカー）が入社してきてからだから、サントリーに入って二年目からですか。土田（雅人＝監督）さんから、1番できるか、と言われて、1番になったんです。

　そのシーズンはほんと、スクラムをうまく組めなかった。その年、優勝したんです。でも僕は、最後は靭帯を伸ばして試合に出ていない。祝勝会で、全員が感想を言うとき、社長や社員の前で〝僕、うれしくないです〟と言ったんです。あとで怒られました。でも、あのとき、優勝のオフに楽しく飲んでいるのが、すごく悔しくて。

　そっからですよ。スクラム強くならんとあかんと思ったのは」

――スクラムは奥が深いですか。

「そりゃ、もう。スクラムって、アンテナが大事だと思うんです。体のアンテナ。だから、すごく

難しい。

バックスは一〇メートル、一メートルのスペースで勝負するでしょ。

でもスクラムって、組んだ瞬間に〝やばい〟というのがあって、外にちょっといくとか、バランスを取りながらやっている。落とされたら、ちょっと持ち上げるとか。もう何ミリの世界なんです。すごく細かい。体の反応というか、アンテナというか、そのセンスが大事なんです」

――もうスクラムを極めましたか。

「まだ、ですね。この試合は完全にスクラムで勝ったと、自分も周りも納得できないとダメなんです。本当に満足する試合なんてないですね。だから、このトシまでラグビーをやっているんです。楽しいから、組み続ける。悔しいから、またがんばる。

オフでも、早くスクラムを組みたいと思います。早く、強くなるための練習がしたくなるんです。たとえば、強くなるために、去年はスクワット一五〇キロだったけど、今年は二五〇キロをやりたいなとか。

一カ月とか休むと、体が細くなって、自分の思うようなスクラムを組めないんじゃないかと怖くなります」

――スクラムで大事なものは。

「スクラムは信頼だと思います。だから、絶対に押されてはいけない。チームメイトに弱いところを見せちゃだめなんです。僕が入ったら、ロックが押す気になるようにならないといけない。

体的には、足腰と首と背筋ですね。スクワットは大事です。

ま、自分の体さえ、しっかりしていれば、スクラム練習は休憩と一緒ですね。ほんとです」

――プレー中、快感を覚えるのは。

「もちろん優勝したときの達成感はいいものです。でも最近は勝利より、スクラムで勝ったときのうれしさのほうが上にいく場合があります。

ここ三年、チームは勝てなかった。もし優勝したら、ラグビーを辞めていたかもしれない。

年賀状によく書くんです。優勝するまで、辞めませんって。スクラムで勝って、優勝したいですね」

——スクラム命ですか。

「僕は、毎試合、すべてのスクラムを押しにいきます。サントリーはスマートなイメージがあるかもしれませんが、プロップはどろどろでやってます。僕は、ファーストから最後まで、ぜんぶのスクラムを押したい。ずっと、そう思い続けています」

第2部あとがき

男は背中でものを言う。

とくにラグビーのプロップというポジションの男はそうである。巨体の背中は筋肉で盛り上がり、ひん曲がった背番号「3」がラグビー、いや人生の厳しさを静かに語るのだ。「生きるとは修行である」と。

二〇〇六年秋。ラグビーシーズンが深まっていく。秩父宮ラグビー場の裏手のイチョウ並木は黄金色に輝く。

大学ラグビーの公式戦をのぞく。母校の早稲田が日体大と対戦していた。ワンサイドゲームである。悲しいサガで、どうしても目はプロップにいくのだった。

早稲田の右プロップの3番は畠山健介くんである。体重が一二五キロ。二一歳。血液型O型。でかい。ほんと背中は大海のごとき、広さである。無《ぶ》精《しょう》髭《ひげ》を伸ばし、修行僧のような風貌。見るからに強そうだ。

仙台育英高出身のスポーツ科学部三年生。元高校ジャパンの逸材だ。近い将来、きっと日本代表の桜のジャージの「3」を背負うことになりそうだ。

試合後、雑談する。小学校二年からラグビーをはじめ、高校に入ってから本格的にスクラムを組み出した。つらい記憶がよみがえる。

「スクラムの姿勢をやりすぎて、背中が炎症をおこしたんです。焼けるように熱くて痛くて、夜寝られないんです。ううぅぅ。うつぶせになって寝るしかなくて……」

そんな過酷な日々を乗り越え、いまの畠山くんがある。だから、スクラムにかける思いは格別だ。押されると苛立《いらだ》ち、押すと笑いをかみ殺す。

大学一年のとき、関東学院大とのジュニア戦（二軍戦）に出場して、スクラムで泣いたことがある。

「あはは。あれはずっと情けないスクラムを組んでいて、最後にやっといい形が取れて、ターンオーバーからトライになったんです。感極まっての、うれし涙でした」

スクラムとは、と問えば、間髪入れず、答えが返ってきた。

「ボクそのもの。存在意義みたいな、そうアイデンティティです」

目指すは日本代表のプロップである。「まだまだ青二才ですけど」と大笑いする。

「もっと強くなって、代表になりたい。ガイジンに負けないスクラムを組めるプロップになりたいんです」

あまり目立たないポジションだけれど、誰もがかくもスクラムに一途なのである。

全身全霊をぶつけるのだから、どうしたって言葉は熱を帯びてくる。ゆえにスクラムにまつわる話は多い。

あの「忠さん」こと故・北島忠治さんは、戦後の昭和二一（一九四六）年、明治大学ラグビー部の練習を再開する。食うものが満足になかった時代。まず自分のスパイクや着るものを部員に与え、ハダシでスクラムの相手をしていたという。

目黒高校のラグビー部監督だった梅木恒明さんは、野球部の監督になったとき、真っ先に野球部員にスクラムを組ませた。チームワークを知るにはスクラムが一番、というわけだ。

あれは名門・秋田工高か、黒沢尻工高のフォワードだったか。試合が雨だと喜んでいた。なぜ、と聞けば、ふだん足場の悪い砂場でスクラム練習をしているので、雨でぐちゃぐちゃのほうが有利だと笑うのだった。うそかほんとか。びっくりした記憶がある。

面白い話を聞けば、他の人に伝えたくなる。でも機会がない。華麗なオープン攻撃や、オトコマエのバックスのストーリーはゴマンとあろうが、地味なスクラム談義を扱うスペースは、ビジネスライクなメディアにはネコの額ほどもないのである。

でも、世の中、そう捨てたものじゃない。ラグビー専門誌の「ラグビーマガジン」からスクラムについて書くチャンスをもらったのだ。

二〇〇五年度シーズン、スクラムが理不尽に崩れる「コラプシング」がスポットを浴びた。なぜ、潰れるのか。その理由を解明すべく、田村博一編集長がスクラムの連載を思いついたのだった。渡りに船とはこのことである。

かくして、世にも不思議なスクラム連載は半年間も続いた。読者数無視の奇跡の連載だった。いったい何人のフロントローの話を聞いただろうか。珠玉の言葉に笑い、感心し、ナルホドな、と唸った。ひそかに涙ぐんだこともある。至福の時間だった。

う〜ん、スクラムとはこれほど奥深く、あまたの工夫と情熱が込められているものか。目からウロコ。正直、スクラムとフロントローを見直したのである。

どこにでも物好きな方はいらっしゃる。この極めてマニアックでチャレンジングな連載がなんと、書籍化されることになった。ラグマガの連載をベースとし、さらに半年、エッサホッサと追加取材を試み、大幅に加筆修正したのだった。

今回の取材中、予期せぬ収穫もあった。「逆転無罪」。そう書かれた大きな紙を手に持って走り出したい心境になったことがある。二〇数年前の冤罪《えんざい》がいま、晴れたのである。

何かというと、元日本代表の名フッカーの藤田剛さんをインタビューしたときのことだった。

藤田さんは明大から日新製鋼に進み、日本ＩＢＭを経て、いまはクボタに勤務している。二〇〇六年度の明治ラグビー部のヘッドコーチである。へっぽこプロップだったわたしと同学年で、何度か試合をしたことがある。憎らしいほど強いフッカーだった。たぶん、ワールドクラスだったと思う。

で、インタビューが終わり、雑談になった。現役時代の話になった。「いまだから、明かすけどな」と藤田さんは切り出した。「あのときのコラプシング、覚えているか。じつは、おれたちがわざとやったんだ。ワセダの気持ちを萎《な》えさせようと思って……」

えっ。忘れるものか。あの大学選手権の決勝戦。たしか明治フォワードは、梨本清隆さんや相沢雅治さん、川地光二さん、河瀬泰治さんと、ジャパンクラスがそろっていた。化け物軍団だった。「重戦車フォワード」としか形容できなかった。

その明治にワセダは低いスクラムで立ち向かった。早明戦はワセダが勝った。でも大学選手権ではワセダは負けた。流れを決めたのがスクラムだった。ワセダがコラプシングの反則をゴールライン前で何度かとられ、「認定トライ」まで献上したのだった。

あの時代、レフリーに文句を言うことなど、ありえなかった。ただコウベを垂れ、インゴールで明治のゴールキックを見守ったのだ。プロップとしては無論、屈辱である。ショックは大きく、その試合の夜、ひとり新宿・歌舞伎町の外れを彷徨し、最後はチンピラに有り金ぜんぶを騙し取られた。わが人生、最悪の一日だった。

それが、コラプシングは明治がしていたなんて。ま。藤田さんはいいオトコなので、リップサービスの冗談かもしれない。でも、本当なら……。ワセダのコラプシングは冤罪だったのだ。笑顔をつくりながら、心の中で「訴えてやる〜。再試合だぁ」と叫んだのだった。


二〇〇六年シーズン、トップリーグは「清宮サントリー」が前半戦を首位で折り返した。清宮克幸監督は母校ワセダを卓越した指導力で復活させた。で、低迷した古巣を再生させている。その戦い方のベースに必ず、強いスクラムをおく。

意識付けにもこだわる。試合前、メンバーに配る勝負のターゲットというA４版の紙には、「スクラム」だけ枠がつき、太字で書いてあるのだそうだ。

ある全員ミーティングでは、特別編集ビデオが映された。中村直人コーチが大阪日帰りで撮影してきた労作だ。二〇〇五年シーズンのスクラムシーンを下町のおばさんに見せて、

「どちらが勝っている？」と聞くものだった。

つまりは「大阪のおばはんが見ても、勝っていることがわかるスクラム」を組もうということを徹底させるためだった。爆笑の中に、清宮監督やスタッフのスクラムにかける情熱が伝わってくる。

スクラム番長のベテラン、三四歳の長谷川慎さんは言う。「大阪のおばはんがスクラムを見るビデオなんて、あほちゃうかと思いましたよ。ははは。でもこれで燃えんかったら、プロップちゃうでしょ」

畠山くんも、慎さんも、日本代表ＧＭ兼ＨＣの太田治さんも、スクラムの本が出ると知ると、「おぉぉぉ」と心からうれしそうな顔を浮かべてくれた。「スクラムの復権」。それが隠れたこの本のテーマでもある。ひとりでも多くの人がスクラムの一端に触れ、その苦労や歓喜を感じ取っていただければ幸いである。

新日鐵釜石の石山次郎さん、好漢の藤田剛さん、日本代表ＧＭの太田治さん、慶大ＯＢの橋本達矢さん、秋田工高の二田勉さん、東芝の薫田真広さん、サントリーの慎さん……。フロントローのみなさま、そしてレフリーの下井真介さん、愉快かつ、奥深い話をありがとうございました。

また、こういった機会をつくっていただいた「ラグビーマガジン」編集長の田村一博さん、光文社の三宅貴久さんにも感謝しないといけない。ああ有意義な時間だった。

プロップはみな、兄弟である。スクラムの信頼とキズナが明日の明るいニッポン、そして世界の平和をつくるのだ。

二〇〇六年晩秋

松瀬学

エピローグ

なぜ、こうも魂が揺さぶられたのか。

ラグビーワールドカップ（W杯）の日本代表のスクラムのことである。１９８７年の第一回W杯から２０１９年のW杯まですべての日本代表のそれを見てきた。取材してきた。今回は特別だったのだった。

何が？

その強さ、がである。日本代表初のベスト8進出の原動力となった。伝統工芸のごとく、細部にこだわりがあり、８人の組み方、考え方に深みがあった。ひとつの塊の「意志」が見る側にまで伝わってきた。「ひたむき」だった。チームスローガンの「ＯＮＥ ＴＥＡＭ（ひとつのチーム）」の象徴、スクラムにはフロントローの物語が見えた。

それはひとりよがりかと思っていたけれど、２０２０年正月にいただいた賀状には似たようなフレーズが並んだ。


〈嗚呼、スクラム。スポーツを見て初めて涙があふれてきました〉

〈スクラムを組みたくなった〉

〈でかい体がぶつかりあうだけだと思っていたけれど、ちゃんと考えていたのですね〉

〈日本スクラムのフォルムのなんと美しいことよ〉

〈日本のスクラムはいつから、これほど強くなったのか〉

〈スクラム、バンザイ！〉

記憶に残る珠玉のスクラム

目をつむる。ラグビーＷ杯のスクラムの名シーンがフラッシュ・バックする。

日本代表がアイルランドのスクラムを押し切った時のプロップ具智元の咆哮。

日本代表のサモア戦のロスタイム、スクラムでまさかのフリーキックをもらい、次のスクラムを押し込んでコラプシングを奪った時の猛然イッキの押し。

日本代表のスコットランド戦、序盤で脇腹を痛め、退場を余儀なくされた時の具智元の悔し涙。その試合で代表初トライを決めた時の〝笑わない男〟稲垣啓太のニヒルな顔。
日本代表がスクラムで渾身の押しで南アフリカからコラプシングをもらった時の堀江翔太の〝どうだ〟とばかりの鬼の形相。

早大時代、僕は〝へっぽこプロップ〟だった。だから、スクラムでの辛苦を多少は知っている。日本のスクラムには鍛錬の跡が見えた。この4年間、どれほど辛くて厳しいスクラム練習をしてきたのだろう。例えば、宮崎合宿では夕食後、どしゃぶりの雨の中、彼らはスクラムをひたすら組み続けた。長谷川慎スクラムコーチを中心とし、果てしないスクラム談義も重ねたことだろう。

ラグビーW杯後、何人もの人に聞かれた。「スクラムの本は出さないのか」。書かない。忙しいから。大学の授業もあるから。そうやって逃げてはいたものの、どこかに誰かがラグビーW杯のスクラムのことを記録しないといけないと考えていた。

書け。ならば、オマエが書け。ラグビーW杯閉幕後のある日の二日酔いの朝、天命が自分の中に舞い降りた。カミナリのごとく。へらへら笑って、飲んだくれてばかりいずに、「一生に一度」のラグビーW杯の日本のスクラムを記録せよ、と。

肌で感じた堀江さんの〝崩す〟

しあわせな取材だった。まずはW杯の取材メモをひっくり返し、録画で日本の5試合のスクラムを改めてチェックした。もう、オモシロくて、オモシロくて。そのあと、具智元さん、堀江翔太さん、稲垣啓太さんらの単独インタビューを重ねた。

　2019年師走の某日。群馬県太田市のパナソニックのクラブハウスでの堀江さんのインタビューを行った。天井の高いミーティング室。パナソニックの重厚な歴史のにおいが漂っていた。スクラムで相手を崩すってどうするんですか？　僕は、そう聞いた。

ひとつ、ふたつのやり取りのあと、堀江さんはこう言って、立ち上がった。

「松瀬さん、崩すという意味がわかってないですね。組みますよ。立ってください」

下は灰色のコンクリート。練習後の堀江さんはラフな紺色のTシャツ、黒色の短パン、サンダル姿だった。例のドレッドヘアは束ねてある。左手の肌色のテーピングテープはまだ残っていた。1対1のスクラム。おそるおそる頭を入れた瞬間、花崗岩《かこうがん》に挟まれたような窮屈さがあった。

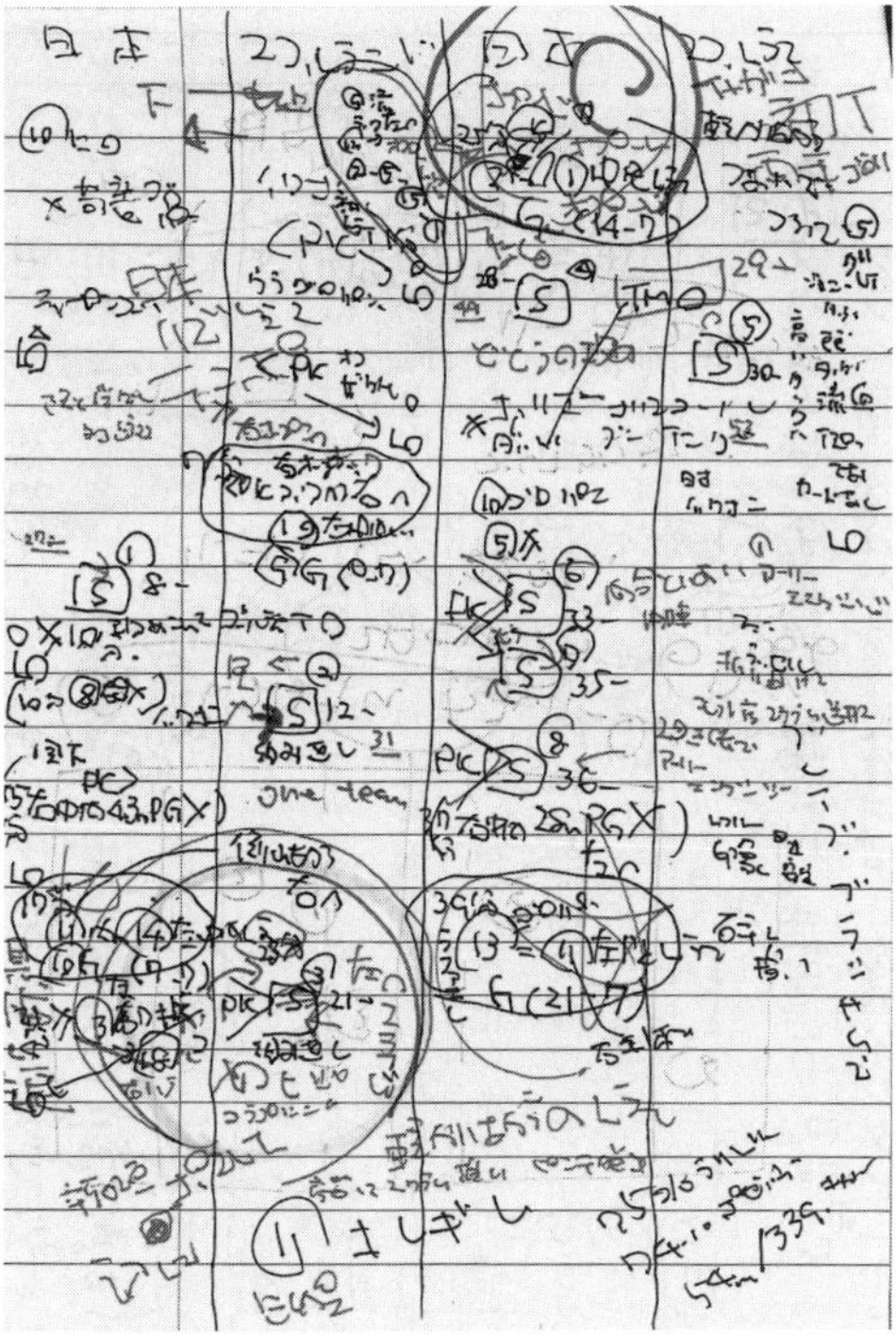

W杯の取材メモ。スコットランド戦のページ

「いきますよ。崩すというのは、相手の頭をこうやって……」

あ〜、イ、イ、イタ〜、イダダ〜。堀江さんが頭と肩と胸にちょっぴり力を入れたのだろう。こちらの首が折られるようにへし曲がって背中も「く」の字となり、息もできなくなった。うっ。し、し、死ぬ〜。ブレイクすると、堀江さんは涼しい顔でこう言った。

「これが、相手を崩すということです。僕の胸のところに入っていけなかったでしょう。逆に僕の胸で自分の頭をぐっと押さえつけられたでしょう。相手の姿勢を曲げ、背中を丸めるように持っていく、相手のバランスを崩す、それが、ま、〝崩す〟です」

さらにいえば、フロントローの選手のインタビューの際には必ず、パソコンに入れたW杯のスクラムの動画と白色フィルムの磁石ボード、フォワードの選手シールを持っていった。それで、複雑怪奇なスクラムの構造の「見える化」を図ろうとしたのだった。（目標の達成は微妙ながら、磁石ボードの画像はわが宝物になった）。もうスクラムの奥深さ、構造力学のシステムをみなさんにつたえたいとの一心だった。

慎さんのスクラムは人生哲学、「慎さん、跳ぶ。」

W杯のスクラムを語るのなら、長谷川慎さんのインタビューは不可欠だった。実は慎さんはメチャクチャ忙しく、なかなかインタビューの時間をもらえなかった。知らない仲ではない。でも、W杯後の慎さんの忙しさは尋常ではなかった。

2019年師走のクリスマス前、ついに慎さんのインタビューは決行された。僕にとって、まるでクリスマスプレゼントだった。磐田市のヤマハ発動機の大久保グラウンドのクラブハウス。至福の時間となった。場所を、慎さんの馴染みの店に変え、スクラム談義は深夜まで、延々と続いたのだった。

慎さんはやさしい。スクラムをラブしている。このスクラム本は、２００６年に出版した『スクラム　駆け引きと勝負の謎を解く』の改訂版といったつくりとなった。その本の最終章に慎さんのインタビューが収録されている（408ページ）。まだプロップ現役。慎さん、34歳の時だった。驚いた。その時のインタビューで、慎さんは今回と同じことを主張していた。「スクラムにもっとこだわれ」「ふだんから、僕らは世界につながるスクラムを組む必要がある」「スクラムは信頼だと思います」

慎さんの青雲の志は不変なのだった。

確か、あの時は「スクラム王」「スクラム番長」なんて呼ばれていた。が、〝スクラム大国〟のフランスなどに単身修行し、スクラム理論をつくり上げ、今や日本スタイルのスクラムを指導する「スクラム・ドクター」となったのだった。

この本はスクラムの技術書ではない。解体新書の類でもない。慎さんが目指す「8人一体の攻めのスクラム」とは、閉塞感漂う世間を生き抜く術《すべ》、「周りと結束してのチャレンジ人生」と共通しているのである。むしろ〝にわかファン〟にも読んでいただき、生きるヨロコビ、フロントローの人生哲学を垣間見てほしいのだ。

ラグビーW杯のレガシーといえば、日本代表もがんばれば、世界と伍することができるといった自信だろう。スクラムもしかり。日本スタイルのスクラムはアイルランドやスコットランドなど、もう世界のラグビー強国にも決してひけをとらないということだ。

ついでにいえば、スクラムはもはや市民権を得た。スクラム、およびフロントロー、慎さんの人気たるや、アイドルグループを凌駕するものとなった。それぞれの人間臭さが魅力を大きくする。なぜだろう、フッと微笑みがこぼれることも多々、ある。

２０２０年１月、国内リーグ最高峰のトップリーグが開幕した。どの試合でも、ビデオ判定システムの「ＴＭＯ（テレビジョンマッチオフィシャル）」の際、大型ビジョンに判定映像が映し出されるまでの間、某スポンサーの画像がどんと出る。

濃紺のスーツ姿の慎さんがラグビーボールを両手で抱え、スポンサー会社の白いマットレスにダイビングトライをしている。どこかユーモラス。赤字の「ＴＭＯ」、そして黒字でこう書かれている。

「慎さん、跳ぶ。」

W杯日本代表から漏れたプロップたちの思い

ラグビーW杯のスクラムは、何も試合に出たメンバーだけでつくられたものではない。W杯の試合の出場機会がなかったプロップの木津悠輔さん（トヨタ自動車）にしろ、フッカーの北出卓也さん（サントリー）にしろ、大会中の練習では仮想敵チームのプロップ、フッカーを務めていた。悔しさを押し殺し、「日本の勝利」のために献身的にがんばってくれたのである。

この4年間、日本代表候補に入りながらも、W杯メンバー選考に漏れたフロントローもたくさんいる。日野レッドドルフィンズの浅原拓真さんもその1人だった。2020年1月中旬、トップリーグでの試合に先発出場したあと、花園ラグビー場のロッカールームのそばで雑談した。

浅原さん、知る人ぞ知る、強靭なからだの持ち主である。2018年9月には酒に酔って寝て車の下敷きになった〝武勇伝〟を持つ。「その時に所属していた東芝には迷惑をかけました。ラグビー関係者に申し訳ないことをしました」と小声で振り返る。

でも、元日本代表の伊藤剛臣さんには、こうエールを送られたそうだ。「20年前だったら、オマエは英雄だよ」と。

なるほど、プロップの頑丈なからだをアピールすることはできた。浅原さんに聞いた。

「ラグビーＷ杯のスクラムは見ましたか？」と。

「もちろん、見ました、見ました」

Ｗ杯のメンバー選考の最後に漏れ、Ｗ杯戦士になることはできなかった。たぶん、Ｗ杯を見る時、複雑な心境だったのではないかと危惧した。どうでした？

「不思議と悔しさはありませんでした。チームのスクラムの成長の一環になっている自負はあったんです。４年間、ジャパンに携わらせてもらって、僕もひとつの歯車になれたのかなって。それが、でっかい誇りです」

ふと浅原さんを見ると、背筋を伸ばし、右肩をぎゅっと締め、スクラムを組む格好をしていた。目が潤いを帯びた。

「試合を見ながら、イケーという感じで、僕も日本代表の３番（右プロップ）になっていました。ははは。あのチームが大好きだったんです」

フロントローたちのビクトリーロード

慎さんがコーチを務めるヤマハ発動機のプロップ、山本幸輝さんもそうである。最後にラグビーＷ杯メンバーから外れた。トップリーグではヤマハの１番（左プロップ）。サックスブルーのジャージを背負い、トヨタ自動車のスクラムをめくりあげた。

みんな、がんばっている。これも、ラグビーＷ杯の効果だろう。

ラグビーＷ杯の日本代表のスクラムは、すべての国内のフロントローに夢と希望を与えたのだった。

山本さんたちがつくった替え歌が、国内のラグビー選手の間でひそかに流行っているそうだ。いざ、スクラムの奥深い世界へ。

外国出身の選手が多いチームを「ＯＮＥ　ＴＥＡＭ」にするために、山本さんたちがつくった替え歌、「ＯＮＥ　ＴＥＡＭ」の歌、「ビクトリーロード」。

稲垣啓太さん、堀江翔太さん、具智元さん、長谷川慎さん、そして坂田正彰さん……。日本代表のフロントローのみなさん、愉快かつ、奥深い話をありがとうございました。

また、しつこく書籍化の話をいただいた光文社の三宅貴久さんにも感謝しないといけません。やっぱり、書いてよかったなあ、と思います。さあ、みんなでスクラムを組みましょう、いや、歌いましょう。「ＯＮＥ　ＴＥＡＭ」の、スクラムの「ビクトリーロード」を。

〈ビクトリーロード♪
　この道　ずっと　ゆけば♪
最後は　笑える日が　くるのさ♪
　ビクトリーロード♪〉

二〇二〇年一月二三日（フロントローの日）

松瀬学

第2部は、『スクラム　駆け引きと勝負の謎を解く』（２００６年11月20日、光文社刊）に修正を加えたものです。また、同書は「ラグビーマガジン」（ベースボール・マガジン社）誌上の連載「スクラム原論」（２００５年12月号〜２００６年５月号）をベースにしています。

参考文献（順不同）

日本ラグビー狂会編『頭で見るラグビー』（文春文庫）
日本ラグビー狂会編著『ラグビー構造改革』（双葉社）
日比野弘監修『わかりやすいラグビーのルール』（成美堂出版）
マイク・デービス、ドナルド・アイランド著、松岡義郎訳『科学のラグビー』（日刊スポーツ出版社）
日比野弘、坂田好弘、小田伸午他著『実戦　ラグビーの科学』（大修館書店）
『激動の昭和スポーツ史13　ラグビー』（ベースボール・マガジン社）
ラグビーマガジン編集部編『八幡山春秋～北島忠治89年の軌跡』（ベースボール・マガジン社）
大友信彦編『ザ・ワールドラグビー』（新潮社）
『日本ラグビー「名勝負伝説」』（ベースボール・マガジン社）
『ラグビー早明戦80年』（ベースボール・マガジン社）
藤島大著『ラグビーの世紀』（洋泉社）
ラグビーマガジン編集部編『ラグビーマガジン〔特別編集〕ワールドカップを見逃すな！』（ベースボール・マガジン社）
https://www.yahoo.co.jp/
https://sportiva.shueisha.co.jp/
※その他、神奈川新聞、朝日新聞、Wikipedia 等を参考にしました。

松瀬学（まつせまなぶ）

長崎県生まれ。福岡・修猷館高校、早稲田大学でラグビー部に所属。早大時代のポジションは主に右プロップ。1983年、共同通信社に入社。'96年から4年間、米ニューヨーク支局勤務。2002年に同社退社後、ノンフィクション作家に。日本文藝家協会会員。元ラグビーワールドカップ組織委員会広報戦略長、現在、日本体育大学准教授。夏季五輪は'88年ソウル大会から2016年リオ大会まですべてカバー。ラグビーW杯は'87年第1回大会から2019年第9回大会まですべて現場取材。著書は『汚れた金メダル—中国ドーピング疑惑を追う』『なぜ東京五輪招致は成功したのか？』『ノーサイドに乾杯！—ラグビーのチカラを信じて』など多数。

ONE TEAM《ワンチーム》のスクラム

日本代表《にほんだいひょう》はどう強《つよ》くなったのか？　増補改訂版《ぞうほかいていばん》『スクラム』

2020年2月29日初版1刷発行

著　者 —— 松瀬　学

発行者 —— 田邉浩司

装　幀 —— アラン・チャン

印刷所 —— 萩原印刷

製本所 —— 榎本製本

発行所 —— 株式会社光文社
東京都文京区音羽1-16-6(〒112-8011)
https://www.kobunsha.com/

電　話 —— 編集部03(5395)8289　書籍販売部03(5395)8116
業務部03(5395)8125

メール —— sinsyo@kobunsha.com

ISBN 978-4-334-04460-2

1037

宇宙は無限か有限か

松原隆彦

宇宙は無限に続いているのか、それとも有限に途切れているのか。「果て」はあるのかないのか。現代の科学では答えの出ていない〝未解決問題〟を、最新の宇宙論の成果を交えて考察。

978-4-334-04445-9

1038

バンクシー

アート・テロリスト

毛利嘉孝

21世紀のピカソ? 詐欺師? ビジネスマン? 反体制のヒーロー? いったい何者なのか? 活動の全体像、文化的文脈とは? 多くの謎に包まれたアーティストに迫る格好のガイドブック。

978-4-334-04446-6

1039

つつまし酒

懐と心にやさしい46の飲み方

パリッコ

人生は辛い。けれども、そんな日々にも「幸せ」は存在する。いつでもどこでも、美味しいお酒とつまみがあればいい。「飲酒」と「酒場」を愛するライターによる〝ほろ酔い〟幸福論。

978-4-334-04447-3

1040

美を見極める力

古美術に学ぶ

白洲信哉

いまブームの日本美術。西洋美術との大きな違いは、実際に使うことで「美」を育てていくところにある。目利きになるための最良の入門書にして「特異な美」の深みへといざなう一冊。

978-4-334-04449-7

1041

続・秘蔵カラー写真で味わう60年前の東京・日本

J・ウォーリー・ヒギンズ

もっと見たい! の声に応え続編。蔵出しのプライベート・フィルムの傑作も加え、選りすぐりの544枚を惜しみなく公開。東京&全国各地の昭和30年代の人々と風景がカラーで蘇る。

978-4-334-04450-3

光文社新書

1042

東大医学部卒ママ医師が伝える
科学的に正しい子育て

森田麻里子

ママであり医師でもある著者が、医学論文約１７０本を徹底リサーチして生まれた、いま最も「使える」育児書。世界の最新研究を知るだけで、もう育児に迷わない！　楽になる！

978-4-334-04452-7

1043

アルゲリッチとポリーニ
ショパン・コンクールが生んだ2人の「怪物」

本間ひろむ

「生きる伝説」2人はどんな人生を歩み、演奏スタイルを追求してきたのか。音楽的事象を軸に綴りながら、20世紀後半から現在までのクラシック音楽史を描き出す。【名盤紹介付き】

978-4-334-04453-4

1044

アイロニーはなぜ伝わるのか？

木原善彦

「言いたいことの逆」を言っているのに、なぜ相手に意図が伝わるのか？　人間が操る修辞の、技術的な結晶であるアイロニーの可能性を、古今東西の文学を通じて探っていく。

978-4-334-04454-1

1045

21世紀落語史
すべては志ん朝の死から始まった

広瀬和生

「志ん朝の死」で幕を開けた21世紀の落語界。その現在に至るまでの出来事を、落語ファンとして客席に足を運び続けた立場から振り返り綴る。「激動の時代」を後世に伝える一冊。

978-4-334-04455-8

1046

中学の知識で
オイラーの公式がわかる

鈴木貫太郎

天才の数式は最低限の知識で誰でもわかる。数学０点で再生２２００万回超のユーチューバーが保証。動画もあるから迷わない。目指すのは丸暗記ではなく真の理解。予習ナシで今出発！

978-4-334-04456-5

1047

御社の新規事業はなぜ失敗するのか？

企業発イノベーションの科学

田所雅之

「3階建て組織」を実装できれば、日本企業はイノベーティブに生まれ変わる――ベストセラー『起業の科学』の著者が大企業に舞台を移し、新規事業を科学する！

978-4-334-04457-2

1048

首都圏大予測

これから伸びるのはクリエイティブ・サバーブだ！

三浦展

本当に人を集める力のある街はどこか？　首都圏在住者への大規模調査とフィールドワークを通じてわかった、東京郊外の趨勢を忖度なしの徹底予測。

978-4-334-04451-0

1049

体育会系

日本を蝕む病

サンドラ・ヘフェリン

パワハラ・忖度・過労自殺・組体操事故・#KuToo…不合理な同調圧力は学校から始まる。愛する日本が先進国であるために、負の連鎖を破る特効薬を日独ハーフの作家が緊急提言！

978-4-334-04458-9

1050

ONE《ワン》 TEAM《チーム》のスクラム

日本代表はどう強くなったのか？

増補改訂版『スクラム』

松瀬学

2019年の流行語大賞にも輝いた「ONE　TEAM」。その象徴はスクラムだ。長谷川慎コーチ、堀江翔太、稲垣啓太、具智元が明かす、フィジカル勝負、心理戦、頭脳戦の攻防。

978-4-334-04460-2

1051

段落論

日本語の「わかりやすさ」の決め手

石黒圭

段落を意識すると、文章力はもちろん、読む力や話す力までも伸ばすことができる――思考をわかりやすく整理してくれる「段落」の可能性を、日本語研究の第一人者が明らかにする。

978-4-334-04461-9